中国社会科学院创新工程学术出版资助项目

山片蟠桃实学思想研究

李晓东 著

中国社会科学出版社

图书在版编目（CIP）数据

山片蟠桃实学思想研究 / 李晓东著 . —北京：中国社会科学出版社，2020.10
ISBN 978-7-5203-6565-9

Ⅰ. ①山⋯　Ⅱ. ①李⋯　Ⅲ. ①山片蟠桃（1746-1821）—哲学思想—思想评论　Ⅳ. ①B313.3

中国版本图书馆 CIP 数据核字（2020）第 092814 号

出 版 人	赵剑英
责任编辑	高　歌
责任校对	冯英爽
责任印制	戴　宽

出　　版	中国社会科学出版社
社　　址	北京鼓楼西大街甲 158 号
邮　　编	100720
网　　址	http://www.csspw.cn
发 行 部	010-84083685
门 市 部	010-84029450
经　　销	新华书店及其他书店
印　　刷	北京明恒达印务有限公司
装　　订	廊坊市广阳区广增装订厂
版　　次	2020 年 10 月第 1 版
印　　次	2020 年 10 月第 1 次印刷
开　　本	710×1000　1/16
印　　张	13.25
插　　页	2
字　　数	204 千字
定　　价	78.00 元

凡购买中国社会科学出版社图书，如有质量问题请与本社营销中心联系调换
电话：010-84083683
版权所有　侵权必究

目　录

绪论 ……………………………………………………………… （1）
 第一节　研究课题的确立及意义 ………………………………… （1）
  一　问题的提出 ……………………………………………… （1）
  二　本课题的研究意义 ……………………………………… （6）
 第二节　先行研究概略与评论 …………………………………… （8）
  一　日本学者的有关研究 …………………………………… （10）
  二　中国及西方学者的有关研究 …………………………… （22）
  三　先行研究的遗留问题与评论 …………………………… （25）
 第三节　研究方法与基本结构 …………………………………… （27）
  一　本课题的关键概念界定及研究理论与方法 …………… （27）
  二　结构与内容 ……………………………………………… （31）

第一章　山片蟠桃其人及其思想形成的文化语境 …………… （33）
 第一节　山片蟠桃其人及其学问渊源 …………………………… （34）
  一　山片蟠桃其人 …………………………………………… （34）
  二　山片蟠桃与升屋之关系及其商业实践 ………………… （38）
  三　山片蟠桃与怀德堂及麻田刚立 ………………………… （43）
 第二节　山片蟠桃实学思想形成的思想史背景 ………………… （50）
  一　江户时代儒学的实学化 ………………………………… （50）
  二　儒学之外的其他实学思想 ……………………………… （54）
 第三节　山片蟠桃生活时代的社会背景 ………………………… （57）
  一　享保改革时的日本社会 ………………………………… （57）
  二　田沼政治与宽政改革 …………………………………… （61）

小结 …………………………………………………………… (65)

第二章　山片蟠桃的自然科学观 ………………………………… (66)
　第一节　山片蟠桃的天文观 …………………………………… (66)
　　一　山片蟠桃对"天"的解释 …………………………… (67)
　　二　山片蟠桃对迷信的批判 …………………………… (72)
　　三　山片蟠桃的"太阳历"认识 ………………………… (80)
　　四　山片蟠桃对"日心说"的认识及主张 ……………… (83)
　　五　山片蟠桃的"大宇宙论" …………………………… (89)
　第二节　山片蟠桃的地理观 …………………………………… (92)
　　一　山片蟠桃的世界认识 ……………………………… (92)
　　二　山片蟠桃的西洋观 ………………………………… (94)
　　小结 …………………………………………………………… (101)

第三章　山片蟠桃的宗教论与历史观 …………………………… (102)
　第一节　山片蟠桃的宗教论 …………………………………… (102)
　　一　山片蟠桃的无鬼论 ………………………………… (103)
　　二　山片蟠桃对宗教的批判 …………………………… (125)
　第二节　山片蟠桃的历史观 …………………………………… (139)
　　一　山片蟠桃对神代历史观的批判 …………………… (140)
　　二　山片蟠桃对国学者的批判 ………………………… (145)
　　三　山片蟠桃对古代史的批判 ………………………… (147)
　　小结 …………………………………………………………… (150)

第四章　山片蟠桃的经世论 ……………………………………… (151)
　第一节　山片蟠桃的政治论 …………………………………… (152)
　　一　"实行王道"论 ……………………………………… (152)
　　二　"厉行俭约"论 ……………………………………… (157)
　　三　"劝农退商"论 ……………………………………… (162)
　第二节　山片蟠桃的经济论 …………………………………… (165)
　　一　肯定利益竞争、主张"金钱有德"论 ……………… (166)

  二 "自由物价"论 …………………………………………（169）
  三 对外贸易论 ……………………………………………（176）
 小结 ……………………………………………………………（178）

结论 山片蟠桃实学思想的特质及其历史定位 ……………（179）
 一 山片蟠桃实学思想的特质 ………………………………（179）
 二 山片蟠桃实学思想的历史定位以及今后的研究课题 ……（182）

附录1 山片蟠桃著作解题……………………………………（186）

附录2 山片蟠桃年谱 …………………………………………（188）

参考文献 ………………………………………………………（193）

绪　　论

第一节　研究课题的确立及意义

一　问题的提出

日本通过明治维新变革，卓有成效地实现了从封建社会向近代资本主义社会的转型，然而日本近代社会的发展，在一定意义上也是在其近世社会发展的基盘上得以萌芽和建构的。因而要探明日本从封建社会向近代社会顺利转型的动因，无疑"需要把研究的触手延伸到江户时代（1603—1867）"[①]。迄今的研究业已证明，在日本近世以来的历史发展进程中，江户时代[②]占有独特的地位，它在政治、经济、思想、文化诸方面为日本步入近代社会积淀了重要的物质和精神上的条件，如日本学者大石慎三郎所言，"江户时代的日本社会已经发生了具有近代性意义的变化"[③]。而这种变化，必然在思想史层面有其相应的、富有意义的展开，因而研究江户时代思想层面的变化，"即找到了认识和理解近现代日本的

[①] 刘金才：《町人伦理思想研究——日本近代化动因新论》，北京大学出版社2001年版，第3页。

[②] 江户时代：一般称为"近世"的这一日本史分期，通常有德川时代、江户时代、日本的"前近代"等多种不同的称谓。在20世纪80年代，随着"江户热"的兴起，"德川时代"在很多情况下逐渐被"江户时代"的称谓所取代。关于江户时代的起始时间划分也存在一定差异。既有以织田信长高举"天下布武"的口号进驻京都为起点的，也有以室町幕府灭亡的1573年为起点的，有以1600年的关原之战德川家康的胜利为起点的，也有以1603年的德川幕府开府为起点的，还有以1613年代表丰臣后裔被彻底消灭的"大阪城落陷"为起点的。本书以1603年为江户时代的起点。

[③] 大石慎三郎：『江戸時代と近代化』，筑摩書房1986年版，第8页。

一把开门的钥匙,把握住了透视日本近现代来龙去脉的要领"①。

在日本思想史学研究领域,作为日本"前近代"的江户时代,朱子学、阳明学、儒家古学派、国学、石门心学、水户学、兰学、实学等思想不断涌现,群星璀璨,这一时代所达到的思想史繁荣,如今已是公认的常识。其中尤以具有实证主义、合理主义倾向的实学思想最为活跃,成果斐然,无疑也是日本近世社会经济发展中最具实效的思想动力之一。所谓"实学",简而言之,可以概括为一种具有批判精神、经世思想、科学精神和启蒙意识的学术思想及学风。日本近世的实学思想在江户时代初期就与当时的"经世济民"思想紧密相连,到了明治时代,又逐步发展成一种体系化的、立足于实证、方法合理的、对民众生活有着积极影响作用的学问。因而有学者认为"实学思想是推进日本近代化之原动力"②。

那么,近世实学思想是如何产生,是在何种历史、文化背景下发展起来的呢? 日本近世实学的发端首先与当时儒学的兴起紧密相连。在近世初期,以林罗山(1583—1657年)为首的朱子学家将佛教与儒家思想加以比较,提出了"夫儒者实而佛氏虚,天下惑于虚实久矣"③的观点。即林罗山引用程朱的学说,通过将儒、佛进行比较,认为佛教是"虚",是缺乏现实意义的虚空理论,而儒家是"实",是具有实用意义的现实理论。林罗山积极提倡"追求人间真实"的朱子学,以朱子学的"真"与"实"批判佛教的"虚"与"空",借以排斥当时具有中世意识形态性质的彼岸主义、出世主义的佛学,而使时人的思想观念返回到现实世界。例如他在《儒佛问答》中向佛学者松永贞德发问道:"佛虚儒实之事,毋庸置疑。今若将佛书中诸多虚假骗人之说举证出来,君又将如何解释呢?(中略)佛教之虚讹,无须在此例举。须明白,其自根本而言皆是虚假之事。"④从中不难看出,当时以林罗山为首的朱子学者们,将作为中世意

---

① 宋成有:《北京大学历史系德川时代史研究丛书》序言,载沈仁安《德川时代史论》,河北人民出版社2003年版,第2—3页。

② 源了圆:《从开明思想言实学》,《中日实学史研究》,中国社会科学出版社1992年版,第222页。

③ 林羅山:『林羅山文集』卷三,ぺりかん社1979年版,第32頁。

④ 林羅山・松永貞德:『儒仏問答』。

识形态支柱的佛教思想批判为"虚讹"的骗人之学，而将儒学视作"关乎个体自身的实用之学"。足见当时的主流儒家思想便已具备了追求人的内在的真实的"实学"倾向，是具有经世济民关怀并关注个体内在性的实学，也可说是一种探究人的真实存在方式的实在之学，是具有实践道德性质的学问。此时的思想史代表性人物虽还未以"实学家"之名冠之，但在当时，不问朱子学与阳明学之别，都具有只要是自认为有用的东西就努力汲取的倾向。仅就这一点而言，相对于后来具有明确实用主义倾向的实学思想家，"虽然还属朴素的、不彻底的"[①]，但无疑已明显具有了近世特征的"实学"味道，对于之后实学思想的兴起、传承及发展起到了不可忽视的重要的作用。

毋庸置疑，在江户时代初期，幕府选定朱子学作为正宗官学，起到了一定的维持封建纲常的作用。但是，在日本最初开始接触并研究朱子学之人多为僧侣出身，他们往往从禅学的角度来阐释及宣讲朱子学，其后果便是使朱子学带上了佛教式的理论先行的特征而流于空论。毫无疑问，这种变动不能完全适应江户时代初期德川幕府发展农业生产和工商业及经世济民的需要。到了江户时代中期，核心思想领域的经验合理主义倾向取代了初期以心学倾向为主导的精神气质，并开始形成强大而占据主导性地位的思想潮流。不仅山鹿素行（1622—1685年）、伊藤仁斋（1627—1705年）、伊藤东涯（1670—1736年）等古学派的思想家们如此，贝原益轩（1630—1714年）、新井白石（1657—1725年）、石川如见（1648—1724年）等朱子学派的思想家们也无例外，他们思想中极为鲜明的经验合理主义倾向，开始汇聚成作为"时代之音"的实学思潮。这一思潮，至享保时期更由荻生徂徕（1666—1728年）等推至高潮。可以说，是徂徕使实学的性质开始发生变化，使实证主义的实学观得以确立。在实学思潮内部，就其实证的对象而言，有以古代经典为对象的，如古文辞学和考试学的思想家；也有以自然为对象的，如三浦梅园（1723—1789年）等具有自然哲学家特征的思想家；也有注重社会、政治、经济现实，用现实主义的观点研究圣世问题的学者，如太宰春台（1680—

[①] 杉本勋：《实学史研究的一个视角》，《中日实学史研究》，中国社会科学出版社1992年版，第226页。

1747年)、海保青陵（1755—1817年）、本多利明（1744—1821年）等。综上，在日本的江户时代可以说形成了蔚为壮观的具有强烈实用主义、实证主义倾向的实学思潮，这无疑为日本民族在明治以后更为顺利地接受西欧的实证科学及文化知识奠定了重要的思想基础。

明治维新之后，新政权积极推行文明开化、殖产兴业、富国强兵等一系列政策，启蒙思想家们也引进西方的实证主义而提倡实学，批判儒学为虚学，"使具有实利、实证、合理主义特征的实学统治了近代日本思想界，促进了近代思想的形成"①，而这种近代实学思想得以形成的真正基础无疑源自江户时代的实学思潮。因此研究江户时代的实学，不仅有助于搞清日本近代思想的内在渊源，而且可以揭示近代实学思想形成根基及其深层特质。

众所周知，大阪是江户时代实学思想得以兴起、昌盛的渊薮之地，也是其最为发达的核心地区。江户时代的大阪是个充满商业气息的商品经济极为发达的大都市，商人的现实本色在思想史领域得到了鲜明的彰显。在这里，从市井到庙堂，到处洋溢着尊重实用性的实学精神。毫无疑问，其中最具代表性的实学精神集大成者，当首推被称为"基于大阪派町人学问"的怀德堂学派及其思想家们。怀德堂亦称"怀德书院"，于享保十一年（1726年）在大阪的尼崎町成立，是由大阪的五大商家——三星屋、道明寺屋、备前屋、鸿池屋、舟桥屋等发起并出资创立的，翌年得到吉宗幕府的认可，成为当时与幕府主办的昌平黉舍并立的官许学堂——学问所。怀德堂的学者大多为实学思想家，亦多受到兰学思想的影响，怀德堂的兴起及发展，不仅为实学思想的发展奠定了基础，而且其思想基核已具备了一定的近代科学思想特征的要素，堪称日本近代科学思想的前近代萌芽之一。而山片蟠桃正是怀德堂实学思想的最具代表性的人物。已故的中国日本学研究泰斗周一良先生曾经这样写道："日本江户时代的町人学者们写了很多有益的著作，把町人的活动提到了理论的高度，甚至也出现了像山片蟠桃那样的唯物主义思想家。"② 可见山片

---

① 李甦平：《中国·日本·朝鲜实学比较》，安徽人民出版社1994年版，第161页。
② 周一良：《序言》，载刘金才《町人伦理思想研究——日本近代化动因新论》，北京大学出版社2001年版。

蟠桃在江户实学思潮理论化过程中的意义及重要地位。

山片蟠桃出生的时代恰好是田昭意次（1719—1788年）执掌幕政的"田昭时代"。此时幕府在经济上实行重商主义政策，政治上破坏因袭主义身份制，而在意识形态上则主张解放对思想、学术自由的禁锢。可以说，这一时期的思想史已不是近世前期朱子学"一花独开"的局面，而是开始呈现各种学说、文学"百花齐放"的态势，是一个思想相对解放的时代。因而，这个时代造就了众多著名的思想家，为孕育具有近代特征的朴素自然科学精神和人文精神提供了契机。山片蟠桃正是在这样的时代背景下登上思想史舞台的。

山片蟠桃博学多识，学贯和汉，造诣很高，对天文、地理、历法、经济学都有研究。特别是在经济方面，因其身体力行的经营管理能力及业绩，在大阪商界威望颇高，被称为"大阪市井中第一流的人物"。山片蟠桃在实践经济活动的同时，一直在怀德堂学习，并受到中井竹山和中井履轩的熏陶，养成了具有一定批判性的合理主义学问态度，形成了朴素的唯物论世界观。同时，山片蟠桃还跟随天文学家麻田刚立学习兰学，接触到西方的自然科学，这令他有别于一般传统意义上的近世思想家，对其形成具有科学性的、合理主义倾向的实学思想产生了很大的影响。山片蟠桃在经商的同时，始终笔耕不辍，撰写了众多著作，其中最有代表性的著作是12卷本《梦之代》（1820年），被公认为是日本近世思想史上的"奇书"杰作。

山片蟠桃以丰富的社会经验为基础，批判一切根植于迷信的观念。他不惧权威，不仅对坚持有鬼论的儒者进行了尖锐的抨击，而且与佛教和神道等的神秘主义宇宙观针锋相对，提出了自己的科学宇宙观。加之山片蟠桃始终提倡脚踏实地、以实事求是为重的实学，被誉为18世纪后半期日本最卓越的实学思想家。山片蟠桃的实学思想注重实际，关怀社会现实，批判一切不合理的事物和现象。他一生都处于封建社会的体制之内，但却始终以科学理性知识作为批判现实的有力工具，用科学知识来战胜一切非科学、非合理的事物。可以说，山片蟠桃是日本江户时代中后期实学思想界中最为闪耀的新星，其实学思想表现出相当多的近代性要素。

基于以上原因，本书将以近世思想家山片蟠桃的实学思想为研究对象，从思想史的角度，通过对其集大成之作《梦之代》的考察与解读，分析山片蟠桃实学思想的内涵、独特性及其形成原因，并结合时代背景和文化语境，深入探究山片蟠桃与同时代实学思想家之间的思想差异，阐明山片蟠桃实学思想所具有的合理主义精神和近代因素的特质，并通过对山片蟠桃思想的个案研究阐析日本近世实学思想的近代性，从一个侧面揭示近世实学思想对于日本由封建社会向近代社会转型的思想影响及推动作用。

二　本课题的研究意义

如前所述，山片蟠桃在怀德堂学习儒学的同时，接受并吸收了西方自然科学的思想，并通过对东西方思想进行批判的吸收和融合统一，形成了自己独特的实学思想。山片蟠桃的实学思想在其宗教论、历史观、自然科学观以及经世论等诸层面，无不体现出近世实学思想在向近代思想转型过程中所具有的萌芽性质及积极推动意义。因而对山片蟠桃的实学思想进行研究，不仅有助于把握日本江户时代实学思想史的脉络，而且可以为更好地解释日本近世思想与西方思想相契合的原因提供一个实例。本书将通过对山片蟠桃实学思想独特性的研究，分析山片蟠桃与同时代思想家思想的差异性，阐明其实学思想的现代意义。对山片蟠桃的实学思想进行研究，具体而言有如下的学术意义和现实意义。

（一）研究山片蟠桃实学思想的学术意义

本书选择山片蟠桃的实学思想为研究课题的学术意义有如下四点：

1. 在迄今的日本思想史学界，大多数研究者把目光聚焦在精英阶层的思想家身上，多侧重于对儒学、国学以及洋学的代表人物进行思想史的研究，而在近世普通民众阶层具有普遍影响力的实学思想则往往因其坊间性而被忽略。近世实学思想作为一种学术思潮，不仅存在于近世各儒学流派的思想中，而且在近世的洋学、国学等思潮中也均有反映，在融合了儒、神、佛、道以及老庄思想的石门心学中也同样闪现着实学的思考方式和思想火花。因而将町人思想家山片蟠桃的实学思想作为个案进行考察和研究，不仅有利于厘清江户时代实学思想的本质、形成背景和谱系，而且有助于明确实学思想的价值、意义及其在日本近世思想史上的地位。

2. 在迄今有关山片蟠桃思想的研究中，多注重对山片蟠桃的无鬼论（亦称为"无神论"）为代表的唯物论思想及其重商主义经济伦理思想进行研究，而较少将包括其经世论、自然科学观、宗教论以及历史观在内的实学思想作为一个整体进行系统的考察和研究。因此本文力求通过对贯穿于山片蟠桃思想体系的实学思想诸方面进行考察、梳理和分析，阐明山片蟠桃实学思想的特质及其思想史意义。

3. 在目前国内的日本学研究领域，对于山片蟠桃实学思想的研究仍不多见，而对其思想特质进行专门论述的著作更是少之又少。本研究通过对其集大成著作《梦之代》的考察与解读，从思想史的角度阐析山片蟠桃实学思想的形成轨迹、内涵和特质，并结合近世思想史的时代背景和文化语境，深入探究其实学思想与日本近代思想之间的关联性，这不仅可填补中国的山片蟠桃实学思想研究领域的空白，同时对探究日本由近世向近代转型中得以顺利与西方思想相契合的深层原因也大有裨益，为日本近世思想史研究提供了一个新的视角。

4. 在迄今有关日本近代化动因的研究中①，研究者多把注意力集中于结合了经济史考察的伦理精神动力论的探讨，而从综合的思想史视角入手进行的研究尚不多见。本文将实学思想研究导入日本从封建社会向近代社会顺利转型之动因的研究视域，有助于进一步拓宽此领域的研究。

（二）研究山片蟠桃实学思想的现实意义

日本实学思想的产生及其发展始终与日本的近世社会现实紧密相连。江户时代初期，出于幕藩体制建构的需要，朱子学成为官学。当时以林

---

① 在迄今有关日本近代化动因的研究中，学术界存在几种伦理精神动力论的研究成果。主要有：（1）武士道伦理精神作用论。这种观点从根本上讲，是一种将日本实现资本主义近代化的精神驱动力归结于江户时代封建统治阶级——武士阶级的伦理思想和精神的观点。该研究的代表作为：李文：《武士阶级与日本的近代化》，河北人民出版社2003年版。（2）儒家伦理思想作用论。把这种观点推到极致的，是美国环太平洋研究所所长弗兰·吉布尼提出的"日本儒家资本主义"论。该研究的代表作为：王家骅：《儒家思想与日本文化》，浙江人民出版社1990年版。（3）通俗道德动力论。20世纪70年代初由日本著名史学家安丸良夫提出。该研究的代表作为：安丸良夫：《日本近代化和民众思想》，青木书店1974年版。（4）町人伦理思想动力论。该研究的代表作为：刘金才：《町人伦理思想研究——日本近代化动因新论》，北京大学出版社2001年版。（5）农民阶级伦理价值作用论。该研究的代表作为：崔岚：《二宫尊德经济伦理思想研究》，博士学位论文，北京大学，2008年。

罗山为首的朱子学者主张自己的学问是有用的实学，借以批判佛教在社会生活层面的虚无，这是日本实学思想产生的契机。到了江户时代中期之后，朱子学日益成为统治阶级的工具，逐渐失去了在人们的日常生活中的实践影响力。正是在这样的时代氛围下，具有经验合理主义倾向的实学思想应运而生，它基于对社会生活的实用视角来批判朱子学之空虚，帮助人们摆脱当时已不符合社会生产力发展的封建思想、社会规制等桎梏。到了明治初期，启蒙思想家们引进西方的实证主义思想而重新倡导实学，批判儒学为虚学，才使得具有实证主义特征的实学思想统治了近代日本，促进了具有近代特征的思想的形成。由此可见，日本实学思想的产生及发展始终与人民大众的生产活动和生活实践紧密结合在一起，其旨在解决现实问题的求实精神至今仍不乏重要的现实意义。

近世实学思潮的主要思想价值在于，坚决拒斥思想理论与实践脱离的弊端——知行不一等问题，因而研究山片蟠桃实学思想，不仅有助于我们从中国视角发掘日本近世实学思想家的精神特质，而且对于解决时下的拜金主义、空谈理论脱离实际等问题也具有重要的启示意义。

此外，中国的日本学研究最大的现实意义在于增强国人对日本的认识，寻求中日之间的相互理解，为促进东亚的文明和谐和共同发展提供某些有益的启示。本书通过对山片蟠桃的实学思想这一个案进行考察、阐释和研究，不仅可以揭示其思想特质和对当时社会的作用和意义，而且可以通过山片蟠桃揭示日本人重视现实、实践和实际的国民性特质。

第二节 先行研究概略与评论

山片蟠桃一生共撰写十五部著作，分别为：（1）《祈晴类聚》，天明六年（1786年），收集了日本历史书中有关祈晴的记录。（2）《昼夜长短图并解》，宽政五年（1793年），图解说明了地球上纬度10度的地点的昼夜长短，收录于《宰我之偿》（第五十三项）和《梦之代》（第一卷第十二章）。（3）《松平越侯同石州侯书》，宽政九年（1797年），考察了货币改铸的历史，认为改铸货币只能导致物价上涨，应听取民意，收录于《宰我之偿》（第三十九项）。（4）《金银历史》，宽政十二年（1800年），记载了日本的货币历史，收录于《宰我之偿》和《梦之代》（第五卷第二十一章)。(5)《宰我之偿》，享和三年（1803年），为《梦之代》的初稿本。(6)《大知辨附录》，文化元年（1804年），叙述了米价下落的影响及江户提高米价的手段。(7)《江户米价血液不通考》，文化二年（1805年），记录了江户历年米价涨落的概况和调节策略。(8)《古大知辨》，文化三年（1806年），内容基本同《江户米价血液不通考》。(9)《一致共和对策辨》，文化六年（1809年），是为仙台藩齐藤左五郎撰写的策略集。(10)《大松泽丹宫样江奉申上候书付》，文化六年（1809年），是呈给仙台藩士大松泽的意见书，主张重农轻商。(11)《大知辨》，文化九年（1812年），是献给松平定信的策略书，其中论及了米价和一般物价。上述的《大知辨附录》《江户米价血液不通考》、《古大知辨》及《大知辨》经整理均收录于《梦之代》（第六卷第二十二章）。(12)《私说》，写作时间不详，藏于山片平右卫门家，附有心学要素的教训。(13)《上》（遗书），文化十年（1813年），撰写给主人山片重芳的遗书。(14)《草稿抄》，文化十二年（1815年）左右完成的诗文集。(15)《梦之代》，文政三年（1820年），涵盖山片蟠桃学问、思想及策略的集大成的著作。在山片蟠桃的所有著作之中，最重要的当属《宰我之偿》和《梦之代》。山片蟠桃最初构想《宰我之偿》的初稿本为"历代、政事、天文、经学、异端、杂论"六卷本，但是他后来接受老师中井竹山的教导而进行了大幅修订、增补，汇总成了再稿本。在中井竹山去世后，山片蟠桃继而接受中井履轩的教导而对《宰我之偿》进行了大幅修订、增补，后来在中井履轩的建议下，把书名改为《梦之代》。《梦之代》中的章节数量达到了《宰我之偿》的1.7倍左右，通常认为《宰我之偿》是《梦之代》的初稿本，两者除了章节数量多少的区别之外，还有内容上的差别。迄今的山片蟠桃研究主要是围绕《梦之代》展开，有个别研究者也对《宰我之偿》进行解读和研究。①在日本，对山片蟠桃及其《梦之代》的介绍和研究始于江户时代，在第

---

① 对《宰我之偿》进行研究的人较少，最为著名的就是末中哲夫。他著有『山片蟠桃の研究「著作篇」』（清文堂1976年版）一书，书中对于《宰我之偿》和《梦之代》章节的细微区别进行了细致的研究。此外，杉浦明平和别所兴一在『江戸期の開明思想』（社会評論社1990年版）一书中对于山片蟠桃的《宰我之偿》进行了研究。

二次世界大战后达到鼎盛阶段。而且,自大阪市政府设立"山片蟠桃奖"①以来,在日本以外的地方也陆续出现了不少较具分量的有关山片蟠桃及其思想的研究成果。现就日本、中国以及西方的有关研究情况分别进行述评。

一　日本学者的有关研究

日本学者有关山片蟠桃及其思想的研究,大致可以分为三个阶段,第一阶段为江户时代(1603—1867年)末期至大正时代(1912—1925年)末期,第二阶段为昭和时代(1926—1988年)初期至第二次世界大战结束,第三阶段为第二次世界大战结束的1945年至今。②

1. 第一阶段

江户时代(1603—1867年)末期至大正时代(1912—1925年)末期。这一时期主要是整理其传记和著述,并开始对山片蟠桃思想进行部分介绍和研究,这对于以后的山片蟠桃研究起到了铺路石的作用。

江户时代最早对山片蟠桃给予高度评价的是与他同时代的海保青陵(1755—1817年)。海保青陵在读完《大知辨》之后与山片蟠桃曾有过书信往来,山片蟠桃也读过他的许多著作。海保青陵在其著作《升小谈》《稽古谈》中,对山片蟠桃的有关经济行为的看法、升屋与仙台藩的关系、高米价论以及山片蟠桃所谋划的探子米、米票计策等进行了详细的介绍,称赞山片蟠桃为"大阪之大豪杰"③,认为山片蟠桃的哲学思想有反儒家的特质。可以说,海保青陵是对山片蟠桃进行普及性介绍和评论的第一人。其后,同为怀德堂弟子的角田简在蟠桃去世二十余年后编写了《续近世丛语》,该书在第五卷中记载了山片蟠桃的传记。角田简在该书中对山片蟠桃评价道,"当时大阪人谈论市中人物,必以山片蟠桃为第

---

① 山片蟠桃奖:为纪念这位伟大的思想家,日本大阪政府于1982年设立了以他命名的国际性奖项——"山片蟠桃奖",以表彰为提高日本文化国际通用性作出杰出贡献的学者。被授予此奖项的第一位中国学者是中国著名史学家周一良先生。2011年第二位获奖的中国学者是北京大学严绍璗教授。
② 末中哲夫:『山片蟠桃の研究「著作篇」』,清文堂1976年版,第150—214頁。
③ 蔵並省自编:『海保青陵全集』,八千代出版1976年版,第427頁。

一流"①。该记载成为明治以后山片蟠桃传记研究的珍贵资料。此外，竹鼻则在1859年对山片蟠桃的"日心说"进行评价，肯定了山片蟠桃天文学研究的独特性。据记载，幕末志士吉田松阴（1830—1859年）在狱中也曾阅读山片蟠桃的《梦之代》，甚至直到被处刑之前还在阅读《梦之代》后面的篇章，并给予此书高度评价。

进入明治时代，内藤耻叟于1892年出版了《少年必读日本文库第十二编》一书。在该卷开头，以"无鬼论辨"为题，收录了《梦之代》第十卷"无鬼上"的内容，由此山片蟠桃的著作开始进入普通大众的视野。1897年，东洋史学者内藤湖南（1866—1934年）出版了《近世文学史论》。他在书中评价说，"日本近世三百年来富于创见之著作，仅有富永仲基的《出定后语》、三浦梅园的《三语》和山片蟠桃的《梦之代》"②。内藤湖南指出，山片蟠桃的地理、天文知识虽不是自己的发明，但是能根据自己的判断下断言，即是其伟大之处。同时，他认为山片蟠桃在"无鬼论"方面的创见更体现了其高明的才识。内藤湖南的介绍和演讲活动，使山片蟠桃在日本民众心中的印象更加深刻，大大提高了山片蟠桃在日本的知名度。1897年，荻野由之发表了《日本历史评林》，他在书中辑录了山片蟠桃的《梦之代》，以考证的方式论述了山片蟠桃提出的"封建论利弊说""和汉制比较""倭奴国称呼考"及"神谕论"等，记录了山片蟠桃对朝鲜来聘使节一事和"清兰贸易利弊"的议论，并从与日本历史动向相关联的角度对山片蟠桃的历史论进行了分析。1910年，幸田成友在1月13日、14日的大阪《朝日新闻》上刊载题为《升屋小右卫门》的文章，详细地介绍了山片蟠桃的个人履历，这是当时所刊载的关于山片蟠桃的最为详细的人物传记。新闻记者、小说家及汉学者西村天因于1907年在朝日新闻社做了几次有关山片蟠桃事迹的演讲，并在1911年7月25日在兵库县加古郡加古川町又举行了巡回演讲，题为《加古川出生先贤竹山高弟子山片蟠桃事迹》。在此次演说中，西村天因指出山片蟠桃的出生地并非流传的加古川而是印南郡神爪村。土屋元作于1911年8月至10月在大阪《朝日新闻》上连载题为《新学的先驱》的文章，后

---

① 末中哲夫：『山片蟠桃の研究「著作篇」』，清文堂1976年版，第150页。
② 内藤湖南：『近世文学史論』，正教社1939年版，第61页。

集结成书出版。在该书的第二篇"新学的声援者"中,专设"高桥东冈、间大业和山片蟠桃"一章,对山片蟠桃的学说进行了详细的介绍,认为山片蟠桃是"实学者",称《梦之代》是山片蟠桃为抒发内心不满而著,高度评价山片蟠桃提倡的"日心说",认为山片蟠桃是学术界的骄傲。

进入大正时代,与山片蟠桃同乡的龟田次郎对山片蟠桃传记做了深入调查和研究,于1918年3月和5月,在旧京都帝国大学文学会会刊《艺文》第九年第三、第五期上发表题为《山片蟠桃翁事迹》的文章,继而于1923年8月在国学院杂志第二十九卷第八期上发表《山片蟠桃翁的事迹补遗》一文,附加了新资料,修正了江户时代以来的误传。较有意义的是,龟田次郎对山片蟠桃的《草稿抄》《梦之代》《宰我之偿》等九部著作进行了介绍和研究,扩大了山片蟠桃在日本的影响力,推动山片蟠桃研究进入了一个新的阶段。

泷本诚一于1914年编纂《日本经济丛书》,后来又于1928年编纂《日本经济大典》一书。其中,在《日本经济丛书》第二十五卷以及《日本经济大典》第三十七卷中分别刊载了《梦之代》全文,这是第一次正式公开出版《梦之代》的全部内容,对山片蟠桃研究具有划时代的意义。本庄荣治郎于1917年在《经济论丛》第四卷第六期中介绍了山片蟠桃的"米价论",该文章后收录于《日本经济思想史研究》(1943年9月发行)第十六章之中。该文章对"《梦之代》中体现的米价论"和"《大知辨》中体现的米价论"两部分进行了论述。本庄荣治郎在文中认为:"承认交通经济的意义,重视商人的作用,与其一味地降低米价,不如放任自如,通过商人的营利活动而增加该地的米谷供给,这样米价才会自动降低。"[①] 之后,本庄荣治郎又在《日本经济史概说》(1946年11月出版)中,附记了山片蟠桃的"货币尊重论""物价下调论""商人排斥论""蝦夷开拓消极论"等论点。

相较泷本诚一、本庄荣治郎对山片蟠桃的研究和介绍,土屋乔雄则是在研究仙台藩财政史的过程中,发现了山片蟠桃研究的新资料。他从经济史的角度研究山片蟠桃的经济思想,考察其与仙台藩的关系,并于1925年在《国家学会杂志》第四十卷第二期上发表论文,指出山片蟠桃的经济思

---

① 本庄栄治郎:『日本経済思想史研究』,中央公論社1943年版,第142页。

想"表现了自由放任的特点，但未能超越当时所在时代的思想"①。

一柳安次郎于1909年加入了西村天囚、今井贯一、木崎好尚等人创立的大阪人文会，并于1911年10月5日成为复兴怀德堂纪念祭的编辑，参与了有关怀德堂纪念出版物的编辑工作。在其1923年8月出版的著作《漫录窗加罗》中，专设"町人学者山片平右卫门主从"一节的内容，记载了山片蟠桃的略历。

日本思想史研究巨擘津田左右吉在1922年发表了代表作《文学中所表现的国民思想研究——平民文学时代》。该书第十四章到第二十三章引用了山片蟠桃《梦之代》中的诸多观点，如"尊重孔子""封建制度礼赞""不应以中国风俗乱日本风俗说""使用天命说论及敕命将军职位说""神代故事皆为后人创作说""否定鬼神说""祭祀乃圣人之方便说""非日本神之祭祀说""钟情西方自然科学知识同时在道德政治思想层面上的儒教本位说""围绕日心说之国学前辈批判""否定汉字而赞成使用假名说""无子嗣致使家族断绝说""锁国制度批判及容忍外人传来西洋文物说""赞成幕府对俄罗斯使节一行礼遇说"② 等。津田左右吉在书中如此多地引用《梦之代》中的观点，足见"山片蟠桃对津田左右吉学说构成所产生的巨大影响，成为了其学说的原型之一"③。

石浜纯太郎于1925年在《典籍之研究》第一期中发表"山片蟠桃遗书"一文，介绍评论了山片蟠桃的"一致共和对策辨"和"祈晴类聚序"，同时记录了后因第二次世界大战烧毁的宫城县立图书馆藏《梦之代》。

2. 第二阶段

昭和时代（1926—1988年）初期至第二次世界大战结束。这一时期的山片蟠桃研究逐渐步入正轨，各种新观点层出不穷，并开始初具规模。

在这一阶段的山片蟠桃研究中，享誉最高的当属龟田次郎的研究巨著《山片蟠桃》（全国书房1943年出版）。龟田次郎的《山片蟠桃》一书对山片蟠桃的传记和著作进行了修订、整理，比较翔实地记录了山片

---

① 末中哲夫：『山片蟠桃の研究「著作篇」』，清文堂1976年版，第162頁。
② 津田左右吉：『文学に現れたる国民思想の研究－平民文学の時代中－』，洛陽堂，1922年版。
③ 末中哲夫：『山片蟠桃の研究「著作篇」』，清文堂1976年版，第160頁。

蟠桃的一生和著述,并且从"天文论、地理论、历史论、经济论、政治论、经学论、宗教论、国字论"等方面进行了细致入微的考察和研究。与其他研究相比,其最大特色在于系统论述了《梦之代》中体现的山片蟠桃思想,并将其概括为如下几个层面:(1)"山片蟠桃的经济观与其天文地理论及历史论中所体现的合理主义不同,是以儒学为思想根底的,并加以当时流行的重农轻商主义从而形成了独特的经济观。"① (2)"山片蟠桃的政治论完全没有摆脱儒学思想的框架。"② (3)"山片蟠桃的经学论显示出锐利的视角,其思想根底是师事于中井兄弟而学到的怀德堂学风。"③ (4)"山片蟠桃的宗教论表现了其儒学思想和打破非合理主义的精神,反映了其合理主义的一面。"④ 龟田次郎认为山片蟠桃思想的支柱是自然科学的合理主义和儒家思想,称"山片蟠桃本来是汉学者,但山片蟠桃通过跟随麻田刚立学习天文穷理之学,把内外学说折中成为了一种特别的实学"⑤。可以说,龟田次郎对山片蟠桃思想的分析是从多角度展开的,这些分析是通过文本研读而得出的结论。但龟田次郎视角和观点存在局限性,如他只是凭借对《梦之代》的研读而得出论断,并没有把山片蟠桃与其同时代的思想家及其历史、社会背景结合起来进行分析;同时,龟田次郎只是凭借着史学家的警觉认为山片蟠桃是独特的实学者,并没有作进一步阐释。

与龟田次郎对山片蟠桃思想的相对系统的研究不同,三枝博音和永田广志则基于唯物论的立场对其进行了研究。三枝博音在其所编的《日本哲学全书》第十二卷《宗教论·兵法武术论》(1936年12月出版)中收录了山片蟠桃的著述,认为《梦之代》中的天文篇和无鬼篇是最有趣味的章节,山片蟠桃的无鬼论不仅在江户时代最具特色,"即使在残留着迷信和邪教的当代也具有巨大的启蒙意义;山片蟠桃对灵魂不灭的批判超越了阴阳论,达到了唯物论的见地"⑥。不仅如此,三枝博音在《日本

---

① 龟田次郎:『山片蟠桃』,全国書房1943年版,第170页。
② 同上书,第173页。
③ 同上书,第182页。
④ 同上书,第200页。
⑤ 同上书,第208页。
⑥ 三枝博音:『日本哲学全書』,平凡社1936年版。

宗教思想史》（1948年7月出版）中，把山片蟠桃和安藤昌益视为反宗教思想家的代表，认为山片蟠桃的《梦之代》始终贯穿着无神论的见解；他还在《日本的唯物论者》（1956年6月出版）中指出，山片蟠桃在对佛教、神道、儒教的鬼神观点批判上具有重要意义，"《梦之代》的全卷都贯穿着合理主义精神，是一本启蒙书"①。此外，三枝博音在《西欧化日本研究》（1958年11月出版）中再次强调："山片蟠桃彻底否定鬼神，在'无鬼论'中经常批判新井白石，指出了其鬼神论的不彻底性。"②

永田广志在其《日本哲学史》（收于《唯物论全书》，1937年出版）和《日本哲学思想史》（1938年6月初次出版）中，对山片蟠桃的思想进行了论述。在该书中，永田广志得出四点结论："（1）山片蟠桃的《梦之代》在日本思想史上占有极为重要的地位。他的这部著作中充分发挥了无神论——唯物主义的观点。（2）山片蟠桃的思想是从朱子学的'穷理'精神出发，承认欧洲自然科学的优越性，把这一精神贯彻到自己的科学实践中，达到了从唯物主义高度对宗教迷狂的否定。（3）山片蟠桃并不排斥祭祀，在这一点上，他的反宗教的主张是不彻底的，但是他否定鬼神（神及灵魂、诸物之灵）的实际存在的唯物主义无神论观点在本质上是反宗教的。（4）山片蟠桃尽管在个别见解上仍存在非科学之处（例如关于扶桑国的议论），但他却是日本德川时代最彻底、最杰出的唯物论者——无神论者。"③不仅如此，永田广志还在《日本封建制意识形态》（1938年4月出版）第三篇第四章"德川时代新世界观的萌芽"中，以"德川时代唯物论者平贺源内、司马江汉、山片蟠桃"为题，论述了三者学风及性格的差异，得出如下结论：（1）提及德川时代的无神论者，人们便会立即联想到山片蟠桃，因其在公然宣布"无鬼（无灵魂）"、明确表示否定宗教的态度这一点上，当时无出其右者。（2）山片蟠桃与其作为寄生于封建经济的富裕高利贷商人的身份相应，完全肯定封建制，肯定现存秩序。（3）在逻辑上，山片蟠桃的唯物主义也可说是朱子学派

---

① 三枝博音：『日本の唯物論者』，英保社1956年版。
② 三枝博音：『西欧化日本の研究』，中央公論社1958年版。
③ 永田广志：《日本哲学思想史》，版本图书馆编译室译，商务印书馆1978年版，第224—225页。

许多儒者的神、佛排斥论的进一步延续。当然,即使是儒学思想的逻辑引申,但根本决定这一引申的显然是洋学。(4) 从山片蟠桃的思想已经具备唯物主义特征这一点来看,对于唯心主义的儒教,不可能采取无批判的态度。但是这并不妨碍其在运用唯物主义观点解释的同时坚持信奉儒教。在这个范围内,山片蟠桃的世界观更多地带有武士的特征而非商人的性质。① 如上可见,永田广志的研究基本上沿袭了龟田次郎在《山片蟠桃》一书中的观点,但他主要从哲学思想的角度肯定了山片蟠桃的唯物主义、无神论,高度赞扬了山片蟠桃坚决否定宗教的态度。

土屋乔雄于1936年发表了专著《山片蟠桃集》,对山片蟠桃的人物传记和社会经济思想进行了细致的研究。其所得出的结论为:"(1) 在山片蟠桃的社会批判中,对于封建制度的各个缺点进行了批判,但并非是对封建制度本身进行决定性的批判。其本质是封建制度的部分改良和对封建制度的迎合、适应。(2) 山片蟠桃一方面对封建统治阶级表现出模糊的抵抗意识,时而发出嘲笑时而进行威吓;另一方面却对统治阶级采取迎合的态度,其目的是为了维持封建统治制度的确立。"②

三田村龙全于1937年3月在《唯物论研究》第53期上发表了《江户中期以后的科学、哲学思想概观》一文,文中指出:"山片蟠桃提倡日心说、无鬼论,树立了一种无神论,显示出在日本关于宗教和科学的对立斗争已经开始。"③ 此外,在医学方面,三田村龙全肯定了山片蟠桃的阴阳五行灾异说杜撰论。野村兼太郎于1935年3月出版了《日本经济学说史资料(德川时代)》,在第二十九项中刊载了山片蟠桃的学说。在此基础上,他于1939年6月出版了《概说日本经济思想史》,在书中提及了山片蟠桃的重农抑商、奢侈抵制论。之后野村兼太郎又于1949年11月发表了《德川时代合理主义的一例——山片蟠桃的思想》一文,指出山片蟠桃的思想具有特殊的价值,在明治之前的町人社会思想史上占有特殊的地位。井元春在1939年8月的《古典研究》中,发表《山片蟠桃》一文,介绍并高度赞扬了山片蟠桃的合理主义批判精神,指出山片蟠桃

---

① 永田广志:《日本封建制意识形态》,刘绩生译,商务印书馆2003年版,第254—257页。
② 土屋喬雄:『山片蟠桃集』,誠文堂新光社1936年版,第79页。
③ 末中哲夫:『山片蟠桃の研究「著作篇」』,清文堂1976年版,第173页。

是"首尾一贯"的思想家。武内义雄于 1939 年 3 月在《古典研究》中，以"蟠桃·三马·儒医"为题，指出《梦之代》中都是卓越的见解。高桥碵一从洋学研究的角度，于 1939 年 7 月在《洋学论》中把山片蟠桃定位为"合理主义者"，认为他的思想虽在朱子学的"穷理"精神框架内，但接受了西洋的自然科学。富成喜马平于 1939 年 12 月在《日本科学史要》中专设"文明批评和启蒙运动"一节，并在列举促进国民自省的一群兰学思想家时，将山片蟠桃纳入其中，并给予山片蟠桃的"日心说"及其《梦之代》一书高度的评价。高濑重雄于 1942 年 5 月发表了《山片蟠桃及其历史思想》一文，从历史学的角度对山片蟠桃的思想进行了解读。鲇泽信太郎于 1943 年发表《吉田松阴的世界地理研究》（收录于《锁国时代的世界地理学》1 月刊中）一文，叙述了吉田松阴地理知识的由来，其中更是以山片蟠桃的《梦之代》为代表，认为《梦之代》中的天文、地理卷对吉田松阴的海外地理研究起到了参考作用。能田忠亮于 1943 年 12 月发表《历的本质和改良》，认为山片蟠桃对太阳历提出的改革意见继承了中井竹山、中井履轩的思想，同时受到《天经或问》的影响。荒木俊马于 1943 年 7 月在其《日本历学史概说》中，认为山片蟠桃制定了杰出的现代形式的太阳历，是受到了中井履轩和麻田刚立的影响。东晋太郎于 1943 年 8 月出版《近世日本经济伦理思想史——江户时代前期日本儒家经济伦理思想研究》，书中认为："山片蟠桃的科学穷理观即使在当代也是杰出的，他站在唯物论的立场上。从中井竹山学到的朱子学对其影响至深，导致他最后未能拒绝王道主义。"①

3. 第三阶段

第二次世界大战结束的 1945 年至今。战后日本，人们获得言论自由，山片蟠桃研究更加活跃起来，研究角度变得更为多样化，逐渐达到鼎盛。

1945 年至 20 世纪 70 年代的研究状况：这一时期的山片蟠桃研究中最为著名的是有坂隆道、末中哲夫和源了圆的研究。

有坂隆道和末中哲夫两人于 1951 年至 1954 年发表了连载文章《山片蟠桃研究》（载于大阪历史学会机关报『ヒストリア』第 1、2、3、4、6、7、9 期）。该系列文章以实证性研究方法对山片蟠桃的传记及其与主

---

① 末中哲夫：『山片蟠桃の研究「著作篇」』，清文堂 1976 年版，第 176 頁。

人家升屋的关系等进行了考证、研究，增补了不少相关资料，如对"山片蟠桃传补遗""山片蟠桃遗训""升屋和山片蟠桃""山片蟠桃殁后的升屋"等方面进行了考证研究，纠正了此前山片蟠桃研究中的一些错误，为其后学术界的研究奠定了基础。

源了圆从合理主义、启蒙思想以及近代性等方面对山片蟠桃思想进行了深入的研究，如在《近代日本社会思想史》的第一部《近代思想的生成》（1968年11月）中，撰写了《德川时代"近代思想"的形成》一节。文中指出山片蟠桃是近世思想史近代化的一个标志性人物，近代学者前岛密和福泽谕吉的思想结构中潜含着蟠桃的思想。此后于1971年发表论文《先驱的启蒙思想家——蟠桃和青陵》（《山片蟠桃·海保青陵》），认为："山片蟠桃导入了适者生存的进化论思想；在道德上主张儒学，而在自然问题上则采用西方的自然科学。由此表明了山片蟠桃所采取的和魂洋才之态度，佐久间象山和桥本左内的思想与其一脉相承。"并认为"山片蟠桃是现狀維持者，是在德川体制下充分实现利益最大化的町人；蟠桃肯定封建制以及提倡农本政策皆源于其身为大町人的立场"[1]。源了圆于1972年6月发表专著《德川合理思想的系谱》，在书中专设了题为"先驱的启蒙主义者山片蟠桃"的章节，并于1972年11月在《德川时代理观念的变容》（参加1972年11月21日举办的"日本文化研究国际会议"中演讲的论文）一文中，把山片蟠桃与佐久间象山相提并论，认为两者把朱子学的"理"与西欧自然科学同等看待而融合了起来。此外，源了圆在其1973年发表的《德川思想小史》著作中，设了《山片蟠桃》一节，认为："在山片蟠桃的思想中，使儒教和西方自然科学结合在一起的是朱子学所说的'致知格物'思想；他认为致知格物为大者当为天学。在天学方面，除了追随西方别无其他选择；山片蟠桃在《梦之代》中展现的实学思想与福泽谕吉《劝学篇》中的思想几乎没有差别。"[2] 因此可以说，源了圆对于山片蟠桃的研究不仅著述丰富，而且开辟了新的视角，是极具代表性的山片蟠桃研究成果。

此外，同样从合理主义思想的角度进行研究的还有野村兼太郎的

---

[1] 源了円：『山片蟠桃・海保青陵』（日本の名著23），中央公論社1971年版，第47页。
[2] 源了圆：《德川思想小史》，郭连友译，外语教学与研究出版社2009年版，第126页。

《德川时代合理主义的一例——山片蟠桃的思想》（1949 年）、师冈佑行的《近世合理主义的展开——围绕怀德堂的思想》（1965 年）、宫崎道生的《近世合理主义的一个断面——新井白石和山片蟠桃》（1965 年）、小泽荣一的《合理主义和〈历史问题〉》（1966 年，载于《近代日本史学研究幕末编——十九世纪日本启蒙史学研究》的第三章）、松浦明平的《商人的合理主义到达点——山片蟠桃的〈梦之代〉》（1965 年）、有坂隆道的《合理主义的町人学者山片蟠桃》（1969 年）等。

除了以上的研究以外，也有从历史观的角度对山片蟠桃进行研究的著作，如：杜松雅史、松本芳夫的《山片蟠桃的历史观》（1963 年）；从自然观的角度进行研究的有：左方郁子的《近世自然观的展开》（1965 年，载于《近世日本思想史研究》）、藤原暹的《西洋天文学说（日心说）的容受和"科学自然观"的形成和性质》（1966 年，载于《江户时代〈科学的自然观〉研究》第二章）；从经济思想的角度进行研究的有井上实；从与近代思想相关联的角度进行研究的有：服部之总的《日本近代社会三思想》（1948 年，收录于《社会学大系》第九卷）、渡边正一的《日本近世道德思想史》（1961 年）、大森实的《日本科学技术史大系第六卷思想》（1968 年）；从唯物论的角度进行研究的有：根津正[①]的《山片蟠桃唯物论和历史观》（1954 年，刊载于《思想》第 356 期）、杉畠孝博的《关于山片蟠桃的绝对主义思想》（1962 年，载于《金城学院大学论集 19》）、伊藤光子的《关于山片蟠桃思想的一个考察》（1967 年，载于《茶水史学》第 10 期）、林基的《关于山片蟠桃的纪要》（1948 年，载于《文学》第十六卷第 3 期）；从思想史系谱的角度进行研究的有：沼田次郎的《幕末洋学史》（1950 年）和《洋学传来的历史》（1960 年）、宫崎典也的《吉田松阴和〈梦之代〉》（1963 年，载于《山口县地方史研究》）、佐藤政次的《明治五年以前的阳历运动》（1968 年，载于《日本历学史》第三篇第十六章第一节）、宫内德雄的《山片蟠桃和多田义俊——围绕爱日文库藏书》（1968 年，《怀德》第 39 期）、海老泽有道的《南蛮学统的研究》（1958 年）；从天文地理学的角度进行研究的有小野菊雄的《近世日本地理学及对现代的意义——以山片蟠桃和司马江汉为

---

① 该作者的姓名通常写成假名"ねずまさし"的形式，本文作了翻译。

中心》（1961年，载于《史林》第四十四卷第3期）；从实学思想的角度进行研究的有：松浦伯夫的《近世日本实学思想研究》（1963年）；从传记整理的角度进行研究的有：中正夫于的《町人学者山片蟠桃》（1947年，载于《传记》第一卷第4期）；从神代论角度进行研究的有：丸山二郎的《日本纪年论批判》（1947年）；从商业史的视角进行研究的有：宫本又次的《升屋平右卫门和升屋小右卫门》（1958年，载于《大阪商人》第十章）。这些研究不仅奠定了山片蟠桃研究的坚实基础，也为我们提供了继续开拓山片蟠桃研究的诸多视角。

20世纪70年代至20世纪90年代的研究状况：这一时期关于山片蟠桃的研究中有两座丰碑，即宫内德雄和末中哲夫的研究。

宫内德雄于1970年5月30日在《朝日新闻》晚报上发表题为"山片蟠桃和多田义俊"的文章，指出最早得出"日本神话是后世的创作"之结论的学者是山片蟠桃；他于1976年发表论文《山片蟠桃的鬼神观》，认为："中国古代的王充和山片蟠桃是各自时代唯物论的实证主义先驱者，两者论点一致的地方较多，是必然的偶然，两者的思想脉络相通。"①宫内德雄于1984年发表题为《山片蟠桃——〈梦之代〉与其生涯》的著作，从与现代意义相联系的视角出发，指出了山片蟠桃某些思想的现代性，同时对蟠桃的生涯及其周边事象进行了考证，认为："山片蟠桃的言论和行动中显现着矛盾和二重性，但在内心深处却拥有对现状不满的革新气息。在人性压抑的封建体制下，追求理想的山片蟠桃可以说是近代思想的先驱。"②宫内德雄对山片蟠桃思想的源流和影响也进行了比较深入的剖析，明确提出了山片蟠桃思想对津田左右吉的影响。

末中哲夫于1971年和1976年先后出版了《山片蟠桃的研究〈梦之代〉篇》和《山片蟠桃的研究〈著作篇〉》两部著作，这是迄今为止最为全面、最有影响力的山片蟠桃研究。文中以实证性的研究方法，对山片蟠桃的传记、山片蟠桃的著作、山片蟠桃的先行研究以及山片蟠桃的重要思想等进行了细致的考证、研究，奠定了后来山片蟠桃研究的基础。

---

① 宮内徳雄：『山片蟠桃の鬼神観』，『中国哲学史の展望と模索』，創文社1976年版，第987頁。

② 宮内徳雄：『山片蟠桃—「夢之代」と生涯』，創元社1984年版，第262頁。

末中哲夫又于1976年发表了论文《山片蟠桃论》，对"山片蟠桃的研究史""山片蟠桃的论著""山片蟠桃的思考方法"进行了分析和总结，最后认为"在山片蟠桃的思想构造中，随着时代内容的推移，儒学与西洋科学的位置发生了变化，即从儒学优先转向了两者并立"①。

除了以上的研究之外，还有不少对山片蟠桃思想进行整体系统研究的论文，如：上杉允彦的《山片蟠桃思想试论》（1971年，载于早稻田大学理工学部《人文社会科学研究》第5期）；从地理学的角度进行研究的有：海野一隆的《〈梦之代〉的世界地名和〈天地二球用法记〉》（1973年，载于兰学资料研究会《研究报告》第271期）；从思想史谱系的角度进行研究的有水田纪久的《富永仲基和山片蟠桃——与怀德堂的关系》（1973年，载于《富永仲基·山片蟠桃（日本思想大系43）》的解说文章）、神田喜一郎的《〈出定后语〉和〈梦之代〉》（1973年，载于《富永仲基·山片蟠桃（日本思想大系43）》)、加藤周一的《日本文学史序说（58）》（1974年）；从唯物论的角度进行研究的有：笠井忠的《日本唯物论史》（1974年）、柳泽南的《山片蟠桃的太阳和无鬼思想》（1977年）、《蟠桃和儒教》（1978年）、《蟠桃和王充》（1980年）和《蟠桃和荀子》（1981年）、天野良则的《山片蟠桃的无神论思想研究》（1980年）；从商业思想的角度进行研究的有：竹林庄太郎的《山片蟠桃的商业思想》（1977年）；从实学思想史的角度进行研究的有：杉本勋的《近世日本的学术——以实学的展开为中心》（1982年）。

20世纪90年代以来的研究状况：90年代以来，山片蟠桃的研究进入了低潮阶段，研究的视角比较分散、多元。此阶段非常值得重视的一个成果是岩崎允胤于1997年6月出版的《日本近世思想史序说》的专著，在该书下册第三章"唯物论思想和自然哲学的展开"中，设有"山片蟠桃和唯物论"一节，从"天文""地理""无鬼""封建思想"四个方面论述了山片蟠桃思想。岩崎允胤认为："山片蟠桃发挥合理的想象力论述了宏大的宇宙论；山片蟠桃的无鬼论是唯物论，对于灵魂不灭论、神灵论进行彻底的反击。"② 其他有关山片蟠桃的研究成果还有：折原裕的

---

① 末中哲夫：『山片蟠桃論』，『日本思想史2』，1976年，第84页。
② 岩崎允胤：『日本近世思想史序説下』，新日本出版社1997年版，第255页。

《江户期的商利肯定论的形成——石田梅岩和山片蟠桃》（1992年）；逆井孝仁的《山片蟠桃论——儒教经济论的可能性》（1993年）、《山片蟠桃的秩序和市场——以"王道"论为中心》（1993年）、《日本〈民富〉思想——石田梅岩和山片蟠桃》（1995年）；松村浩二《蟠桃论再考——所谓蟠桃论的"矛盾二重性"》（1997年）；胁田修、岸田知子的《怀德堂及其周围的人们》（1997年）；须藤和夫《山片蟠桃的"无鬼"伦理》（上）（中）（2002年）；前田勉的《山片蟠桃的"我日本"意识——围绕神道、国学批判》（2003年）等。

二 中国及西方学者的有关研究

关于山片蟠桃的思想研究，在日本以外的地区还处于有待发展的阶段。进行专门而系统的研究成果还相对较少，研究视角也存在着明显的差距。

1. 中国学者的研究

目前为止，我国学界对于山片蟠桃思想的研究为数不多，多停留在思想介绍或某一方面的思想研究论述上。研究或涉及山片蟠桃思想的主要著作有：朱谦之的《日本的朱子学》（1958年）及《日本哲学史》（1964年）、王守华和卞崇道的《日本哲学史教程》（1989年）、陶德民的《怀德堂朱子学的研究》（1994年）、刘金才的《町人伦理思想研究——日本近代化动因新论》（2001年）、李甦平的《中国·日本·朝鲜实学比较》（1994年）、王青的《日本近世思想概论》（2006年）等。此外，根据国家图书馆等论文数据库资源的检索，可查阅的涉及论述山片蟠桃思想的一共只有6篇学术论文和1篇硕士论文。[①]

中国较早提及山片蟠桃及其思想并进行介绍和研究的首推北京大学

[①] 发表的学术论文有：赵建民：《山片蟠桃：江户时代杰出的町人学者》，《世界历史》1998年第4期；李维涛：《山片蟠桃的无鬼论和宗教批判——其构造和射程》，《思想史研究》2005年第5期；李晓东：《浅析山片蟠桃的实学思想》，《中国社会科学院研究生院学报》2008年第2期；李晓东：《对山片蟠桃宗教论的一个考察》，《日本学论丛》，外语教学与研究出版社2009年版；李晓东：《山片蟠桃和二宫尊德思想比较——以经世论为中心》，《报德思想与和谐社会》，学苑出版社2010年版；李晓东：《试论山片蟠桃的经济伦理思想》，《华南日本研究》（第三辑），华南理工大学出版社2010年版。发表的硕士论文有：李佳玲：《从怀德堂看近世合理主义思想的形成——以其对神佛的态度转变为主》，硕士学位论文，广东外语外贸大学，2007年。

学者朱谦之,他在20世纪50年代出版的巨著《日本的朱子学》(三联书店1958年版)是迄今为止最为重要的日本朱子学派研究著作之一。在"大阪的朱子学派"一章中,朱谦之简单介绍了山片蟠桃及其思想。他认为:"山片蟠桃是在怀德堂学派的影响之下,达到接近唯物论思想的思想家。号称'日本无神论与唯物主义之巨子'的山片蟠桃,其思想也是从怀德堂一系的合理主义发展而来。与其称之为朱子学的继承者,不如说是朱子学的批判者和否定者,他不肯局蹐于儒学思想的范围,从儒学之中取得合理主义的要素加以发展,表面上看好似朱子学的厄运,而从发展的眼光看来,却是朱子学的莫大光荣,可以说正是朱子学的幸运。"①继而朱谦之又在其著述《日本哲学史》(三联书店1964年版)的第八章"封建制解体过程中新世界观的萌芽之一"中,专辟一节论述山片蟠桃的日心说、无鬼论及物价论。他认为,使山片蟠桃思想发生转变的是其所受到的兰学的影响,山片蟠桃无鬼论中含有辩证法的思想因素,而物价论的思想是站在剥削阶级的立场,即山片蟠桃有其思想的局限性,而从整体来看,他是当时"大胆做出无神论结论的思想家"②,同时也代表了新兴资产阶级智慧的优缺点。③ 继朱谦之后,王守华和卞崇道在《日本哲学史教程》中,对山片蟠桃的无鬼论、日心说及经济思想进行了论述,其观点继承了朱谦之。陶德民作为中国怀德堂思想研究的著名学者,在《怀德堂朱子学的研究》一书中,从朱子哲学研究、天文地理学、经世政策、徂徕学批判、古代史观及神道批判、无鬼论等角度对怀德堂学派的思想进行了考察。陶德民认为:"中井竹山、中井履轩、山片蟠桃,都对朱子学说进行了修正,但是怀德堂学者却一致赞成朱子学的'格物穷理'学说。山片蟠桃在认识论上与其他怀德堂学者有所差别,这不仅是因为他接受了西方自然科学,同时也是对儒学诸观念的批判继承的结果。"④在无鬼论方面,陶德民认为,"怀德堂学派的思想继承发展关系依次是五井兰州、中井竹山、中井履轩、山片蟠桃,即把山片蟠桃的无鬼论思想

---

① 朱谦之:《日本的朱子学》,人民出版社2000年版,第383页。
② 敦尼克等主编:《哲学史》,北京出版社1990年版,第693页。转引自朱谦之《日本哲学史》,人民出版社2002年版,第165页。
③ 朱谦之:《日本哲学史》,人民出版社2002年版,第165页。
④ 陶德民:『懐徳堂朱子学の研究』,大阪大学出版会1994年版,第336页。

渊源追溯到五井兰州。"① 与其他学者强调山片蟠桃思想的特异性不同，陶德民从思想源流方面阐释了山片蟠桃的思想。近世思想文化研究学者刘金才在专著《町人伦理思想研究——日本近代化动因新论》中，从经济思想研究的角度，对山片蟠桃思想进行了研究，认为"山片蟠桃将町人的流通合理主义伦理思想提高到了新的水平，从商品、货币发展规律的角度认识和阐述町人经济活动的价值及其与道德的关系，表现了具有近代性的合理主义经济思想和伦理精神"②。李甦平从日本实学思想史研究的角度，对山片蟠桃的思想进行了简明论述。她认为，"山片蟠桃接受了中井竹山、履轩的熏陶，信奉儒教的合理主义，带有极强的唯物论倾向"③。王青在《日本近世思想概论》一书中对山片蟠桃的思想进行了简要的概述，并指出"日本朱子学派中的一个分支——怀德堂学派是借朱子学的'穷理'之名，树立了自己实证主义的思想主张，从这个学派里涌现出多位兰学家和自然科学家，山片蟠桃便是其中较为著名的一员。在当时日本严禁异端邪说的社会背景下，山片蟠桃敢于论证并宣传'日心说'这种外来的进步学说无疑具有很大的进步意义。山片蟠桃的学问虽然是以儒学为基础，但是他把朱子学的'穷理'概念理解为一种人类对自然和社会的认识，并在此基础上积极地吸收了以日心说为基础的宇宙论等西方近代科学知识，表现出一种合理主义思想。蟠桃的经济思想反映了日本当时商业资本的要求"④。赵建民在《山片蟠桃：江户时代杰出的町人学者》一文中，把山片蟠桃定位为时势造就的合理主义思想家、江户时代最全面最先进的启蒙主义者。李维涛在《山片蟠桃的无鬼论和宗教批判——其构造和射程》中对山片蟠桃的无鬼思想和宗教批判进行了梳理，提出了很有意义的观点。李佳玲在《从怀德堂看近世合理主义思想的形成——以其对神佛的态度转变为主》中，从合理主义思想入手考察了怀德堂代表思想家对神佛态度的转变，其中梳理了山片蟠桃无鬼论、排佛思想的特质。

---

① 陶德民：『懷德堂朱子学の研究』，大阪大学出版会1994年版，第336页。
② 刘金才：《町人伦理思想研究——日本近代化动因新论》，北京大学出版社2001年版，第226页。
③ 李甦平：《中国·日本·朝鲜实学比较》，安徽人民出版社1994年版，第131页。
④ 王青：《日本近世思想概论》，世界知识出版社2006年版，第112页。

2. 西方学者的研究

俄罗斯研究学者拉德利·查陀罗夫斯基在《儒教在日本的普及》第九章"德川日本和儒教"中，提及山片蟠桃和《梦之代》，他认为山片蟠桃的思想与儒学、朱子学以及神道诸学派相敌对。他进而在《世界哲学史》（第四卷）中论述说："在对封建意识形态进行批判这一点上，与三浦梅园相比更加进步的是优秀的哲学家、天文学家、地理学家以及经济学家——山片蟠桃。"百科全书式著作《梦之代》中的无鬼论，明确阐述了山片蟠桃唯物论的观点。此外，日本研究学者唐纳德·金在《山片蟠桃对鬼的献辞》中，对山片蟠桃的无鬼思想进行了专门的论述。

西方著名的怀德堂研究学者纳吉塔·哲夫在著作《怀德堂十八世纪日本"德"的诸相》中，对山片蟠桃思想渊源进行了考察，认为其经济政治思想、自然认识论以及鬼神思想皆与五井兰州、中井竹山、中井履轩的思想一脉相传，是怀德堂思想的集大成者。同时，纳吉塔·哲夫认为山片蟠桃和三浦梅园的思想有相近之处。

三 先行研究的遗留问题与评论

日本及中西方研究者从不同的学术视角对山片蟠桃的天文、地理、经济、宗教、社会等思想进行了细致的考察，使我们对山片蟠桃的思想有了大致的把握。先行研究中的很多成果具有较高学术价值，但依旧存在着不足之处，主要表现在以下几个方面：

1. 对于思想史的研究，需要特别关注思想家所处的社会环境、日常生活和周边世界的实际情况。应采取"顺着看"而非"倒着看"的视角，即是说应注意从日本自身的资料和历史脉络来追溯思想史，而不是以某种后设的、现代的价值立场来描述思想史。子安宣邦就曾经批判过这种"倒着看"历史的研究方式，认为应当把从"朝着"转换成"来自"。① 其主旨即在于，把被研究者放回原来的历史背景中去，在其时代的背景下，重新"顺着"时间线索梳理和理解它的意义，而不是从后来才有的

---

① 子安宣邦：《作为事件的徂徕学：思想史方法的再思考》，朱秋而译，《台大历史学报》2002年第29期，第185页。

"近代"视角去看它,用后来的观念去解释它的"近代"意义。① 在山片蟠桃思想的先行研究中,有个别研究者习惯以近代的视角来观察、理解日本近世思想家山片蟠桃的思想特质,这种研究方法完全站在现代的立场上来解读《梦之代》,得出的结论也是作者事先设定好的观点,所以其立论难免缺乏公允。如认为"山片蟠桃具有进步和反动的双重人格"②。对于这样的评价,笔者难以赞同。作为一名思想家,其本身的思想架构随着环境的变化虽有变化,但不会是自相矛盾的,其人亦非一个分裂者。错误的视角导致了对山片蟠桃思想认识的某些误判。

2. 缺乏对山片蟠桃思想的整体性的宏观把握和定位。除了龟田次郎和宫内德雄对山片蟠桃代表作《梦之代》全书进行解读外,大部分研究者基本上都是对山片蟠桃的部分思想进行了研究,要么注重其宗教思想,要么注重其经济思想,但却急于对其思想进行评价,而未能贯穿山片蟠桃整个思想体系并对其实学思想进行深入、透彻的研究。得出的结论也往往是,"山片蟠桃的经济观不含有合理主义,他对于社会的批判体现了其思想本质是对封建制度的改良和迎合,并非对封建制度本身进行决定性的批判""山片蟠桃的经济思想就是为了维护封建制度,在当时的社会制度下未能贯穿近代思想"③。这些结论有的不免有所偏颇。原因即在于未能在宏观上把握山片蟠桃的总体思想。笔者认为山片蟠桃的经济思想和宗教论、自然科学观、历史观是其实学思想的重要表现,在其思想体系中,自始至终贯穿着不变的合理主义思想特征。

3. 目前对山片蟠桃思想的研究,主要集中在对其集大成著作《梦之代》进行文本分析,重点论述其思想的特异性,而把他的思想置于观念发展链条的一环来认识、评价和思考的较少。其实,山片蟠桃的思想不是静止的,而是变化的。他的思想不是前无古人,而是在继承前人思想的过程中,不断创新、不断积累才创造出自己的思想体系的。而且,在考察山片蟠桃思想形成轨迹时,除了受中井竹山、中井履轩和麻田刚立

---

① 葛兆光:《谁的思想史?为谁写的思想史?——近年来日本学界对日本近代思想史的研究及其启示》,《中国社会科学》2004 年第 3 期,第 57 页。
② 上杉允彦:『山片蟠桃の思想試論』,『人文社会科学研究』1971 年第 5 号,第 55 页。
③ 土屋喬雄:『山片蟠桃集』,誠文堂新光社 1936 年版,第 79 页。

的影响之外，还应该考虑当时日本近世社会以及思想环境对山片蟠桃思想产生的影响。因而对山片蟠桃思想的变化历程以及影响的研究还应进一步深入。

4. 山片蟠桃不仅是一位思想家，同时还是赫赫有名的商人。以往的研究多围绕山片蟠桃思想进行阐述，即大部分的研究者在论述山片蟠桃思想的时候，未能结合山片蟠桃的商业行为，未能把他对主家、仙台藩的扶持、帮助等行为关联在一起，进而探究山片蟠桃在历史上的作用及其在思想史上的意义。山片蟠桃不仅是一个研究型的思想家，同时也是一个行动型的人。只有把山片蟠桃的商业行为和思想结合一起，才能很好地把握其思想内涵和意义。因此，结合山片蟠桃的实践行为对其实学思想的研究尚有待推进。

第三节 研究方法与基本结构

一 本课题的关键概念界定及研究理论与方法

（一）关于"实学"的概念界定

要论述"实学思想"，首先必须明确"实学"的概念和界定"实学"的范畴。"实学"这一概念不仅见于中日古代学者文集中，也见于诸多古代史籍当中。"'实学'一词在二十五史中最早见于《旧唐书·杨绾传》。"[1] 但是，也有一说认为"'实学'最初是由北宋理学创始人之一程颐（1033—1107年）提出来的"[2]。通过考证，笔者认为前者的说法更具说服力，即实学一说，最早见于唐朝。自魏晋六朝后，社会崇尚文学之风日盛，至唐代则主要以诗赋声律取士，即当时科举考试不求治国之才，专取诗赋之工丽。针对唐代这种科举制度的弊端，杨绾提出改变现行科举制度，以"实学"取士的主张。唐代宗宝应二年（763年）礼部侍郎杨绾上书说："取《左传》、《公羊》、《谷梁》、《礼记》、《周礼》、《仪礼》、《尚书》、《毛诗》、《周易》，任通一经，务取深义奥旨，通诸家之

---

[1] 中国实学研究会主编：《实学文化与当代思潮》，首都师范大学出版社2002年版，第380页。

[2] 葛荣晋：《中国实学导论》，《中日实学史研究》，中国社会科学出版社1992年版，第3页。

义……其策皆问古今理体及当时要务,取堪行用者……所冀数年之间,人伦一变,既归实学,当识大猷,居家者必修德业,从政者皆知廉耻,浮竟自止,敦厐自劝,教人之本,实在兹焉。"① 由此可见,所谓的"实学"乃是为了培养和选拔实用人才提出的,主要针对的是唐代以诗赋取士所形成的"浮竟"风气。到了明末清初,"实学开始以天文、地理、务农、水火及典章制度沿革等为主要研究对象,是一种经世致用之学"②。可以说,在不同的历史时期,因客观的社会环境和学术环境的差异,实学具有不尽一致的内涵。

在17—19世纪前半期,中国的邻邦朝鲜也产生了实学思潮。两班阶层中的进步学者在西方自然科学的影响下,摆脱朱子学脱离实际、清谈空论的思想影响,主张通过实际事物和实践,研究对实际生活有益的学问。以"实事求是"为原则,以"利用厚生"为目的。其主要特点是批判文牍主义作风,主张研究对实际生活有用的学问,在继承朝鲜科学遗产的同时,吸取外国先进科学技术,提出政治、经济、军事等方面的改革方案,以振兴国家。

而在日本,实学是指日本近世社会至近代社会所出现的具有合理性的进步社会思潮。当代日本学术界的实学研究大家源了圆在《从开明思想言实学》一文中对实学作了如下的解释:"实学乃如具有多种侧面之巨像。吾等视其某一侧面,或言实学为'实践'之学、'实用'之学,或称其为'经世济民、经世致用'之学、'利用厚生'之学。"③

小川晴久在《关于实学概念》一文中,对"实学"作了如下的解释:"实学是在实事求是的基础上,能够把握关系性=法则性的一种实证的穷理之学;实学不采取崇拜某种特定理论而忽视其他理论的一尊立场,而是面向诸学的大百科式的学问;实学是从实心出发,立足于实事、实地的学问,并把实行视为生命的学问。"④ 小川晴久在《实学与哲学》一文

---

① 《旧唐书》卷一一九。
② 中国孔子基金会编:《中国儒学百科全书》,中国大百科全书出版社1997年版,第753页。
③ 源了圆:《从开明思想言实学》,《中日实学史研究》,中国社会科学出版社1992年版,第205页。
④ 小川晴久:《关于实学概念》,李甦平著,《中国·日本·朝鲜实学比较》,安徽人民出版社1994年版,第6页。

中，又从"实学"与"哲学"关系角度，阐释了"实学"的定义。他在分析了"作为一般儒学的实学"和"17—18世纪的实学"之后，对"实学"作了这样的说明："程伊川的实学是以《易》和《中庸》为基础的实学。这种实学是由自然哲学和慎独论两要素构成的。到了产业发展、并受到耶稣传教士传入的西学洗礼的17—18世纪，随着自然科学（通几之学）与个别科学（质测之学）的分化，实学也发生了变化。17—18世纪的实学是由气的哲学这一自然哲学、实事求是的科学精神、诚的实践这一慎独论三要素构成的庞大的体系。"①

杉本勋在《实学史研究的一个视角》一文中指出，实学可以分为作为其实体的"实学史"和关于实学观的"实学思想史"。杉本勋认为，"实学的这四个基本性质分阶段地得到实现，到了18世纪西学兴起期止大体完善了。实学概念的完全实现是在日本明治初期的文明开化期"②。

笔者认为，实学与虚学相对，是一种具有批判精神、经世思想、科学精神、启蒙意识的学术思想或学风；实学是在实事求是的基础上，立足于实事、实地，具有现实性、实用性、实证性、实利性以及合理主义倾向的学问。实学是具有多层意义的概念，既表现在社会政治领域，又反映在意识形态层面；既表现在哲学、道德、美学和宗教上，又反映在文学、艺术、经学、科学和历史诸领域。实学这一概念，"如同整个传统文化一样，并不是一个僵死的封闭系统，而是一个不断从外来文化中吸取营养、具有生命力的开放性的思想体系"③。"实学"二字所标示的是一种学术取向、思维方式，它不是一门学科，不是一个学术流派的标示。"实学"是在实证、经验基础上的实用之学，其研究对象可以是为了富国裕民的社会改革，也可以是为了民族自立自强而对本民族历史、地理、语言、文学、风俗等的研究，更可以是对天文、医学、农业、数学等自然科学的研究。总之，实学就是对现实生活、经济发展、社会进步有用

---

① 小川晴久：《实学与哲学》，李甦平著，《中国·日本·朝鲜实学比较》，安徽人民出版社1994年版，第6页。
② 杉本勋：《实学史研究的一个视角》，《中日实学史研究》，中国社会科学出版社1992年版，第231页。
③ 葛荣晋：《中国实学导论》，《中日实学史研究》，中国社会科学出版社1992年版，第24页。

的学问。

关于"实学",山片蟠桃在其著作《梦之代》中指出,"实学之人不专于五行灾异,实际上治病之医亦不拘泥于五行"①。然而,山片蟠桃也指出,"历代医生所著之书皆依据五行之说,和汉之医赖于古书,未得西洋实见、实功"②。他批判历代医书皆依据五行之说而撰写,未掌握西方的重视实际、实见、实功的实学精神。山片蟠桃继而指出,"必学仁义忠孝之道。记诵词章之艺未必非精不可。学文而却成为天下轻薄之子,此皆为不学实行之学只希图虚名之罪也"③。山片蟠桃认为实学和仁义忠孝之道同等重要,两者都要学。从山片蟠桃的论说中可以知道,他主张的"实学"是否定"记诵词章之艺",要脱离非科学的迷信思想而尊重西方的实见之学,说明他已从"五行灾异"说中解放出来而形成了立足于科学的合理主义思想。具体而言,山片蟠桃的实学思想主要包含自然科学观、宗教论、历史观、经世论等方面的内容。

(二) 研究方法

法国年鉴学派提倡"从阁楼到地窖","将历史研究重心从上层政治转向下层生活,现在开始往一般的、边缘的,但是又是普遍的影响很广的方向转化"④。之前的思想史研究多注重对于精英的研究,本书则从民众思想史入手,以辩证唯物主义和历史唯物主义为指导,在进行史料考察和分析时,运用历史学、社会学、伦理学等相关学科的理论,采取思想史和社会史、民众思想与精英思想相结合的研究方法。通过对山片蟠桃的实学思想的文本的考察和分析,探究山片蟠桃实学思想的内涵、性质、特征及其形成轨迹和原因,并结合当时的社会背景和文化语境阐释山片蟠桃的实学思想在近世思想史上的意义。

本书在研究过程中,将结合运用如下几种方法:

---

① 山片蟠桃:『夢之代』雑書卷三,『日本思想大系43』,岩波書店1973年版,第429頁。
② 山片蟠桃:『夢之代』雑論卷二十三,『日本思想大系43』,岩波書店1973年版,第608頁。
③ 山片蟠桃:『夢之代』雑論卷二十四,『日本思想大系43』,岩波書店1973年版,第610頁。
④ 葛兆光:《思想史研究课堂讲录:视野、角度与方法》,生活·读书·新知三联书店2005年版,第20页。

1. 比较分析方法。为阐明山片蟠桃实学思想的特质以及价值取向，需要对山片蟠桃所处时代代表性思想家的实学思想进行比较研究和分析。

2. 文本分析方法。通过解读山片蟠桃的集大成著作《梦之代》来深入分析其实学思想的内涵和特质。

3. 思想史和社会史结合的方法。蟠桃思想的形成离不开社会背景的影响，因而在考察和解读蟠桃的实学思想时，注重将其与德川时代后期的社会状况结合在一起进行研究，以阐明山片蟠桃及其实学思想在日本近世社会史上的作用以及思想史上的意义。

二　结构与内容

本书由绪论、主体部分和结论三部分构成。主体部分对山片蟠桃实学思想的四个方面，即自然科学观、宗教论、经世论、历史观进行考察和分析，阐明其实学思想的性质和特征；结论部分通过总结山片蟠桃实学思想的四个组成部分的特征，阐明山片蟠桃实学思想的特质，并通过与同时代思想家的横向比较和分析，阐明山片蟠桃的实学思想在近世思想史上的作用，揭示蟠桃思想对于日本实学思想的建构以及日本近代实学的影响和意义。主体部分的主要内容如下：

第一章主要考察山片蟠桃其人的生平及其思想形成的文化语境。第一节对山片蟠桃的一生以及其与主家升屋、大阪怀德堂、中井竹山、中井履轩、麻田刚立的关系进行考察，探析这些文化语境及背景对山片蟠桃本人以及实学思想形成的影响。第二节从日本近世中后期的社会背景以及文化语境出发，考察江户时代儒学的实学化、其他实学思想盛行以及兰学的兴盛与实学的关系，揭示其对山片蟠桃实学思想形成的作用。第三节考察享保改革、田沼政治以及宽政改革时代的社会背景，阐明山片蟠桃实学思想形成的时代背景和社会文化因素。

第二章重点论述山片蟠桃自然科学观的特质。第一节考察和分析山片蟠桃对"天"的有关解释、对迷信的批判、对"太阳历"的提倡、对"日心说"的认同以及"大宇宙论"的主张等，阐析其对天文学认识的性质，揭示其对天文学科学认识的形成轨迹及意义。第二节对山片蟠桃的世界认识与西洋观进行考察，阐析其地理学认识以及世界观特点。

第三章主要分析山片蟠桃的宗教论与历史观。第一节考察山片蟠桃的无鬼论及其对佛教和神道的批判，阐析山片蟠桃的宗教论特征，并通过与同时代鬼神论观点进行比较，阐明其无鬼论以及排佛、排神思想的特质。第二节考察山片蟠桃对于神代的历史观、对于国学者的批判以及对于古代史的批判，阐析山片蟠桃的历史观特征。

第四章是关于山片蟠桃的经世论的考察和研究。第一节考察和分析山片蟠桃的"实行王道论""厉行俭约""劝农退商"等思想，阐析其政治思想的特质。第二节通过考察蟠桃的"自由物价论""对外贸易论"，阐析其经济思想的特质。

结论部分主要讨论山片蟠桃实学思想的特质以及在思想史上的再定位。第一，通过对山片蟠桃的自然科学观、宗教论、历史观以及经世论等进行总结分析，阐明山片蟠桃实学思想的特质；第二，总括分析山片蟠桃对后世思想家的影响及其实学思想的作用，揭示山片蟠桃实学思想的现代价值和意义，明确山片蟠桃实学思想的历史定位。

第 一 章

山片蟠桃其人及其思想
形成的文化语境

　　山片蟠桃生于宽延元年（1748年），卒于文政四年（1821年），是日本江户时代中后期①的町人思想家。他出生之时是德川幕府第九代将军德川家重（1711—1761年）掌管朝政的第四年。此前第八代将军德川吉宗（1684—1751年）曾进行了著名的政治改革——"享保改革（1716—1735年）"，但该改革后来陷入僵局，德川吉宗遂引退。山片蟠桃出生的年代，米价上涨，平民百姓生活在水深火热之中，经常发生百姓一揆②事件，而且有愈演愈烈之势。山片蟠桃出生当年，"他的出生地神爪村隶属的姬路藩发生了规模较大的农民暴动事件"③。从那以后，即德川时代的中后期，幕藩体制渐呈颓势。山片蟠桃经历了田昭时代（1767—1786年）的变革、松平定信（1758—1829年）实行紧缩政策的德川时代第二次大变革——宽政改革（1789—1800年）。可以说，山片蟠桃的一生是在德川幕府的统治由盛而衰，以及幕府统治由衰落进入动摇期之中度过的。下面，笔者将在日本近世中后期的时代背景及文化语境下，对山片蟠桃的

---

　　① 在日本史研究的学术界，关于日本江户时代内的分期有分歧。南开大学吴廷璆教授在《日本史》中对江户时代的分期为：德川前期（1603—1680年）、德川中期（1680—1716年）、德川后期（1716—1845年）、德川末期（1845—1867年）；北京大学宋成有教授在《新编日本近代史》中对江户时代的分期为：江户时代前期（1603—1716年）、江户时代中后期（1716—1830年）。北京大学沈仁安教授在《德川时代史论》中认为，享保改革（1716—1735年）是德川幕府的统治由盛转衰，进入中期的标志。本书以宋成有教授的分期为准。

　　② 百姓一揆：江户时代的农民斗争，为要求减免租税、撤换地方官及村吏，采取的起义、越级上诉、集体强行上诉等行动。

　　③ 宫内德雄：『山片蟠桃―「夢の代」と生涯―』，創元社1984年版，第171頁。

人生经历以及思想的形成轨迹进行考察和介绍。

第一节　山片蟠桃其人及其学问渊源

一　山片蟠桃其人

山片蟠桃本名长谷川有躬，号蟠桃，生于宽延元年（1748年）的大阪①西面的播州印南郡神爪村（今兵库县高砂市），幼名综五郎、久兵卫。山片蟠桃的父亲俗名小兵卫，法名释普照。小兵卫在从事农业生产的同时，以"丝屋"为店名，经营棉花生意。②山片蟠桃的父亲于天明七年（1787年）5月22日在大阪去世。他的母亲妙耀，于安永六年（1777年）1月7日去世。③山片蟠桃家有兄弟三人，他是家中次子。长兄名为长谷川安兵卫。弟弟季烈，名与兵卫，后来成为山片蟠桃在主家升屋侍奉时的左膀右臂。季烈比山片蟠桃小4岁，年轻时就移居大阪，来到山片蟠桃的身边。天明二年（1782年）山片蟠桃开始在升屋工作，也曾经调到升屋的合作伙伴所在地仙台工作，司会计职务，后又在宽政五年（1793年）任管理职务，于宽政七年（1795年）转至江户店铺里工作。

曾做过山片蟠桃伙计的角田九华（1784—1856年）在《续近世丛语》卷五中记载着的蟠桃简历如下：

> 山片蟠桃，名芳秀、字子兰，初名有躬、字子厚，后改焉，通称升屋小右卫门。播磨加古川人，少入大阪子钱家升屋平右卫门之家服侍。蟠桃英迈有才智，好学，受业于中井竹山，旁从麻田刚立学天文学，又喜兰学，以博学而出名。喜谈经济，自身乃主管主家之事，广为放贷于诸蕃，受宠于诸侯。竹山及弟履轩常夸奖蟠桃有识量，故中井门皆称其为孔明。……家业如有闲暇，则博读群书，研究义理。即使夏日亦不午休，撰写梦之代十余卷。自天文、地理、

---

① 大阪在古代被称为"难波"，中世和近世被称为"大坂"，明治三年改称"大阪"至今。本书一律使用"大阪"的称呼。

② 源了円：『先駆の啓蒙思想家蟠桃と青陵』，『山片蟠桃・海保青陵（日本の名著23）』，中央公論社1971年版，第20頁。

③ 末中哲夫：『山片蟠桃の研究「夢の代」篇』，清文堂1971年版，第15頁。

食货、经济，以至神代、鬼神等说，明辨详论，超乎寻常。竹山兄弟称其有见解。桑名老侯松平乐翁①亦夸奖蟠桃为人，读毕梦之代，盖以奇之。当时坂人评论市中人物，必以蟠桃为第一流。文政四年辛巳二月二十八日殁，享年七十四岁，子芳达，袭称小右卫门，好学有父之风。②

据考察，山片蟠桃于宝历十年（1760 年）13 岁时，从故乡来到大阪，成为伯父久兵卫的养子，当时山片蟠桃的伯父正在经营升屋的分店。于是他进入大阪堂岛经营米批发生意的升屋本店效力。山片蟠桃 17 岁时，即明和六年（1764 年），在参加成人仪式后将名字改为"久兵卫"。安永元年（1772 年）11 月，山片蟠桃已开始掌管整个升屋，这时又改名为"七郎左卫门"，③ 进而于享和四年（1804 年）改名为"小右卫门"。文化元年（1804 年），山片蟠桃 57 岁时，升屋因其苦心经营，已发展成仅次于三井、鸿池等的豪商大铺，贡献良多的山片蟠桃从主家升屋手中领受《亲属次席宣告》，得以冠"升屋小右卫门"之名，翌年又得以继承本家山片之姓，作为"别家"掌管升屋的经营。"蟠桃"是其名号。关于此号的由来，有多种说法：有说是借"番头"（掌柜、经理）的身份名头的谐音而来，④ 有说是取长寿之意而来，有说则是山片蟠桃希求有朝一日能使自己的思想追求开花结果，将自己所实行的策略、思想传诸后世，祈愿能如三千年一开花三千年一结果的蟠桃一般珍贵。⑤ 在山片蟠桃的著作中，于天明六年（1786 年）编写的《祈晴类聚》序文、宽政五年（1793 年）编写的《昼夜长短图并解》以及中年之作《梁蜕翁泰伯章讲义》中，均使用了"长谷川有躬"的名字。在被称为《梦之代》初稿本的《宰我之偿》（七卷）中，各卷首已标注着"大阪蟠桃偷言子述"等落款。而山片蟠桃在安永至宽政年间编写的诗文集《草稿抄》（六卷）

---

① 桑名老侯松平乐翁，指江户时代后期的老中松平定信，号乐翁。
② 末中哲夫：『山片蟠桃の研究「夢の代」篇』，清文堂 1971 年版，第 2 頁。
③ 宮内德雄：『山片蟠桃―「夢の代」と生涯―』，創元社 1984 年版，第 195 頁。
④ 刘金才：《町人伦理思想研究——日本近代化动因新论》，北京大学出版社 2001 年版，第 221 页。
⑤ 宮内德雄：『山片蟠桃―「夢の代」と生涯―』，創元社 1984 年版，第 178 頁。

中，各卷首仍写着"播阳长谷川有躬"。在生前最后的著作《梦之代》结尾处，署名却是"文政三中秋播阳山片芳秀辑"。综上，山片蟠桃只是在《宰我之偿》中用了"蟠桃"的名字。度其胸臆，或因《宰我之偿》一书的内容相对存有过激之处，蟠桃担心该书发表后会招惹麻烦，故刻意使用了"蟠桃"的名号，而至于这一名号来历，以上说法并无定论。

安永二年（1773年）3月，山片蟠桃26岁时，与生于奥播州清水村后定居于内本町三丁目的山口屋七兵卫女儿结婚。安永七年（1778年），山片蟠桃长子芳达出生，此子后来继承了父亲的赐姓，改姓为"山片"。

文化七年（1810年），山片蟠桃63岁时，妻子伸去世，得法名智文。而山片蟠桃自文化初年起就罹患眼疾，文化十年（1813年），67岁的山片蟠桃眼疾加重，竟致失明。文正二年（1819年），山片蟠桃已是七十有二，因不俗的业绩而得到幕府表彰。关于此次受表彰的理由，据传是因当时大阪町奉行①彦坂和泉守听闻了"山片蟠桃对主家忠勤之传言"。其具体表彰缘由如下：

一、扶植幼年主人，奋力劳作。

二、天明火灾之时施展才能保护财产，未对往来客户造成烦扰。

三、迁移至梶木町后，积增财产，仙台藩之财政亦大为改善。

四、身患眼疾数载，后至失明，即便七十二岁时依旧每日为主家生意尽职尽责。

五、主人平右卫门于文化三年（1806年）受幕府之命购米，遂率先购一万石。此外，文化七年（1810年）负担幕府所分配之御用金②二十万两。

六、今又于大阪、江户、仙台等约雇七十余人，购持米、御用金等财产，维护主家。③

---

① 奉行：武家时代的职务名，负责执行公事者，始于镰仓幕府。江户幕府时代，寺社、町勘定三种奉行以下，曾设中央、远国数十个奉行。

② 御用金：江户时代，幕府及诸藩为获取完成公用的资金，以付息偿还的约定，向町人、百姓强制课征的借用金。

③ 宫内德雄：『山片蟠桃―「夢の代」と生涯―』，創元社1984年版，第202页。

以上内容均摘录自大阪町奉行向大阪城代①的告书原文。江户幕府表彰山片蟠桃，认为他辛苦侍奉两代主家，即便双目失明之后依旧竭尽全力工作，勤奋效忠。作为奖励，幕府敕与山片蟠桃银币三枚。按照当时文正年间的银币价值计算，三枚银币大约相当于当时的十万钱币。以当时山片蟠桃所持资产来推算，这三枚银币的实际金额显然并不足道，但对于山片蟠桃一门而言，这种表彰堪称至高无上的荣誉。山片蟠桃失明后回到久别的故乡神爪村，滞留了三四月有余。他给村中约八十户人家每户一套三层朱漆木杯，同时附赠小判②金币一枚。木杯至今被保留在菩提寺和觉正寺里，杯身用金粉写着如下的赠语：

吾此前曾为预防凶年而存米，受到幕府褒奖，此次承受江户幕府之表彰深感荣幸。故以酒杯赠送故里神爪村之亲朋好友。愿劝善惩恶之风长久流传，永为良民全力奉公。文政二年，居浪华山片记之。③

山片蟠桃回大阪后便常卧病不起。文政三年（1820年）春末，山片蟠桃病危。他忍受病痛终于在8月15日完成了遗世之作《梦之代》。《梦之代》共十二卷，内容包括天文、地理、神代、历代、制度、经济、经论、杂书、异端、无鬼上下、杂论等，是在以《宰我之偿》为初稿本的基础上，大量增删补订而成的，历时18载之久。其间因山片蟠桃中途双目失明，故后来由山片蟠桃口授，经其子芳达及知友山本义道、近藤秀实笔录而成。该书是山片蟠桃最为重要的代表作，其真知灼见洋溢书中，被誉为"天下第一奇书"。

文政四年（1822年）2月28日，山片蟠桃在大阪梶木町自己家中去世，获法名释宗文，遗骨埋葬在天满善导寺内。山片蟠桃的墓碑现置于大阪市北区与力町二番五号善道寺内。墓碑的正面刻有"释宗文墓"，右

---

① 城代：日本江户幕府的职务名称。即守卫大阪城和骏府城的职务。
② 小判：江户时代的一种金币。椭圆形，正反面均有印记。因发行时间不同，尺寸大小、分量、成色等各异，但每枚都作为一两通用。
③ 宫内德雄：『山片蟠桃―「夢の代」と生涯―』，創元社1984年版，第203頁。

侧刻有"文政四年巳二月二十八日往生",左侧刻有"长谷川安兵卫弟俗名山片小右卫门",背面刻"施主当村中谨建之"等文字,而且墓地所朝向的正是山片蟠桃一生忙碌奋斗之地大阪城的方向。因碑文所刻乃逝后法名"释宗文",一度不为后人所知晓。后于大正十一年(1922年)在龟田次郎的协助下,大阪外国语学校的学生发现了山片蟠桃的墓碑。昭和四十九年(1974年),山片蟠桃的后代更换了新的墓碑,并刻上了"山片蟠桃先生之墓"。

二　山片蟠桃与升屋之关系及其商业实践

山片蟠桃13岁便离开故乡来到大阪,一生的大部分时间都在为主家升屋效力。他一方面扮演着升屋经营者的商人角色,另一方面又在怀德堂孜孜求学。因而,在研究山片蟠桃实学思想之时,首先需弄清山片蟠桃与升屋的关系问题,从而理解作为山片蟠桃人生事业起点的店铺商人身份,同时对其商业实践做出具体考察,才能看清山片蟠桃最初求学的真正动机及出发点。

山片蟠桃主家升屋的祖先,是"摄州岛上郡高槻冠马场邑"的宫本仁兵卫,其子后移居至京都绫小路,自称"山形屋",即第一代中川七兵卫。七兵卫之子光重于元禄七年(1694年)迁至大阪的堂岛中一丁目,即第一代升屋山片家。享保二年(1717年),光重将名字由"茂右卫门"更为"平右卫门"。"平右卫门"这一名号此后被一直沿承下来。因光重之子皆夭折,故光重于享保十九年(1734年)任命养子重贤为家族继承人,而光重自己则来到上中之岛町开始隐居生活,后光重改名为"平作",剃发出家,号"辨齐",于宽延元年(1748年)去世。关于初代升屋的发家经历,现存史料中几乎没有记载,只是据后世传闻,初代光重在大阪堂岛的米交易中大获成功,而且在仲买商①中开始占据重要地位。光重从京都来大阪之后,因当时的诸侯及武士均需售卖俸禄米,大阪米市交易便日益兴隆,并开始占据举足轻重的地位。当时,尤以淀屋②米市

---

① 仲买商:指经纪人。在卖方和买方之间从事物品与权利买卖的中介,并谋取利益,亦指以此为业的人。

② 淀屋:江户时代前期至中期大阪的豪商。

最为兴隆繁盛，但在元禄八年、九年（1695年、1696年），淀屋被幕府查封并没收土地，米商们于是又聚集到原房屋所在地进行交易，后经米商人共同商议，于元禄十年（1697年）迁往堂岛新地进行米交易，这就是大阪堂岛米市场的由来。从中可见，米在这一时期成了特别重要的商品，之后的价格也变得异常复杂，投机性的交易方法也逐渐发展起来。幕府前后发布了多项法令，以取缔不实米商，米市交易也由幕府下达旨意的真实米交易发展为投机性的"账合米"① 交易，并于享保十五年（1730年）成立了堂岛米行市会所。升屋初代光重成功的关键在于恰逢这种米市交易势头正盛的时代。据《堂岛旧记》记载，从元禄（1688—1704年）到享保（1716—1736年）年间，米交易市场中发展较快的平作（即升屋初代光重）被幕府任命为五人米年寄，② 亦被称为"五仲买"。③ 山片蟠桃在遗训中说："辨齐④借住浜一丁目后渐成长，迁居于中一丁目，而成大事也。"⑤ 可见，初代的成功不可小觑。

二代重贤是京都服部与左卫门之子，成为养子后继承升屋的家业，他于明和六年（1769年）推养子重喜为继承人，自己则过上隐居生活，号"平朔"。这一时期基本相当于升屋发展过程中的守成期，后山片蟠桃在遗训中明言："良应⑥时代质朴、谨慎，渐进守成。"⑦ 在重贤主管家业时期，升屋业务由米交易为主转向了以"大名贷"⑧ 为重点。其实做"大名贷"常有坏账的危险，而且在米交易中幕府经常禁止空米交易，最后发展成为一种投机性很强的交易。宝历年间（1751—1764年）米价大跌，为了阻止米价暴跌，幕府首次命令大阪町人出御用金，升屋被分配

---

① 账合米：江户时代大阪堂岛米市场进行米交易的方法。买卖的同时不交接米，只是在账面上进行买卖交易。

② 年寄：原意指在武家中掌管政务的重臣。在此，"米年寄"引申意为掌管卖米的重要商人。

③ 有坂隆道・末中哲夫：『山片蟠桃の研究（二）』，『ヒストリア』2，大阪歴史学会，1951年，第159頁。

④ 辨齐：指初代光重。

⑤ 末中哲夫：『山片蟠桃の研究「著作篇」』，清文堂1976年版，第858頁。

⑥ 良应：指二代重贤。

⑦ 末中哲夫：『山片蟠桃の研究「著作篇」』，清文堂1976年版，第858頁。

⑧ 大名贷：向大名放贷者。江户时代，金融业者以"回米"作为抵押向大名贷款，亦指以此为业的人。

的数额巨大，因为二代重贤时代的升屋在大阪财界占有中坚地位。宝历十年（1760年），13岁的山片蟠桃进入升屋开始侍奉55岁的重贤。山片蟠桃侍奉主家时，升屋家矛盾重重，内忧外患。一方面，从初代开始就有交易往来的冈藩以及二代开始交往的仙台藩等诸藩，都因为米价的下跌而连年饥荒，加之幕府诸役的财政拮据等因素，升屋的欠款不断增加，使升屋面临财政危机。另一方面，在家族内部也因为重贤的儿子先后夭折，继承事宜也发生了内部纠纷。好在关于继承的纷争很快得到解决。明和元年（1764年），重贤招入赘女婿平治郎与自己的二女儿"纳沙"结婚，平治郎改名为三代重贤。但在同一年，重贤晚年得子，平藏出生。于是在明和八年（1771年），三代重贤不得不把升屋的家业让给了二代重贤只有8岁的亲生儿子平藏。平藏成为四代平右卫门重芳。平治郎退隐后改名为"平左卫门"，成为平藏的监护人。明和九年（1772年），平治郎的妻子"纳沙"去世，被赠予了十分之四的资产，于是迁居到中州岛家，这便是升屋的初代分家的经过。

在明和八年（1771年），升屋主家已一分为四，即四代平右卫门重芳（平藏）的堂弟带屋弥兵卫、伯父伊豆藏平兵卫、同山形屋勘兵卫及西照寺四家。"别家"则有升屋清兵卫、同九助、同久兵卫、同善兵卫、同三郎兵卫、同忠兵卫六家。① 由此可以看出当时升屋的规模之大。当然，久兵卫即山片蟠桃也在"别家"的名单之列，就是说山片蟠桃最初是继承了升屋久兵卫这一别家的家业。此外，当时其他五个分家，都因为生病或者品行不端等原因未能得到进一步的发展，唯一可靠的"别家"就仅有山片蟠桃所在的久兵卫升屋。第二年即安永元年（1772年），25岁的山片蟠桃临危受命负责升屋的经营工作，而当时的升屋绝谈不上是传说中的豪商。作为继承升屋家业的四代平右卫门重芳年龄尚小，家业传其手里最多时仅有60贯银币。年轻的山片蟠桃挺身而出全力拥护幼主重芳，为使当时的升屋摆脱困境。山片蟠桃使出全身解数创出了一番业绩，使升屋进入"中兴期"。

经过十年的奋斗，山片蟠桃终于使升屋显现出重新振兴的萌芽，"其

---

① 有坂隆道·末中哲夫：『山片蟠桃の研究（二）』，『ヒストリア』2，大阪历史学会，1951年，第162页。

转折点是在天明初年与仙台藩的关系变得日益密切之后"。① 海保青陵在《升小谈》中曾如此叙述升屋和仙台藩的关系，"今仙台完全由升平②掌控。……升小③一人承担整个仙台藩之经济命脉"。④ 天明三年（1783年），应仙台藩请求，升屋向其拨款一万五千两，于是山片蟠桃又一跃成为仙台藩重振经济的顾问。此时，山片蟠桃主要推行的政策是"买米制度"。即收购当时农民贡租后剩余的米，然后再运往江户⑤。仙台藩用于买米的资金由升屋提供，为了建立完善的回米⑥制度，必须在仙台、铫子、江户设立办事处并安排负责人。而上述所有费用均由升屋承担。山片蟠桃注意到，农民交纳的米袋在运至城市销售之前，需要在运输途中检查一下里面的米。即需把米探子插入米袋中，抽出一部分米进行检查。抽出来的米仍会放回米袋中，但是每次均难免会洒落一些。山片蟠桃于是向仙台藩提出探子米⑦一事，即升屋承担从仙台到江户买米的所有费用，但是检查时散落出来的米全部归升屋所有，后被称为"探子米妙计"。⑧ 据海保青陵在《稽古谈》中的记载，从仙台运到江户的途中，要在三个地方检查米，检查每一袋子时会减少一合⑨的米，"那么升屋一年大概会得到金额六千两"⑩。因为山片蟠桃的妙计，使升屋每年获得丰厚的利益，这也帮助了升屋的再次复苏，仙台藩和升屋的关系也因此变得愈加密切，宽政十年至十一年（1798—1799年），升屋成为仙台藩的藏元⑪。

---

① 源了円：「先駆的啓蒙思想家蟠桃と青陵」，『山片蟠桃・海保青陵（日本の名著23）』，中央公論社 1971 年版，第 20 页。

② 升平：指升屋平右卫门，即指山片蟠桃。

③ 升小：指山片蟠桃。

④ 蔵並省自编：『升小談』，『海保青陵全集』，八千代出版 1976 年版，第 436 页。

⑤ 江户：东京的旧名，1868 年改为东京。

⑥ 回米：江户时代，幕府、各藩将储备的年贡米运往江户、大阪，亦指运送的贡米。

⑦ 探子米：指在检查米袋子里的米时，需要用探子插入袋子取出一些米，用探子取出来的米就叫做探子米。

⑧ 赵建民：《山片蟠桃：江户时代杰出的町人学者》，《世界历史》1998 年第 4 期，第 71 页。

⑨ 一合：日本度量衡的量的单位，一升的十分之一。

⑩ 塚谷晃弘校注：『本多利明・海保青陵（日本思想史大系44）』，岩波书店 1970 年版，第 247 页。

⑪ 藏元：日本旧时的官商。日本江户时代在各藩仓库从事租米和土特产等出纳的人员。初期由各藩士担任，后换成有一定实力的商人。

文化二年（1805年），升屋已经成为出入全国四十余藩进行生意往来的大商人。据有坂隆道和末中哲夫的研究，"当时的升屋与如下的诸藩有或大或小的经济来往：仙台、尾张、水户、越前、岗、馆林、白河、川越、古河、长冈、岸和田、高槻、忍、龟山、肥后、金泽、佐贺、鸟取、松江、柳河、土浦、小田原、西尾、出石、丸龟、关宿、津山、杵筑、赤穗、大村、壬生、久留米、麻田、尼崎、岩村、浜松、宫津、小仓、秋田、弘前、备中松山、桑名等"①。所交易对象之多，范围之广，由此足见一斑。

在文化年间（1803—1817年），江户米价持续下跌，而作为大米产地仙台藩的欠款也在不断增加。为救助陷入经济危机的仙台藩，山片蟠桃想出了另外一条妙计，即提出了所谓"米券"方案。这是被称为升屋券的一种藩券，即本应用现金从老百姓那里购得的大米，只需用米券购买即可，在藩内米券可代替纸币通用，而剩余的现金则可返回大阪来产生利息。当时严格禁止制造新的藩币，但用"米券"之名就刚好利用了当时法规的盲点。对此，海保青陵在《稽古谈》中曾有记述，"仙台藩通过发放米券，渐渐地富裕起来，通过此举仙台藩还清了之前的欠款"②。这样，山片蟠桃再次通过妙计挽救了仙台藩，使仙台藩走出危机困扰。通过诸如此类的不懈努力，山片蟠桃战胜了一次又一次的危机，逐步使升屋成为大名鼎鼎的大商户。

在山片蟠桃初入升屋任店伙计之时，升屋正面临破产的危机——只拥有60贯目的银子，但在山片蟠桃的努力下，升屋却一步一步地走向繁荣，最终成为与全国众多藩郡均有生意往来的豪商，他在其中可谓厥功至伟。由于山片蟠桃过人的智慧、灵活的经营头脑，为升屋的振兴立下了汗马功劳。文化二年（1805年），山片重芳授以蟠桃"亲属次席"的地位，以蟠桃的勤恳、兢业，获得主家这样的认可也在情理之中。后山片蟠桃又于文正二年（1819年）受到了幕府表彰。从上述山片蟠桃的种

---

① 有坂隆道・末中哲夫：『山片蟠桃の研究（三）』，『ヒストリア』3，大阪歴史学会，1952年，第251页。

② 塚谷晃弘校注：『本多利明・海保青陵（日本思想史大系44）』，岩波书店1970年版，第250页。

种堪称辉煌的经营业绩不难看出其成为大阪当时家喻户晓的美谈的原因。正是在这样一个时代，山片蟠桃不仅成为当时有名的大名贷，也成功跃居大阪町人中的"大豪杰"之列。

三 山片蟠桃与怀德堂及麻田刚立

（一）怀德堂的历史及其发展轨迹

在德川时代中期的思想界，以町人为主要对象的学问和"学塾"，"可与石门心学及其黉舍相抗衡甚至更具影响力的，便是被称为'基于大阪派町人学问'的怀德堂及其学派"。① 怀德堂创立之前，在日本这样具有组织性、系统性的学问流派是很少见的，只有由林罗山私塾变为官学的江户幕府所属昌平黉（昌平坂学问所），以及致力于教育事业的力量强势藩的藩校，此外，儒学家开设的私塾在全国各地亦有多处分布。在这些学校之中，"大阪较具声望的有五井持轩开办的汉学塾和平野乡开办的含翠堂，被认为是怀德堂的先驱"②。此外，中井甃庵的祖父中井养仙从龙野移居到大阪，也使中井家与怀德堂结下了机缘。在这样的背景下，三星屋武右卫门（中村睦峰）、道明寺屋吉左右卫门（富永芳春）、舟桥屋四郎右卫门（长崎克之）、备前屋吉兵卫（吉田盈枝）、鸿池又四郎（山中宗古）五位有势力的町人，与中井甃庵一起，于享保九年（1724年）5月，在大阪尼崎一丁目（现在的中央区今桥四丁目）创立了怀德堂。

怀德堂是在下述的社会背景和思想背景下建构起来的。18世纪初，以京都、大阪、江户为中心，当时日本的商品经济迅速发展。但也因这种商品经济的发展，城市生活费用剧增，幕藩财政收支也因而失去平衡，财政危机由此不断发生。加之幕府和大名、武士的礼仪日益繁缛，服饰及娱乐享受奢侈无度，再度刺激了物价的上涨，幕藩财政日渐拮据，出现了武士贫困化趋势。而与武士贫困化相反，城乡批发商、兑换商、高利贷者从商品经济的发展中积累了大量的财富，并开始掌握商品货币流

---

① 刘金才：《町人伦理思想研究——日本近代化动因新论》，北京大学出版社2001年版，第189页。

② 汤浅邦弘：『懐徳堂事典』，大阪大学出版会2001年版，第2页。

通领域的主导权,由原来的附庸地位上升至德川社会商品经济、货币经济的主角地位,使作为被统治阶级的町人与统治阶级的武士在经济实力上开始易位,即町人阶级虽然在政治上仍然屈从于武士阶级的统治,但在经济地位上已开始僭越于武士阶级之上。随着商业资本势力的增大,大阪成了町人之都,町人文化空前繁盛。

而在思想界,虽然近世初期经过藤原惺窝(1561—1619年)、林罗山(1583—1657年)的努力使儒学取得了较大的发展,但是在社会上并未得到普遍的推广,直到17世纪后期才被逐步普及,出现了熊泽藩山(1619—1691年)、山鹿素行(1622—1685年)、细井平洲(1728—1801年)、荻生徂徕(1666—1728年)、室鸠巢(1658—1734年)等影响力较大的学者。到了元禄、享保时期,作为治世训诫和个人修养的儒学渐渐地渗透到了一般武士和庶民阶层。在推行"享保改革"之际,德川第八代将军吉宗大力扶植、推动了儒学的振兴。如当时的大阪,虽说是工商业中心,但学问开化由来已久,硕学鸿儒退隐于市井之中,町人文学之盛无与伦比。促成大阪文学日益兴盛的原因有如下几点:(1) 伴随着社会的不断富裕,作为富商之都的大阪空前繁荣,带动了町人文化的迅速发展;(2) 许多优秀的人才逃离领主的束缚,退隐于大阪;(3) 各个藩设立"藏屋敷"①,其中聚集了许多文雅之士;(4) 大阪富豪出入于诸藩,与士人交往需要较高的文化素养,所以流行聘请讲师;(5) 富豪把文雅之道作为自己的爱好;(6) 没有藩法、官纪的束缚,思想自由。

当时的大阪已不仅是工商业城市,也是文化之都。基于以上原因,大阪儒学的发达在本质上也是商业资本发展的结果。大阪是町人的都市,所以大阪的儒学也是为町人服务的。就这一点而言,便与朱子学等其他流派有着本质上的不同,朱子学等其他学问派别,多是为作为封建统治者的武士阶级服务的,而大阪的儒学则是为新兴的商业资产阶级服务的。"即前者是倾向于精英(贵族、武士阶级)的,后者则是倾向于平民的。"② 怀德堂就是在这种社会和文化背景下应运而生的。

---

① 藏屋敷:储藏栈房,仓库群。江户时代,各地大名为推销年贡米或土特产,在江户、大阪、大津等地开设的仓库兼交易所的栈房,尤其集中在大阪。
② 朱谦之:《日本的朱子学》,人民出版社2000年版,第347页。

"怀德堂"中的"怀德"一词来自《论语·里仁篇》中的"君子怀德，小人怀土"。① 第一代塾主是三宅石庵，他是因大阪大火"妙知烧"② 而到平野乡避难，后被聘为塾主的。1726 年，二代塾主中井甃庵得到幕府支持，怀德堂开始成为半官半民的教育机构，即"成为政府批准的学问所"。③ 第三代塾主三宅春楼进一步巩固了怀德堂的地位。之后的历代塾主分别为中井竹山、中井硕果、中井桐园、并河寒泉。其中，中井竹山和中井履轩兄弟创造了怀德堂的黄金时代。怀德堂的教员除了三宅石庵、中井甃庵、并河诚所、五井兰州以及中井甃庵之子中井竹山和中井履轩等强有力的学者外，"在中井竹山和履轩的门生中出现了山片蟠桃这样杰出的思想家"④。"怀德堂是由大阪町人创立、维持下来的具有独特历史的学校"⑤，作为大阪的教育机关发挥了其应有的作用，后来成为与江户的昌平黉齐名的学问所，一直到明治二年（1869 年）2 月才关闭。从怀德堂创立至明治初年，怀德堂延续了 146 年之久。上述学者及其门人形成了所谓的"怀德堂学派"。如今怀德堂当年的校舍并没有保留下来，但是距大阪淀屋桥之南 150 米的御堂筋东侧，即现在日本生命会社总部大楼南面一直立有怀德堂石碑。

在怀德堂最初的壁书——"掟书"⑥ 中曾有如下规定：

一、学问以尽忠孝、勤职业为目的，授业内容亦以此为宗旨进行。未带书本之人亦可听讲。如有要事，授课途中亦可退出。

二、武家坐上座，但若讲义开始后方出席者，无武家町人之别。

三、初次列席者，中井忠藏（甃庵）亦须说明其学习宗旨。然

---

① 西村時彦：『懷德堂考』，大阪懷德堂記念会，1925 年，第 17 頁。
② 妙知烧：发生于 1724 年，近世在大阪发生的最大的火灾。由南堀江橘通三丁目的金屋治兵卫祖母妙知家起火得名。
③ 大石学：『享保改革と社会変容（日本の時代史 16）』，吉川弘文館，2003 年，第 51 頁。
④ 永田广志：《日本哲学思想史》，版本图书馆编译室译，商务印书馆 1978 年版，第 185 页。
⑤ 脇田修・岸田知子：『懷德堂とその人びと』，大阪大学出版会，2002 年，第 1 頁。
⑥ 掟书：法令规章书，幕府、寺庙神社、武士门第等记载法令、规章的文书。这里指怀德堂的规章书。

若甃庵外出不在时，其他管理者亦须表明其宗旨。①

由此可以看出，怀德堂在"掟书"中已明确规定了学问宗旨，而且充分考虑到町人的生活习惯，并适于向平民展开教育。其中第一、第二条的规定，反映出听讲之人多为大阪町人，这也是怀德堂的办学特色。到了宝历八年（1758年）三宅春楼当学主时，对怀德堂的壁书第二条进行了如下的修改：

书生之交，不论贵贱贫富，皆可为同辈事。但大人、小子之辨可有之，坐席等以新旧、长幼、学术深浅可各自推让之。②

此次壁书完全废除了"武士坐上座"的条目，指出了考虑学术深浅、长幼之序来互相谦让。这在日本近世身份制社会中，无疑是对武尊町卑意识的一种否定，具有学问面前人人平等的精神。

据记载，怀德堂在授业内容方面有如下规定：

一、日讲之书：《四书》（《大学》、《中庸》、《论语》、《孟子》）、《书经》、《诗经》、《春秋胡安国传》、《小学》、《近思录》。

二、除日讲外，有同志会。该会合，讲《象山要集》，以每月十五日为会合日，之后变更为十六日。③

可见当时怀德堂每日所讲书目都是程朱之学，但是在同志会的会合中也有涉猎陆象山的相关文献，由此可以窥见怀德堂学派的折中倾向。此外，同志会所读书籍中还有《翁问答》《孝子传》《集义和书》等，"其中不乏中江藤树、熊泽藩山等著名日本学者的著述，也是大阪朱子学教学的内容之一"④。怀德堂虽然是官许学堂，然而由于其以大阪商业资

---

① 汤浅邦弘：『懐德堂事典』，大阪大学出版会，2001年，第21页。
② 胁田修・岸田知子：『懐德堂とその人びと』，大阪大学出版会，2002年，第30页。
③ 汤浅邦弘：『懐德堂事典』，大阪大学出版会，2001年，第22页。
④ 朱谦之：《日本的朱子学》，人民出版社2000年版，第348页。

本为发端，以町人特别是商人为主要教育对象，所以尽管其日常讲义以朱子学为主，但是其学问却不拘一宗。怀德堂学派因是以商人为其受众基础的，故其思想与学风自然会打上商人的烙印。怀德堂学派虽然也基本属于朱子学系统，"但是对教条主义和禁欲主义的崎门学派持批判态度，学风比较自由"①。第一代学主三宅石庵就被人说成是"外朱内王"，其学说甚至被蔑称为"四不像学问"。因为他并不拘泥于朱子学，如时常邀请伊藤东涯等古学派学者到怀德堂讲学，与三轮执斋等阳明学者也多有来往。这种较为自由的学风与同时代的其他学派可谓风格迥异。

依据西村天囚在《怀德堂考》里的分析，怀德堂的学风可分为四个时期。第一阶段是三宅石庵、中井甃庵所处的草创期，此时作为町人教育场所的怀德堂残留着杂学的氛围；第二阶段是五井兰洲担当助教时的变革期，怀德堂成长为新锐思想学问之所；第三阶段是中井竹山所处的扩大、发展期，此时的怀德堂学问把以町人为对象的基础学问提升到了经学、史学的高度；第四阶段是怀德堂的终结期，中井竹山的继承者中井蕉园继续发展了诗赋文章之学，但是因中井蕉园的早逝，幕末时期的怀德堂经营惨淡，第五代教授中井硕果没有采取扩张路线，而是固守了既有的教学框架。西村天囚认为，"中井硕果采取了闭锁退步的方针，使怀德堂走向了灭亡"②。

对于怀德堂学派思想的特点，朱谦之总结了四点："第一是反对教条主义，虽极其尊信朱子，揭洛闽之统，但同时也兼修陆王之学，颇富批判的精神；第二是具有科学研究的倾向，对神佛鬼神之说，均极严格地批判，研究方法与当时科学相接近；第三是尊王贱霸思想，给后来推翻幕府统治，建立了奠基之路；第四是平民教育的宗旨。"③ 上述的思想特点均在怀德堂的各时期代表人物的思想上有所反映。

山片蟠桃自幼进怀德堂师事于中井竹山和中井履轩，其思想就是在这样的学问氛围以及其商业实践中形成的。

（二）山片蟠桃与中井竹山、中井履轩

山片蟠桃进入怀德堂后，跟随中井竹山、履轩兄弟学习儒学。他在

---

① 王家骅：《儒家思想与日本文化》，浙江人民出版社1990年版，第146页。
② 汤浅邦弘：『懐徳堂事典』，大阪大学出版会，2001年，第48页。
③ 朱谦之：《日本的朱子学》，人民出版社2000年版，第348页。

其集大成之作《梦之代》自序中如是说:"教人之事非我等之任,然此书只记载师从竹山、履轩二先生所学之内容而已。"① 在《梦之代》凡例中,山片蟠桃又再次强调:"竹山先生乃我日常老师,故我在文中所论之处,皆是从老师那里所学而来,并未写上老师之名。之后,接受履轩先生之校正,听从其论述而加入书中,上书'履轩先生曰',以此区分。"② 山片蟠桃在中井竹山去世之后,便师从中井履轩。在中井履轩的教导下,山片蟠桃对其著作《宰我之偿》进行了大幅度的订正、增补,书名也是在中井履轩的建议下改成了"梦之代"。因而,山片蟠桃在《梦之代》"凡例"中也曾明言:"此书并未列举古之已有议论,而是各种新说发明,修正世间之谬误。此皆听从于中井两夫子,非我自己所发明。"③

1. 师从中井竹山

中井竹山（1730—1804 年），名积善，字子庆，称善太，号竹山。作为怀德堂第四代学主的中井竹山与其弟中井履轩一起造就了怀德堂全盛期的繁荣。竹山幼时就和弟弟一起师从五井兰洲,以朱子学为学问基本方向,但是中井竹山并不拘泥于任何特定的学派,保持了自由批判的学风态度。"当时的朱子学派有教条主义倾向者,也有持合理主义倾向者,而中井竹山则加强和发展了后者。"④ 他的合理主义首先表现在反佛教的相关学说中。在《草茅危言》和《逸史》中,竹山较为直接地对佛教进行了批判。此外,竹山不但具有无神论的思想倾向,甚至更加接近于反不可知论。中井竹山的代表作《草茅危言》,与荻生徂徕的《政谈》、太宰春台的《经济录》并称为日本近世有关法制、社会制度的三大著作,"对其后山片蟠桃形成具有唯物论倾向的无神论产生了巨大的影响"⑤。中井竹山发表的《逸史》是记载德川家康业绩的书籍,书中基于民间知识分子立场而提出的经世论和社会教化的方针政策,对山片蟠桃的经世论也有一定的影响。

---

① 山片蟠桃:『夢之代』自叙,『日本思想大系 43』,岩波書店 1973 年版,第 142 頁。
② 山片蟠桃:『夢之代』凡例,『日本思想大系 43』,岩波書店 1973 年版,第 148 頁。
③ 同上书,第 147 頁。
④ 朱谦之:《日本的朱子学》,人民出版社 2000 年版,第 359 页。
⑤ 同上书,第 363 页。

2. 师从中井履轩

中井履轩（1732—1817年），名积德，字处叔，号履轩，是中井甃庵的次子，中井竹山之弟。中井履轩与其兄性格不同，虽列名怀德堂讲师，但终身隐居于其学社——水哉馆。中井履轩与哥哥中井竹山一起师从五井兰洲学习儒学，但他所喜好的学问范围颇广，在天文、医学、经世、历史、诗文等方面均有所成就。中井履轩的基本思想可概括为："人本主义、实用主义、合理主义、尊王贱霸思想。"① 中井履轩和中井竹山都是山片蟠桃的授业之师，但因中井竹山先逝，中井履轩对山片蟠桃的影响更大。他参与了山片蟠桃《梦之代》的校阅，对全篇内容进行了详细的审阅，提出了诸多有益的意见和建议。

（三）山片蟠桃与麻田刚立

山片蟠桃在怀德堂求学时，经恩师中井竹山、中井履轩的介绍，认识了当时天文学方面的权威专家麻田刚立（1734—1799年），继而跟随麻田刚立学习天文学知识。麻田刚立是丰后国杵筑藩（今大分县杵筑市）儒绫部氏的后代，精通天文和医学，是当时著名的天文学家。1769年麻田刚立离开杵筑藩来到大阪，在中井竹山、中井履轩兄弟的帮助下，在船场本町四丁目开业行医，同时研究天文历学，后创立天文学塾先事馆，高桥至时（1764—1804年）和间重富（1756—1818年）也成为其门下弟子。麻田刚立的治学态度与怀德堂重视真知灼见的学风不谋而合，相互之间的交流也非常密切。"后麻田刚立潜心研究《历象考成》，发现了所谓的'开普勒第三法则'，提出了消长法案和求食法案。"② 就麻田刚立的研究实力而言，可说已超过了同时代的幕府天文馆。1795年，麻田刚立被幕府任命参与改历工作，但是他以年事已高为由拒绝，并推荐门下的高桥至时和间重富前往江户任职。这可以说是幕府对于麻田刚立在天文学方面之造诣的充分认可。山片蟠桃师从麻田刚立，学习了先进的西方天文学知识，对其实学思想的形成产生了极大影响，也使得山片蟠桃的思想与怀德堂学派其他学者思想产生了差异。

---

① 朱谦之：《日本的朱子学》，人民出版社2000年版，第366页。
② 李甦平：《中国·日本·朝鲜实学比较》，安徽人民出版社1994年版，第131页。

第二节　山片蟠桃实学思想形成的思想史背景

山片蟠桃生活在江户时代中后期，经历了宝历、明和、安永、天明、宽政、享和、文化、文政等各时期，见证了日本近世中期实学思想的兴盛，其实学思想是在近世日本的思想史背景下形成的。本节主要考察江户时期实学思想的兴起以及儒学、兰学对实学思想的影响，并考察和论述这种思想史背景对山片蟠桃实学思想的形成所产生的影响。

一　江户时代儒学的实学化

江户时代初期，德川幕府将林罗山之后的正统朱子学派定为官学，并坚决镇压自己认为是异端的其他思想流派。正统朱子学派在幕府的支持下成为高高在上的学术权威而统治思想界，与朱子学派信奉的理念"道"无关的经验性学术知识被当作无用的东西而受到排斥。与作为中世世界观支柱的彼岸主义宗教——佛教相比，朱子学者认为自己的学问才是对现实有用的学问，它们摆脱了对世俗思想的束缚，将人的思维拉回到现实的世界。可以说，此时的儒学在一定程度上发挥了作为"实学"的作用。到了江户时代中期，各儒学思想流派中的经验合理主义倾向逐步取代了初期的限于空谈理论的风气，并开始形成强大的主导性潮流。不仅山鹿素行、伊藤仁斋、东涯等古学派如此，贝原益轩、新井白石、西川如见等朱子学派的思想家们也不例外。正因如此，有学者曾明确指出"他们尽管追求人的真实的实践实学、道德的实学，但也形成了具有经验合理主义倾向的思想"[①]。

（一）朱子学派的实学化

在江户时代初期，实学便已在日本悄然兴起，以经验和实证为旗帜倡导独自的实学倾向蔚然成风，这一思想史现象与当时繁荣的经验学术——科学技术有着密不可分的关系。朱子学者将自己的学问称作实学，是基于朱子以来的传统，如林罗山也认为佛虚、儒实。其中更有很多朱

---

① 李甦平：《中国·日本·朝鲜实学比较》，安徽人民出版社1994年版，第155页。

子学者把佛教教理指责为空洞理论，并从具有"现实主义""合理主义"的新兴实学的立场积极展开排佛论。朱子学派的始祖林罗山，是一位在经验学术方面留下诸多业绩的朱子学者，在史学和本草学方面均有很深的造诣。遗憾的是，林家在其后再未出现类似林罗山这样广泛精通诸学术的学者。此外，当时还有注重经验科学的实学家贝原益轩和新井白石。

贝原益轩毕生钻研朱子学，但早时就对其产生了怀疑，并对朱子学采取批判、修正的立场。贝原益轩重视穷理，主张"儒者之学也，以知道为要，知道仅于穷理而达世"①。其见解是深切关心自然，因受自然研究发展程度所限而较少"穷理尽性"的道学要素。这反而加强了其思想中经验性、实证性的特质。贝原益轩发展了朱熹的"一草一木均可穷理"这一"格物致知"的精神主旨，将本草、农、医、天文、地理、历史、国语等元禄时期先后发展起来的一切学问均付诸经验实践，取得巨大的成绩，被誉为百科全书式的博学者。贝原益轩于实学中投入较多精力的是本草学，在这一领域成果颇丰，其主要著作《大和本草》，"被评价为本草学史上'迈出从实用科学向纯正科学第一步'的划时代的名著"②。贝原益轩的"实学"可以概括为真正重视民众日常生活的实用和实证，并谋求进取向上及福利的实学。

新井白石是当时闻名遐迩的朱子学者，他在道学方面的研究并不深入，但因其"实学"倾向，在历史、古典、语言、地理、经济、兵法等主要人文科学实证研究方面却留下了卓越的业绩。新井白石以如此丰富之教养和见识服务于幕府，充分发挥了作为一个政治家的才能。新井白石的研究领域较今天的人文科学虽有其落后性与局限性，但在当时的背景下，他能够秉持科学求知的学风，实在难能可贵，是非常杰出的实学家。

（二）古学派

进入江户中期，与朱子学相对，古学开始兴起。古学派的山鹿素行（1622—1685年）、伊藤仁斋（1627—1705年）、伊藤东涯（1670—1736年）等否定了朱熹的天人合一论，对乍看起来逻辑清楚的朱子学

---

① 贝原益轩：『自娱集』卷一。
② 杉木勋：《日本科学史》，郑彭年译，商务印书馆1999年版，第169页。

的合理性进行质疑和批驳,从客观主义立场出发主张经验主义、实证主义和实利主义。

山鹿素行对朱子学、阳明学、佛老之说和神道均不满意,他认为这些对日常生活都不能起到任何作用,为寻找出路而主张"读汉唐宋明学者之书不得要领,需要直览周公、孔子之书,以为规范,以此或可正学问之道"①。即主张直接追寻和回归儒学古典。山鹿素行认为自己的学习目标乃"及日用事物规范之道"②,即通过日常的学习,达到修身、齐家、治国、平天下的目标,并认为对日常实践有用的学问才是真正的实学。

伊藤仁斋起初学朱子学,在宽文初年抛弃朱子学观点,重新修读《论语》《孟子》,继而进行独自的研究。其学问观以"仁"为核心,学问实践的对象也是"仁",强调以实践的方法扩大见闻。伊藤仁斋宣称自己要到《论语》《孟子》中探求"古义",然而这并非复古,而是以《论语》《孟子》为据,重新构筑自己的思想。伊藤仁斋在《语孟字义》中论述知识的功用时曾言,"所谓知,修己治人,齐家平天下。皆有用之实学",可见他确信自己从事的道德学、政治学才是有用的实学。

伊藤东涯毕生致力于对其父学说的继承与发展。他一方面遵循其父的学问观和自然观,另一方面在其父未完成的实学领域专心进行实证的研究,"曾涉及社会制度、语言学、史学、经济、本草等许多方面,撰写有关实学方面的著作十几部"③,其中关于"名产学"的著作较为出色。伊藤东涯门下也培养出了物产家、兰学创始人青木昆阳,以及同样受到德川吉宗信任的本草学家丹羽正伯等才俊。

古学思想活动至享保时期在荻生徂徕的发展下达到顶峰。荻生徂徕的"古文辞学"以尊重"六经"(即《诗》《书》《礼》《易》《乐》《春秋》)和荀子为招牌,强调经邦鸿化治国之道,主张学为世用的经验之学,提倡治国理民的安民知人之政,具有近代经验理论色彩。荻生徂徕

---

① 田原嗣郎・守本顺一郎校注:『山鹿素行(日本思想大系32)』,岩波書店1976年版,第335页。
② 杉本勲:『近世日本の学術—実学の展開を中心に』,法政大学出版局,1982年,第178页。
③ 杉木勋:《日本科学史》,郑彭年译,商务印书馆1999年版,第175页。

主张实学，强调具有客观实在性的"物"，同时也具有唯物论性质。荻生徂徕汲取了当时传到日本的立足于实证科学之上的近代西方自然科学和技术，注重实行、实用，他提出的"物"概念是指具有经验性、实证性意义的客观存在。享保改革时期，荻生徂徕应时任将军德川吉宗之求，在政治制度上献策，他所提出的诸种议策，均带有鲜明的注重实学思想的倾向。他提倡的以"形"和"物"为基础的观点，具有客观的经验主义和实证主义特征。① 由荻生徂徕开拓的近于近代科学实证倾向的研究方向，此后扩大到对现实政治和经济分析的经世济民方面，发展为他的门人太宰春台所主张的经济论。太宰春台（1680—1747年）是信浓饭田藩士之子，在32岁时成为荻生徂徕门下弟子，深受熊泽蕃山和荻生徂徕的影响，在经世论方面有很深的造诣，著有《经济录》和《经济录拾遗》等名著。18世纪中叶之后兴盛的经世济民的实学，可说是由太宰春台完成的，这种"经济"之学成为人文领域实学的主流。

（三）阳明学派

日本阳明学的创始人是中江藤树（1608—1648年），他在著作中并没有直接使用"实学"一词，但其著述中使用的"真正的学问"和"虚伪的学问"，基本与实学和虚学的定义相同。中江藤树曾言："学者解惑而入悟，不悟则非实学""这种悟彻学问的实学观与其实际生涯是一脉相承的"。② 熊泽蕃山（1619—1691年）是中江藤树的得意弟子，也是一位积极主张经世济民的实学家。较之其师中江藤树，蕃山在其著述中多次使用了"实学"一词。如他曾谈道："学问道理者乃实学也"，"尊德行乃实学也"。③ 熊泽蕃山不仅经常使用"实学"这一用语，而且在现实生活中也以"事功派"而闻名。如他非常注重"行"，认为"知而不行，有始无终；知而不实，故无成也"。在这种即知即行、行而有功思想指导下，他提出了诸多经世济民的改革社会的措施，他的实学思想也比其师中江藤树更具有现实性。

---

① 杉本勋：《实学史研究的一个视角》，《中日实学史研究》，中国社会科学出版社1992年版，第228页。
② 李甦平：《中国·日本·朝鲜实学比较》，安徽人民出版社1994年版，第177页。
③ 同上书，第178页。

二 儒学之外的其他实学思想

（一）独创的实学思想盛行

元禄时期，天文学、历学、数学（日本数学）、测量学、本草学、医学等自然科学，地理、历史、文献、政治、法律等社会科学，都随着社会的发展有了划时代的进步。毋庸置疑，在这些科学领域，当时均体现出一定的实用、实证和实利性质的实学特征。到 18 世纪，第八代将军德川吉宗积极推行了振兴产业、奖励实学的措施。因此，不仅原有的实学受到重视，而且随着日荷（兰）交往的进展，西方的科学技术作为当时实学的一种而倍加引人注目。此时的学术氛围一如兰学勃兴的前夜，出现了众多儒学以外的实学思想家，尤为值得一提的是具有独创性思想的安藤昌益（1703—1762 年）和三浦梅园（1723—1789 年）。

安藤昌益生活在偏僻落后的奥羽，他目睹了农民的苦难，因而力求彻底地探索现实社会的矛盾，假想建立没有剥削的、农民当家作主的乌托邦社会。这种假想即便如今看来可能带有荒唐无稽的成分，但从中仍不难看出安藤昌益不失为一位带有实学倾向的思想家，他坚持探索事物本质、追求真理的经世思想，无疑反映了实学的本质特征。

同样具有实学气质的三浦梅园也是一位坚持怀疑精神和批判精神的思想家。他建立了此前日本人鲜有涉足的自然哲学和逻辑学，"不仅探索自然的道理，而且发展了卓越的货币物质论，在主张'经世论'的实学思想家的谱系中也占有一席之地"①。

（二）兰学、洋学的兴盛与实学思想

"洋学"是江户时代中后期人们对西方学术的总称，是指"江户时代末期以后包含兰学在内的西洋学问整体"②。

在日本，此类西方学术活动肇始于天主教的传入。在天主教的布教时代，因西方学术是经葡萄牙和西班牙等"南蛮人"传入的，故又称为"南蛮学"或"蛮学"。德川幕府实行锁国政策后，荷兰人住进日本出岛。

---

① 杉本勋：《实学史研究的一个视角》，《中日实学史研究》，中国社会科学出版社 1992 年版，第 229 页。
② 『大辞林』，三省堂，2010 年。

第一章　山片蟠桃其人及其思想形成的文化语境　/　55

此后的一段时期，荷兰系学术研究以长崎荷兰翻译为中心逐渐展开，这一时期的荷兰系学术研究被称为"兰学"，"因借助荷兰语学习欧洲近代医学、天文、地理、数理化等自然科学知识而得名"①。进入明治时代后又被称为"西学"，"但'洋学'②一词被普遍使用，却是在幕末开港以后"。③

兰学的创始人之一的杉田玄白（1733—1817年）在其著作《兰学事始》中如此写道：

> 天正、庆长年间，西洋人频繁向日本西部边缘地区派遣船舶，表面上是为了进行贸易，而内心却暗藏企图。其结果是各种灾难频频发生。因此德川幕府统治国家以后，严格禁止与西方国家通商，由西方传教士布施的天主教被作为邪教也遭到同样的禁教令，传教士和教徒甚至受到残酷的迫害。在那个史称"锁国"政策笼罩下的时代，唯一被允许与日本同行的西方国家荷兰，却一直频繁地来往于两国之间。④

继而，荷兰人住进出岛，接着商馆也迁移至此。从此荷兰的船只每年驶来长崎港口，开始了双方的贸易。由此兰学也开始传入日本。但在德川统治初期，由于各种原因，西洋的一切都被严厉地禁止，就连被允许往来的荷兰国家的文字也禁止阅读和书写，这也影响了兰学的传播。但到了享保五年（1720年），时任将军的德川吉宗宣布洋书解禁，对此杉田玄白在《兰学事始》中记录道：

> 到了八代将军德川吉宗公时期，长崎的荷兰语翻译西善三郎、吉雄幸左卫门等人受命负责处理一切翻译事务，但总是感到力不从

---

① 宋成有：《新编日本近代史》，北京大学出版社 2006 年版，第 40 页。
② 由于日本开国之后，除了荷兰系学术外，英国、法国等系统的学术亦渐次传入日本，而兰学又无法囊括自身范围之外的学术思想和学说体系，故而得名"洋学"。
③ 韩东育：《两种"实学"的相遇与江户日本的"去中华"由绪》，《社会科学战线》2008 年第 8 期，第 107 页。
④ 杉田玄白：『蘭学事始』，『世界教養全集』第 17 卷，平凡社 1974 年版，第 319 页。

心。于是向幕府提出申请，恳求批准学习荷兰语，因呈词合乎情理、理由充分，竟很快得到幕府的批准。①

荷兰人渡日并开始贸易往来乃是在经历了百余年后，日本国人才开始学习荷兰语。从此大量的荷兰语书籍得到翻译，内容涉及医学、数学、兵学、天文学、化学等方面，涌现了一批著名的兰学家。这些兰学家接触西方的自然科学，对重视实证、经验以及实用性的实学产生了浓厚的兴趣，频频在各自的著作中谈论实学。如大槻玄泽在《兰译梯航》中认为兰学是"阿兰陀有用之实学"②；高野长英在《蛮社遭厄小记》中则将兰学定义为"蛮学乃有用务急之实学"，又在其著作《西洋学师之说》中评价哥白尼，认为"使世人弃千古之学风，入实学之真理，皆此人之力也"③；此外渡边华山在《鴃舌或问》中记录荷兰商会长答问谈到社会风尚时，曾介绍西洋乃"实学盛行，向学者日众"④。

此后，日本以兰学为媒介与各国之间的碰撞变得日益复杂，很快就不得不直接与其进行正面的交涉。由此，英语、俄语以及其他外国语的研究开始盛行，而兰学所包含的内容也开始不断发生变化，变得更为丰富。之后"洋学"一词出现，并很快被广为运用。这一时期，随着西洋医学书不断被翻译、出版，日本兰学、洋学学者们也开始出版论著。如志筑忠雄的《历象新书》和《求立法论》，帆足万里的《穷理通》，青地林宗的《气海观澜》，川本幸民的《气海观澜广义》，宇田川榕庵的《舍密开宗》和《植学起源》，伊能忠敬制作的《答日本沿海舆地图》等。从现存文献来看，洋学所包括的学科领域主要有医学、天文学、博物学、物理学、化学、历法、测量术、航海术、炮术、世界地理学和少量的西方历史学。为使当时的日本人能读懂这些西方知识，出岛的荷兰商馆的

---

① 杉田玄白：『蘭学事始』，『世界教養全集』第 17 卷，平凡社 1974 年版，第 320 頁。
② 大槻玄沢：『蘭訳梯航』附二，『磐水存響』乾卷，1912 年，第 11 頁。
③ 高野長英：『蛮社遭厄小記』，佐藤昌介他編『渡辺崋山・高野長英・佐久間象山・横井小楠・橋本左内（日本思想大系55）』，岩波書店 1971 年版，第 189 頁。『西洋学師ノ説』，同書，第 208 頁。
④ 渡辺崋山：『鴃舌或問』，佐藤昌介他編『渡辺崋山・高野長英・佐久間象山・横井小楠・橋本左内（日本思想大系55）』，岩波書店 1971 年版，第 83 頁。

翻译以及从事兰学研究的学者们发挥了不可替代的作用。此外，人文科学领域也有若干程度的扩展和进步，追求"实理和实用"的实学精神，成为洋学在日本盛行的主要原因。许多立志钻研洋学的知识分子，大都选择了某一领域的某一专门知识或技术，不遗余力地将其翻译成日文并加以详尽的解释，由此使实学精神不断得到推广和深入。

洋学传播了西方近代科学，对于长期接受佛、儒、神思想文化熏陶的日本人来说，洋学合理主义和实理、实用的实学性质，无疑是一种风格迥异却又能启迪蒙昧的新的精神食粮，激起了有识之士追求实学的强烈欲望。兰学、洋学对于日本实学思潮的发展起到了很大的推动作用。不言而喻，兰学、洋学中的合理主义精神和思想也对山片蟠桃实学思想的形成产生了重要影响。

第三节 山片蟠桃生活时代的社会背景

根据日本学研究者宋成有教授编著的《新编日本近代史》一书中对江户时代的分期，山片蟠桃生活的时代属于日本江户时代中后期（1716—1845年）。山片蟠桃出生时，日本刚刚经历了享保改革，开始进入田沼时代。而山片蟠桃的中老年则主要处于宽政改革时代。

山片蟠桃实学思想的形成不仅与近世日本的思想史背景有着密切的关系，而且与他所生活时代的社会背景息息相关。前文已经对近世日本的思想史背景作了分析，本节主要考察享保改革、田沼政治和宽政改革对于日本近世实学思想以及山片蟠桃实学思想的形成所产生的影响。

一 享保改革时的日本社会

享保元年（1716年）4月，德川吉宗（1684—1751年）继位担任了幕府第八代将军。此时的幕府政治集中于挽救幕藩财政困难，"但封建经济破绽百出，商品经济发展势不可挡，仅靠行政措施弥补显然是徒劳的"[①]。17世纪末，由于商品经济的发展，城市生活费用大增。德川纲吉（1646—1709年）时期"偷工减料"重铸货币留下的后遗症，使得通货

[①] 吴廷璆：《日本史》，南开大学出版社1994年版，第289页。

混乱，物价上涨。靠禄米为生的武士日益贫困，幕府、大名诸侯也因支出增加而出现财政危机。德川吉宗就任将军时，幕府竟然连旗本①、御家人②的俸禄米也无力发放。为加强幕府统治，解决财政危机，德川吉宗决意推行新政，进行改革，史称"享保改革"，也称"吉宗改革"。这场改革涉及政治、经济、文化各个领域，对近世日本历史的发展产生了深刻影响。

当时，幕府面临的最现实、最紧迫的问题是财政失衡、入不敷出、赤字严重等。由于家康、秀忠两代将军时代有庞大的积蓄，虽家光任将军后幕府开支巨大，但直至家纲时代财政仍未出现危机。然而，五代将军纲吉时幕府已出现财政赤字，到吉宗任将军时财政赤字已达到十分严重的程度。

解决财政问题不外乎截流和开源，"截流即禁止奢侈，提倡节俭，压缩开支。开源即发展生产，增大赋税等剥削手段，扩充财源，这是经济政策问题"③。而经济政策又需要解决两方面的问题，即农村的商品经济与自然经济的矛盾，城市的町人财富的增长、武士的贫困以及物价问题。

幕府在解决农村面临的问题时，采取的政策是维护自然经济，压制商品生产。吉宗采取了一些顺应商品经济和发展生产的措施：（1）鼓励开垦新田。享保七年（1722年）7月26日，幕府在江户日本桥设立了"关于新田开发高札（告示）"，鼓励开发新田，特别是鼓励商人开发新田并推行相应政策。（2）1722年实行定免（租率）法。此前主要按年收成丰歉定年贡（固产定租），称"检见法"；而定免法则不问丰歉，而是据此前10年的平均产量确定固定年贡。此法有利于提高农民的生产积极性，尤其有利于上层农民，同时保证稳定的年贡收入。（3）推行新的农业政策。宽永二十年（1643年）3月，幕府曾颁布著名的"土地永久买卖禁制令"，允许"一时性"买卖，但禁止永久买卖。随着社会发展，此法令日益难以贯彻，因此在享保三年（1718年），"幕府颁布了新的政

---

① 旗本：日本江户时代直属将军的家臣中，俸禄在1万石以下，有资格直接觐见将军的家臣。
② 御家人：江户中期以后，指直属于将军的家臣中不能直接谒见将军的下级武士。
③ 沈仁安：《德川时代史论》，河北人民出版社2003年版，第142页。

策,使这一法令事实上被废止"①。由此为土地兼并开辟了道路,推动了农业的发展。

解决城市问题的政策包含两个方面,即救济武士、打击町人和解决物价问题。在解决这两方面问题时,幕府采取了以下几种压制和统制措施:(1)随着市场经济的发展,町人的财富日益增长,而武士阶级则越来越贫困。武士不得不向町人借债,由此经常发生债务纠纷,而这有损领主的体面。"因此救济武士,打击町人,成为德川幕府中后期的重大经济问题之一。"②1702年,幕府曾发布有关金银诉讼的"相对济令",所谓"相对济"即当事人双方自行解决之意。该令规定:幕府只受理1702年以后的有关金银债务的诉讼,以前的由当事人自行解决,幕府一概不受理。1719年,吉宗发布新令,停止"金银出入之公事",规定凡是有关金银债务的诉讼,幕府一律不过问,而由当事人协商解决。此令实际上是允许武士赖债,导致许多武士赖债不还和不少放贷町人因此而破产,使新生的"两替商"③受到严重打击。虽然其后因债主如十二组批发商会等的强烈抗议,幕府不得不以"解释"名义部分修正这项法令,"但它为武士赖账开了方便之门,对后来町人'大名贷'等金融业的发展产生了恶劣影响"④。(2)享保六年(1721年)7月、11月发布禁止制造、出售新式商品令,禁止町人制造和出售诸如新式的工具、日用家具和器具、和服、书籍乃至糕点等新品种的食品达36种之多,使町人的商品生产和经营活动受到很大限制。(3)从元禄时代开始,米价下降而其他物价上涨,到享保时代物价的不平衡问题更加严重。由于米价下降,其他物价上涨,增加年贡所得利益也被抵消,因此平衡物价尤其是保证米价成为幕府财政政策的另一个重要问题。吉宗采取了一系列办法来提高米价,如幕府大量购进米粮,奖励大名、町人储存大米,命令产地储存大米,限制向江户、大阪运米,不禁止制酒、默认大米的投机买卖,强制规定

---

① 冯玮:《日本通史》,上海社会科学院出版社2012年版,第338页。
② 沈仁安:《德川时代史论》,河北人民出版社2003年版,第144页。
③ 两替商:即兑换商。日本江户时代,收取手续费来交换货币的商人,营业内容包括金银买卖,放款,开出票据,汇兑存款等,作为金融机构曾起重要作用。
④ 刘金才:《町人伦理思想研究——日本近代化动因新论》,北京大学出版社2001年版,第151页。

最低米价，建立大阪堂岛米交易所，控制米价行情等。尽管吉宗用尽一切招数，米价却并未提高，最后不得不依靠改铸金银币，发行劣币，才使米价回升。在提高米价的同时，吉宗不断下令降低其他商品的价格，对拒不遵守者加以处分，如罚款等。1724 年，幕府命令江户经营 22 种商品的问屋商人（批发商人）成立株仲间（同业公会），互相监督，保证执行幕府的物价政策。株仲间本是为了控制物价而建立的，后来发展为幕府控制特权商人的统制机构。幕府向商人颁发营业许可证，给予他们垄断某种商品的生产、收购、销售等特权，为此商人需向幕府交纳营业税（运上金）。株仲间政策反映出吉宗改革在城市政策方面也有适应商品经济发展的一面。此时的幕府还有力量把日益发展的商品经济纳入自己控制的轨道，并利用其作为扩大财源的一个途径。但是，物价上涨取决于供求关系，要通过发展生产来解决，而吉宗希望依靠行政命令，限制制造新产品，建立统制机构的办法来降低物价，这种做法虽然可以取得一时效果，但最终不会成功。① 后来的物价还是不断上涨，尽管幕府再三颁发命令，压制物价，也未能摆脱社会的经济困难。为了扩大幕府的财源，虽然采取了所谓的"殖产兴业"政策，又通过大力开垦新田和积极兴办其他"兴利"事业，以谋求克服财政困难。然而这些措施都无法彻底挽救由于封建经济的矛盾扩大而产生的困难局面。② 在财政困窘的情况下，为了扩大财源而兴办企业，就势必要依靠商人资本。这样，幕府一方面抑制商业资本，而另一方面又依靠它来谋求兴利。当时的商业高利贷资本已经开始侵蚀农村的自然经济，导致农民阶层的分化，造成许多无土地或土地过少的农民阶层难以维持日常生活用度。

解决财政赤字的另一个途径就是截流。截流不仅要压缩行政开支，而且也要改变奢侈的社会风气。奢侈之风是武士阶级贫困的原因之一，腐蚀武士阶级、引起武士堕落、动摇身份制度。因此，幕府把提倡节俭、禁止奢侈、改革风俗作为首要的措施，力图由此达到改善财政和刷新世风两个目的，恢复简朴及尚武的武士本性。具体举措有：（1）废除赏赐虚礼，压缩行政开支。限制修改寺院，简化佛事，历代将军陵庙也减少

---

① 沈仁安：《德川时代史论》，河北人民出版社 2003 年版，第 146 页。
② 永田广志：《日本哲学思想史》，商务印书馆 1978 年版，第 132 页。

费用，并不再修建将军陵庙。① （2）不断地发布俭约令，禁止奢侈，取缔风俗，如享保元年（1716年）发布"町人费用俭约令"，享保三年（1718年）发布禁止町家服装华丽令，享保九年（1724年）发布对大名、旗本及其妻女的俭约令，享保二十年（1735年）发布禁止大名、旗本出入游里、剧场和禁止町人制作出售华美偶人及日用器具的俭约令等。俭约令不仅对大名和旗本从书信、馈赠、婚丧到日常用餐、妇女服饰、寝具等作了详细规定，而且对一般武士和町人的多种消费生活也进行了限制。但强制俭约和禁止奢侈的政策导致消费下降、商业萧条，阻挫了町人经济力量的发展势头。②

此外，在思想规制方面也进行了一系列的改革。为了推行尚武复古和加强身份制统治，吉宗一方面大力推行儒教（朱子学）教化政策，宣扬封建伦理道德，并通过御用儒者打造贱商舆论。这种儒教教化政策的实施，虽然对象是士农工商四民，但是却与元禄时代町人阶层中所形成的金钱本位价值观和主情主义伦理相矛盾，由于主旨层面的根本对立，所以町人被视为"恶"的代表而受到压制。另一方面，吉宗又提倡实学，积极吸收西方科学技术。他本人对天文学、本草学深有兴趣，使用一些自然科学家，缓和禁书令，许可进口、买卖与传教无关的科学书籍，对荷兰人态度积极，并命青木昆阳、野吕元丈学习荷兰语，成为兰学之始。

通过上述具体措施，享保改革虽然在一段时间内产生了效果，但是最终并没有按照幕府统治者的意志发展下去，从长远视角来看未能解决幕藩体制的深刻矛盾，反而加深了矛盾。株仲间政策导致流通领域为町人所掌握，反倒加强了町人的势力。

二　田沼政治与宽政改革

以享保改革为转折点，近世社会的阶级关系上的变化有了发展，越来越占多数的下层阶级的处境达到了无法维系的程度，于是农民起义和捣毁暴动愈益频繁，广度和激烈程度也有所增加。到了天明年间（1781—1789

---

① 沈仁安：《德川时代史论》，河北人民出版社2003年版，第148页。
② 刘金才：《町人伦理思想研究——日本近代化动因新论》，北京大学出版社2001年版，第150页。

年),封建制的经济矛盾已达不可收拾的程度。① 继德川吉宗之后,第九代将军德川家重无德无才,基本不理幕政,被斥为酒囊饭袋。宝历十年(1760年),德川家重将将军职位让给长子德川家治。担任第十代将军的德川家治在其执政的前半期靠老中②松平武元、后半期靠田沼意次理政。在其执政的后半期,日本进入了所谓的"田沼时代"。

田沼意次执掌幕政期间(1767—1786年)所进行的幕政改革,主要表现在如下几个方面:(1)继续开垦新田事业,安永六年(1777年)颁布新田开发令奖励江户、大阪商人出资,进行造田。(2)发展经济作物,乃至贵重药材人参等的种植,经营专卖事业。奖励开发矿山,设立铜座、铁座、黄铜座、朱座、银座③、石灰会所等专卖机构,指定御用商人对这些矿产实行专卖。④ 公开扶植和保护町人的"株仲间"等同业行会,允许其具有一定商品专卖权,同时幕府对此征收称作"运上金"或"冥加金"的营业税。天明年间(1781—1788年)仅大阪一地就发展了130多个"株仲间","明和七年(1770年)仅江户的当铺行会成员就有2000家"⑤。幕府的专卖事业和特权行会的政策,目的是攫取商品货币经济利益,增加幕府财政收入。(3)随着对外贸易的扩大,金、银特别是银的大量流入,使发行统一通货成为可能。明和二年(1765年),幕府发行了江户时代最初的定量计数银币——"明和五刃币"。安永元年(1772年),幕府又发行了一种素材为银、表面使用金的单位"二朱"的"南镣二朱判"。这两种货币的发行,从根本上改变了以往金、银、铜各成系统的通货体制,形成了统一的规范,为近代统一的货币体制的建立奠定了重要基础。⑥ 通过此举,幕府提高了货币的流通性、刺激了市场经济,并

---

① 永田广志:《日本哲学思想史》,商务印书馆1978年版,第135页。
② 老中:幕府最高级的执政官,定员四至五名,由25000石以上的谱代大名(关原之战以前臣属于德川氏的诸侯)充任。
③ 座是中世纪工商业者、交通运输业者、艺人等依靠官方组织的特权行会团体或官专卖机构。加入者有独占贩卖,免税等特权。江户时代有作为官营造币厂的金座、银座。朱即银朱,贡和硫的化合物,用以制作红色颜料及药品。
④ 吴廷璆:《日本史》,南开大学出版社1994年版,第286页。
⑤ 刘金才:《町人伦理思想研究——日本近代化动因新论》,北京大学出版社2001年版,第214页。
⑥ 冯玮:《日本通史》,上海社会科学院出版社2012年版,第340页。

效仿"两替商"的信贷业务方式,由幕府出资交由"町年寄"进行贷款业务,收取利息。(4)在对外贸易方面,同过去限制外国输入品不同,奖励向中国输出铜和海产品——海参、干鲍、鱼翅及海带等,设法换购金银。还计划同北海道周边的俄国人进行贸易,派人对虾夷地(今北海道)进行调查,准备开发。

田沼时代,幕府所推行的改革虽然取得了不可忽略的成效,但是也引发了社会矛盾,尤其是引起了贫富急剧分化,大量贫困农民流入江户而引发社会不安。此外,天明三年(1783年)至天明四年(1784年)发生了史称"天明大饥馑"的自然灾害,使社会矛盾进一步激化。而田沼意次父子的专横和大量收受贿赂的"贿赂政治",更引起统治阶层其他反对者的强烈不满。天明四年(1784年)田沼意次的长子意知在江户城被刺死后,田沼意次的政治势力开始衰落。天明六年(1786年),由于部分商人乘天灾饥馑,抬高米价,城市贫民起义、暴动,几乎遍及全日本,其中以江户市民暴动的规模最大。天明六年(1786年)8月,第十代将军德川家治病逝,于同年,田沼意次便被罢免了老中职务。10个月后,保守派代表人物奥州白河藩主松平定信出任老中,1788年升为家齐的宰臣,担当幕政。此时松平定信所面临的社会状况是:农民阶级分化加剧,破产农民不断流入城市;特权高利贷商人财势日益增长,市民生活贫困;武士阶层债台高筑,幕藩参政更加拮据。在城乡平民暴动压力下,幕府被迫拿出20万两,高价买米配发给市民,但仍旧杯水车薪无济于事,甚至连旗本俸米都不断拖欠。松平定信为了解救危机,进行了一系列改革,史称"宽政改革"。

松平定信实施的经济、社会改革政策主要有:(1)由于田沼时代农村阶级分化剧烈,农业人口减少,贡租收入难以保证,所以幕府只有抑制商品经济,恢复自然经济,重建"本百姓"体制。对此定信采取的农村政策是,禁止农业人口外流和遣返城市流民,以保证农业所需劳动力,使日渐荒芜的农村恢复生气。1790年后多次发布归农归乡奖励令,对愿意回乡而又无力支付相关费用者贷予路费、口粮、农具、种子,其后分年偿还;对荒地的开垦和幼儿的养育,也给予贷款资助。[①] 幕府为了减轻

[①] 沈仁安:《德川时代史论》,河北人民出版社2003年版,第143页。

农民的负担，废除了三都即江户、大阪、京都的"纳宿"①，改由按村为单位直接缴纳。此外，为购买种子、农具等物资的农民提供优惠贷款等。(2) 开展全国性的生产、流通结构调整，推行米谷流通，特别是米价调节政策，改变"谷贱伤农"趋势。鉴于幕府财政困难，无资金操控市场，因此利用民间商业资本运作。主要措施是天明八年（1788 年）任命 10 名豪商组成"勘定所御用达"②，依靠其庞大的资金调节米价，即通过操纵市场、大量买入卖出影响米价流通量，控制米价。(3) 解散田沼时代新成立的株仲间，打击特权商人，排除商业高利贷资本势力，由幕府直接统制商品流通。为解决幕藩财政困难，松平定信采取了一系列的措施：(1) 厉行节约。1787 年发布 3 年俭约令。1789 年又发布禁奢令，规定细则，严禁武士、平民服饰华美及制作买卖奢侈品。(2) 调节物价、货币。为制止物价上涨，1789 年发布降价令。为了稳定货币行情，停止铸钱，收买铜钱，禁止向江户运输钱币。(3) 废弃债务。1789 年发布"弃捐令"，强迫"札差商人"③ 高利贷者放弃 6 年前的债权，减轻 5 年以内的债息，分期偿还。因此札差商人受到很大的打击，金融陷入停滞。松平定信试图以享保年间的"中兴"为榜样，通过推行极端的俭约政策、重振统治阶级内部的纲纪、勾销旗本的旧债等措施挽救封建经济的破产，加强武家制度。但上述各项政策并没有解决当时社会的根本矛盾，只是凭借幕府专制权力作了表面修改。作为改革最重要的经济政策，完全无视现实且毫无建树，因而遭到各方面的强烈抵抗，未能取得成效。

在思想文化方面，松平定信确立朱子学为正学，而贬其他学派为"异学"，禁止在幕府的昌平黉学问所讲授异学，镇压反对朱子学及批判幕府者。宽政四年（1792 年），洋学者林子平因著《三国通览图说》《海国兵变》，提出海防紧要之观点而被给予禁闭处分，一年后林子平去世。1790 年发布出版令，禁止擅自出版新书，禁止借古讽今的绘本小说，禁

---

① 纳宿：也称为"藏宿"，供交贡米的农民住宿的旅店，因经营者在收取住宿费时巧取豪夺而使农民负担不断增加。
② 勘定所：日本江户幕府的官厅，负责税收、管理幕府财政和直辖领地的诉讼等。御用达：御用商人。
③ 札差商人：江户时代承包为旗本、御家人领取禄米并将其换成现金的住在浅草藏前的商人。

止贩卖作者不明的书籍。这种封建专制体制下的思想文化的禁制，就是江户史上所谓的"宽政异学之禁"。松平定信对外厉行锁国政策，对外贸港口长崎的贸易，则认为"运来无用之玩具，换走有用之铜，非长远之计"①，计划将贸易减半，并令长崎市民归为农户，后终因遭到强烈反对而未果。

宽政五年（1793年）7月，松平定信被解除老中职位，长达7年的宽政改革告终。松平定信的改革中心是农本主义，即恢复自然经济的稻米农业和"本百姓"体制。他虽施展了浑身解数，但并未收到应有的成效。不可否认的是宽政改革在振兴财政上取得了部分成就，暂时解决了幕府长期的财政赤字问题。

享保改革、田沼政治和宽政改革的社会背景，对日本近世实学思想的传播以及对山片蟠桃实学思想尤其是经世论的形成产生了重要的影响。

小　　结

通过上文对山片蟠桃的生平、学问渊源以及江户时代中后期思想史背景、社会背景进行的考察及论述，我们不难看出，山片蟠桃实学思想的形成，固然有其自身因素，但同时也反映出同时代其他思想家与日本社会及日本所处国际环境因素的影响：大阪怀德堂的合理主义精神、中井竹山和中井履轩的儒学思想熏陶以及自身商业实践的经历，滋养了山片蟠桃合理主义实学思想的萌芽；在麻田刚立门下所学到的西方天文学知识，不仅对其实证主义精神的形成具有重要影响，而且对山片蟠桃与其他学者不同的思想特征的形成具有重要作用；江户时代中后期社会环境的变动以及兰学的兴盛，不仅对日本近世实学思想的发展起到了推动作用，而且是山片蟠桃实学思想的生成的重要社会基础和文化语境。

---

① 吴廷璆：《日本史》，南开大学出版社1994年版，第292页。

第 二 章

山片蟠桃的自然科学观

自然科学观即对自然科学的对象、性质、体系结构、方法、发展规律、社会功能以及与其他社会意识形态的关系等进行的哲学思考。马克思主义的自然科学观认为，自然科学的对象是永恒运动和无限发展的自然界，它是生产实践和科学实验的经验总结，并随时间的发展而不断深化。正确的自然科学观，是自然科学实践和理论活动的思想指导，也是制定发展自然科学的路线、方针、政策的理论基础。自然科学既是人类探索自然现象以及规律的一种认知活动，又是一种受社会因素影响的复杂的社会历史现象，故存在各种不同的自然科学观。

山片蟠桃的自然科学观是其实学思想的基础，也是他确立自己实学思想的支柱。实学思想贯穿于山片蟠桃的整个思想体系之中，主要表现在自然科学观、宗教论、历史观、经世观等方面。本章主要以山片蟠桃的自然科学观为中心，通过对蟠桃的天文观、地理观的考察和分析，揭示山片蟠桃自然科学观的特质及其形成原因。

第一节 山片蟠桃的天文观

山片蟠桃的自然科学观主要包含两方面，即天文观和地理观。如前所述，在江户时代，通过传播、吸收西方的科学知识，当时思想家及学者们的自然科学观有所改变。山片蟠桃通过研习兰学，不仅掌握了一定的天文学和地理学知识，而且形成了自己具有唯物论特点的自然科学观。本节主要从五个方面，即从山片蟠桃对"天"的解释、对迷信的批判、对"太阳历"的认识、对"日心说"的认识和主张，以及其"大宇宙论"等方面，考察山片蟠桃在天文学方面的自然科学观特质。

一 山片蟠桃对"天"的解释

为了阐明山片蟠桃的自然科学观，首先必须要看一下他是如何解释"天"的。源了圆认为，"蟠桃思想的基础就是关于天的思想"①。而山片蟠桃认为"格物致知之大乃天学也"②，即他认为关于天的学问是最基本的学问，也是最重要的学问。但需要指明的是，山片蟠桃著作中的"天"，实际上可以分为自然之天——物理之天，和哲理之"天"——哲学思辨上所谓终极实在之"天"，这是两种不同的"天"的概念。山片蟠桃解释以天学为大的缘由有二：其一是"有天而后有地，有地而后有人，有人而后有五伦也。仁义、礼智、孝悌、忠信皆治人之道，实有天之后才有也。即其原在于天"③。即山片蟠桃心中的"天"是"地、人、五伦"的根源，是世间万事万物的基础。所以山片蟠桃最为重视有关于"天"的学问，他认为以"天"为出发点，天、地、人才相互联系成为一体，要解决人伦问题，首先必须知"天"。山片蟠桃所解释的"天"是哲学概念。其二是"西方各国之学，格物致知无所不到。然我皇国，外国之事只听从荷兰人之言，而西方各国对我日本地理风俗、历代沿革等无所不知。因此天文地理之格物为最。西方人向各国派遣商船，得利，同时校正天学"④。山片蟠桃在此所谈论的"天"，实际上是自然之天、物理之天。他认为，西方各国通晓天文学，对日本甚是了解，所以派遣商船来和日本通商，获得利益的同时也在校正天文学知识。因此在他看来，"天"是解决人伦问题的基础，而天文学和国家的经济利益相关联，亦是至关重要的课题。由此可以看出，山片蟠桃把哲学范畴中的"天"与自然科学中的天文学放在一起，认为两者皆为学问的根本。应该说，山片蟠桃并未把二者混为一谈，他的实学思想是基于"天"，并以天文学为中

---

① 源了円：『德川合理思想の系譜』，中央公論社1972年版，第238頁。
② 山片蟠桃：『夢之代』天文卷三十二，『日本思想大系43』，岩波書店1973年版，第214頁。
③ 山片蟠桃：『夢之代』天文卷三十三，『日本思想大系43』，岩波書店1973年版，第216頁。
④ 同上书，第216頁。

心。山片蟠桃认为,哲学范畴的"天"乃治人之道,而天文学乃是国家发展之根本。在考察山片蟠桃自然科学观以及天文观之前,有必要来探讨他是如何理解哲学意义的"天"的。

明确了上述前提,我们来探讨山片蟠桃实学思想核心——"天"的意义。日本学者松浦伯夫把山片蟠桃在《梦之代》中所提到的"天"的范畴进行了整理,① 首先他指出,山片蟠桃认为"天乃一时方便之说",即认为所谓"天"的概念的提出不过是为了论说上的方便或作为宿命论的依托。然后指出山片蟠桃至少在四种意义上使用了"天"的概念,第一,"天即人",认为生活中的善恶之报并非出于天意,而是人事所至,否定了传统迷信观念中的具有意志的"天"的概念。第二,"天即人气",认为所谓"天"乃人心意向所趋,即所谓"人气",如他认为当时米价的波动并非是"天"决定,而是人们之意志的反映。第三,"天即理",即认为"天"是自然的理法,是现实世界中的自然之趋势,从而否定了儒教意义上实体性及原理性"天"和"神"的存在。第四,"天即偶然",强调了"天"的运行规律不为人的意志所转移的客观性、偶然性,也显示出山片蟠桃作为一名唯物论者的本色。

关于所谓的"天乃一时方便"之说。山片蟠桃指出,古代圣贤所说的"天下国家大事是接受天命,而私人之事则接受祖先鬼神之命令"②。山片蟠桃认为,圣贤们所说的天下国家大事应当看作承受天命,而私事则是接受祖先鬼神的命令,他们在此使用鬼神、天等,都是为了训诫子孙、百姓,为了"圣人教导民众之方便,皆归于天而已"③。即山片蟠桃认为圣贤只是图方便才提出了"天、鬼、神"而已。继之,山片蟠桃指出,"儒教中关于鬼神之想法类似于方便,应了解神道家、佛教家所谈虚假方便,二者有天壤之别"④。即山片蟠桃以神道、佛教中的"方便"进行比喻,认为儒教中的"天"以及"鬼神",都是为了论说方便而提出来

---

① 松浦伯夫:『近世における実学思想の研究』,理想社 1963 年版,第 175—178 頁。
② 山片蟠桃:『夢之代』無鬼上卷一,『日本思想大系 43』,岩波書店 1973 年版,第 485 頁。
③ 山片蟠桃:『夢之代』天文卷三十三,『日本思想大系 43』,岩波書店 1973 年版,第 615 頁。
④ 山片蟠桃:『夢之代』無鬼上卷一,『日本思想大系 43』,岩波書店 1973 年版,第 485 頁。

的，与佛教和神道所谈及的虚假事项截然不同。

在这里，山片蟠桃以儒教中的"天、鬼、神"等为例，认为圣贤们为了图方便才引用了这些概念，指出其真实的目的是训诫子孙和教导百姓，并在其著作中如此叙述道：

> "天叙有典""天秩有礼""天命有德""天讨有罪""天之聪明、自我民聪明，天明畏、自我民明威"。此皆假托天。《甘誓》曰："惟恭行天之罚。"自己征伐，行天罚。皆假托天意。……《汤誓》曰："天命殛之""予畏上帝""致天之罚"。此乃假托天。夏朝桀乃暴君，作为臣民讨伐天子无缘由。故有德之人正天下心，人心相聚乃合理天心，遂行处罚。即孟子所言天吏乃天之官吏。仲虺之诰曰："天生民、天生聪明、天乃赐王勇智，正万邦、奉若天命，夏王有罪、矫诬上天、以布命于下。帝用不臧、式商受命、用爽厥师。"此乃假托天。①

山片蟠桃列举如上诸例说明古代天子为统治天下，让老百姓臣服于手下而假托天，所做一切行为皆可假称是天命。而当君王是暴君时，臣民讨伐天子亦合理。当君王无德而不能汇聚民心时，君王就不能统治天下。臣民聚集一起讨伐天子是天心，合乎天意。本来自主去征伐，但认为此乃"天"的惩罚，是"天"让其为之，在此假托为天意。山片蟠桃认为"天"丝毫没有意志，圣贤们是为了使百姓臣服，才假托天意，也就是说，为了方便之目的假想"天"的存在。

从中固然可以看出山片蟠桃的儒教认识不免有简单化之嫌，但其坚持以实事为据的唯物论立场已得到了鲜明的体现。

第一，"天即人"。在此，山片蟠桃否认"天"的存在，认为"天"不是感性、自然的"天"，而是人类生活中的自然过程，即"人事"。他说：

> 天乃人事。山川鬼神亦如此。此乃天然、自然之意。……本来

---

① 山片蟠桃：『夢之代』無鬼上卷四，『日本思想大系43』，岩波书店1973年版，第487頁。

> 天即人，圣人之德以人事行事，先天而不违背天，晚于天而奉天时，不违背天，人会从之。把人之善恶一一记录于天帝账本之上，纠其多少大小而行刑罚处置……总行善，未做过任何坏事之人，天下之人皆赞誉，其遇危难之时，众人蜂拥而上相帮。朝夕做坏事，从未做过任何好事之人，天下人皆憎恨之，其处患难之境，众人奋起讨之，盼其灭亡。故曰："时日曷丧。予与女皆亡。"由此可知，善恶之报不在天意而在人。且万人喜爱，万人憎恨乃是天。①

山片蟠桃举例说明"天"就是人。如果一个总做善事的人遇到困难的话，就会有很多人主动帮助他。而一个总做坏事的人当遇到困难之时众人会一起讨伐他，这种善恶之报并不是天意而是人，即人事。所以山片蟠桃认为所谓的"天"就是人事，甚至他提到"鬼神"，指出"天""鬼""神"三者虽意义不同，但目的一样，都是人意所为，是人事。在儒家哲学体系中，"天""鬼""神"本属不同分野，但山片蟠桃将其视为人意所为，道出了这些观念在形成过程中，人的主观意识所发挥的作用，具有一定的哲学思辨的意蕴。

第二，"天即人气"。山片蟠桃是经营大米买卖的商人，他以大米价格行情的变化为例，认为大米价格不是"天"决定的，而是由"人气"即人心所趋而决定的。正是由于人气准确地反映出天下的变动，所以人气就是所谓的"天"、所谓的"神"。他在《梦之代》中举例说：

> 浅间、岛原失火，出羽地震，至于中国津浪，悉通之……如有神告示之，如有将帅指挥之。此并非天下达命令。并非人聚集比党之。西买东卖，北买南卖……然其道有二，曰卖曰买。其应有二，曰贵曰贱。唯此即非天非神。以行以事示之，即人气聚集之处，此谓天谓神。十人百人之力所不能及。②

---

① 山片蟠桃：『夢之代』無鬼上卷四，『日本思想大系43』，岩波書店1973年版，第488頁。
② 山片蟠桃：『夢之代』経済卷二十二，『日本思想大系43』，岩波書店1973年版，第397頁。

山片蟠桃认为在大米行情方面，没有"天"或"神"的效用，只有人气在发挥作用，这里的所谓"人气"显然是在指人的主观意识活动倾向，即所谓的价值判断倾向，是人的意识的反映。如西边买米东边卖。价格时有贵贱之别，如有神示，但实际上不过人心所趋的反映而已，大米价格涨落的直接原因在于人而非"天"。

第三，"天即理"。山片蟠桃认为"天"是自然的理法，他如此叙述道：

> 若天子积德，则百姓欢心，祈天子之福寿。何谈有灾乱？纵使民众陷于战乱，百姓亦不内乱。天子不德，则为暴君，百姓则厌之恶之，盼其灭亡，终将招致灾祸，其国灭亡。纵设重刑严防也未必能防。仁义之人，天下无敌。故万民安宁。不仁之人，背井离乡亦成敌人。灾害乃现。……故宋儒道，天即理。①

在此，山片蟠桃举出实例，引用宋代儒者的见解，来论证"天即理"说。在宋明时期，理学将"天理"作为哲学体系的重要范畴。二程首次把"天理"视为宇宙万物的最高运行准则，即"万物皆只有一个理"②。虽然山片蟠桃在此引用了宋儒理学家的观点，提出了"天即理"的观点，但并非指宋儒特别是朱熹所指代的太极演绎的"理"，而是人类生活的自然之势，是含有自然科学意味的"理"。

第四，"天即偶然"。山片蟠桃认为人事的偶然性也是"天"，他指出：

> 积善之家有余庆，积不善之家有余殃，自然积德，无一点恶行，天下无敌，何故有殃？如经常养生则不生病患。此外总行不善，无一点善行，天下皆敌也。恰如不养生则常生病患。吉凶祸福，不待论之。非天及鬼神之给与。行善之人不做丝毫恶事，却时遭天灾。

---

① 山片蟠桃：『夢之代』無鬼上卷四，『日本思想大系43』，岩波书店1973年版，第488頁。

② 二程：《遗书》卷二上。

行不善之人不做丝毫善事，却时遇福分。此乃天、命也。①

山片蟠桃引用日常生活中的事例来论证"天即偶然"说。他指出，经常养生的人也会生病，一直行善的人也会遭遇灾害。这些事只能用"天""命"来形容，其真实用意是强调"世事无常，一切皆偶然"的"天道无常"的道理，也即是山片蟠桃所言"天即偶然"。他在此强调世事不以人的意志为转移，是人所无法左右的，这无疑是一种唯物论的见解。

在此，山片蟠桃按照自己的理解而并未完全因袭传统儒教中"天"的概念，否定"天"是有意志的，认为历来所说的"天"，无非就是为了方便，既是一种"偶然性"，又是自然之"理"。如果转变视角的话，还可认为"天"亦是"人"。这是山片蟠桃对"天"的理解，与传统朱子学中的解释明显有着不同的侧重点及认识论取向。

二 山片蟠桃对迷信的批判

上文中我们谈到，山片蟠桃在解释"天"的意义时，指出古代圣贤所言的"天"与"鬼""神"一样皆是图方便，皆是"人事"。即山片蟠桃否认儒教中的"天"的存在，认为那都是为了教导民众、训诫子孙而提出的概念。山片蟠桃继而否认"鬼""神"之说，认为这如同"天"一样，是人假想的存在。山片蟠桃这种对"天"的定义，成为其建构"无鬼""无神"论的思想理论基础，在这一基础之上，他对各种迷信传说进行了猛烈的抨击。

在日本江户时代，鬼神论盛行，社会上流传着各种有关气候、恶日、干支等的迷信说法。山片蟠桃始终站在科学的立场上，对上述所有迷信的说法逐一进行了批判，具体可总结为以下六点：

1. 批判"通过干支、方隅、星月、地震等推测天气、吉凶"的说法。例如，山片蟠桃指出，"甲子、庚申乃祭日。以十方暮②、八专③来解晴

---

① 山片蟠桃：『夢之代』無鬼上卷七,『日本思想大系43』，岩波書店1973年版，第492頁。
② 十方暮：历书说明之一。传说由甲申日到癸巳日的十天中，除休息日外各方各处都被黑暗笼罩，尤忌旅行和搬迁。
③ 八专：阴历壬子日到癸亥日的12天中除丑、辰、午、戌日以外的8天。一年中这8天出现6次，此期间多雨，且干支同性，日本民俗中相传不宜嫁娶。

雨乃无稽之谈。又有言犯土①。大抵六十日占用了十方暮、八专、犯土。皆雨候也"②。而这些干支日并非会持续下雨，有时会持续干旱，故山片蟠桃反问道："干支乃世间数日之符号也。天不知此日为何日也。为何要说干支而下雨？"③ 即是说山片蟠桃认为干支只是人在社会生活中计算日期的符号，与作为客观自然存在的"天"是否下雨无任何关系，是虚妄的说法。此外山片蟠桃认为，"依据风云、虹霞、冷暖、云雾等，有时可看出阴晴"④，但同时他又补充认为，"依据方隅、干支、月星、地震等，说其阴晴乃妄语也。以地震而知晴雨之歌不足取也。然大抵之人皆信其为实。实在荒谬也"⑤。即是说，当时大多数人认为通过干支、星月、地震来推测阴晴为真实之术，而山片蟠桃则认为此种行为实在是荒谬之极，甚至把矛头指向诸葛亮，他如此批判道：

> 诗曰："月毕离则有雨。"言孔子尚且有此言论，此乃妄说也。孔明知长雨，在七星坛祈风，皆为妄作。祈雨之事在古代圣贤之代尚且曾有此例，然毕竟是无益之事。有人问荀子曰："祈雨后则雨落，为何？"荀子答曰："同不祈雨而雨落。"以此一言可解诸君之惑也。⑥

山片蟠桃批判《诗经》中的某些言论尚存妄说。此外，对诸葛亮祈雨一事进行了批判。山片蟠桃认为古代圣贤亦做过占卜阴晴之事，但终究无益。最后他以荀子的话来批判上述迷信做法，以期解开人们心中的困惑。

山片蟠桃继而指出，"干支日之善恶、方隅之吉凶乃天所不知也"⑦。即干支、方隅无法判断吉凶。而男女恋爱、结婚之事，更与干支不相关。

---

① 犯土：阴阳道中，忌讳于土公神所在的方位进行土木工程。又指一段时间，从庚午到丙子的7天为大土，从戊寅到甲申的7天为小土，中间的丁丑日为间日，持续15天。
② 山片蟠桃：『夢之代』天文卷五，『日本思想大系43』，岩波书店1973年版，第168页。
③ 同上。
④ 山片蟠桃：『夢之代』天文卷六，『日本思想大系43』，岩波书店1973年版，第169页。
⑤ 同上。
⑥ 同上。
⑦ 同上。

山片蟠桃说：

>　　男女之习性相合与否亦如此。世俗因此而错失佳期、良缘，实悲哀至极也。诗云："桃之夭夭，其叶蓁蓁，是子于归，宜其家人。"此诗，三月之时，桃花盛开之时为婚期。春阳转回而成永日也。趁四民空隙之时成婚服冠较合适也。然忌讳此月不做婚期乃肤浅之论也。男女交婚，尤应议其人德不德也。与方隅、日期、相合之性相干否？此乃皆是太宰氏之言论，继历术之后论之，只思解开世俗之困惑也。①

　　山片蟠桃批判人们利用干支来推测晴雨的做法是无稽之谈，没有科学根据。他指出干支只是人们用来数日期的符号而已，并不能通过它来预测天气。当时人们还通过用干支日、方隅来推测善恶吉凶，男女结婚时选择日期也要通过干支。山片蟠桃批判以上的迷信传说并没有任何意义，是虚妄的观念。他还指出，正因为相信通过干支来推测万事，才会出现忌讳三月结婚的现象。山片蟠桃认为三月是桃花盛开的季节，比较适合做婚期，人们忌讳此月结婚的做法是相当肤浅的，男女结婚，不应该只关注婚期好坏，而更应该注重对方的人品德行。

　　2. 批判"天火、风云、天变等自然现象关乎吉凶"的迷信说法。蟠桃批判道：

>　　天火、风云、天变之类，不关乎人之吉凶。一国、一人之小，天怎会因此而使其显现吉凶乎？……有日、月、星之天，不知有几亿万里。云雾乃在地上二三里之内。纵使三千世界一时间风雷震动，从日、月、星之天观之，乃如九牛一毛而不见。……日、月、星之天犹如天竺亦不为过也。然天竺发生大事变故，邻村何能知晓？东家之子问西家之子曰："闻天竺事变，君近天竺，当知晓此事。"西家之子会拍手笑之。与此何有相异？②

---

① 山片蟠桃：『夢之代』天文卷五，『日本思想大系43』，岩波书店1973年版，第168頁。
② 山片蟠桃：『夢之代』天文卷七，『日本思想大系43』，岩波书店1973年版，第170頁。

即在山片蟠桃看来，认为天火、风云、天变之类的事都与人们的吉凶相关、是上天意愿的看法是完全错误的。山片蟠桃并非否认"天"的存在，而是举例说天下的事太多，站在宇宙的立场来看，人就如同九牛一毛，他认为宇宙无限宽广，人们所看的"天"并非是同一个"天"，每个人所看到的"天"也不尽相同。山片蟠桃以宏大的宇宙观来看待这些迷信问题，说明他已建立起了一种朴素的唯物主义世界观，是当时出类拔萃的唯物主义者。

3. 批判与十天干、十二地支相关的迷信传说。山片蟠桃指出，"十干本是计日之字。此乃出自五行之十字也。十二支本是计月之字也，分配于十二月数"①。即是说，山片蟠桃认为：十干和十二支是用来计日月，这十二计数的本意与五行无关。与此相关的迷信都是"后世之附会也"②。继之，山片蟠桃如此谈论道：

> 西洋之浑天仪、天球、地球等传来，其地平仪之方隅之印上画有鼠、牛、虎、兔、龙、蛇、马、羊、猴、鸡、犬、猪之图像。数之相同也。无何义理。以此为例而添附，看似有理，子之神为鼠，丑之神为牛，子丑寅卯如此类推，皆起于妄语也。西洋之鼠、牛实则仅为标示之符号而已，此前之不所知也。之后方隅分于二十四，填数充之，十二支之外用十干之内八字，四隅用八卦之内四字而成二十四名，成言语而拙劣也。此乃汉之历法家浅陋之处也。③

这里，山片蟠桃指出西方传来的浑天仪、天球、地球仪上面印有的动物图像，只是一种标记，没有任何意义，即认为"子神为鼠、丑神为牛"等说法是妄语，站在客观的科学立场上对十干、十二支相关的说法进行了猛烈抨击，批判中国的历法家刻板死守天干地支之说，认为这种说法在知识层面上是浅薄的。

4. 批判与日食、雷、鬼门相关的传说。首先，山片蟠桃对日食的传

---

① 山片蟠桃：『夢之代』天文卷七，『日本思想大系43』，岩波书店1973年版，第171页。
② 同上。
③ 同上。

说进行了如下批判：

> 上古言日食乃大变，王者失德之警示也。白昼骤然变暗乃令人惊异。春秋之时无其测算之术，如同山崩、河竭。彼时之前显太白吉，显荧惑之凶。近世之前彗星尚被断为凶象。前汉始推算之术，测日食，遂推五星。此西洋历法进入支那之始也。然彗星较近推算之术开始。此亦非变也。①

上古时期人们认为日食是发生灾难变故的凶兆，近世之前人们还认为彗星是凶相，是不吉利的象征。后来西方历法传入日本之后，人们懂得观察日食、彗星的技术，所以慢慢就能理解上述观念的非客观科学立场。山片蟠桃相信科学，不盲从迷信，以科学知识破解迷信传说。于是，山片蟠桃又把批判的矛头指向鬼门之说。他说：

> 云鬼门之事，最澄②为开比叡山而传言，实为可憎。山海经曰："东海度朔山有大桃树。蟠屈三千里。其东北曰鬼门。万鬼所聚也。有二神。曰神荼、曰郁垒。黄帝象之，立桃枝於户。"此乃鬼门之始。史记颛顼本纪之注亦云此。最澄、欺桓武帝，以守护王城之鬼门之名而创立比叡山。尤不知，东海度朔山位在碣石东海，日本之西也。云其桃树之东北门，乃在东北。非日本之东北也。佛氏为己而无所不为。叡山之堂舍异常繁盛。不护国而为害，受大师之号，以王子为法嗣，受万世之祭。③

关于鬼门的传说，山片蟠桃指责最澄是纯粹为了自身利益而导入了这种迷信说法。他以最澄等所依据的虚妄之说的逻辑来批判其虚妄之说，

---

① 山片蟠桃：『夢之代』天文卷十三，『日本思想大系43』，岩波书店1973年版，第179页。
② 最澄：日本天台宗的开山之祖，入比叡山，崇尚法华一乘思想，创建了根本中堂。后世日本人认为是由最澄说出鬼门一事。
③ 山片蟠桃：『夢之代』天文卷十九，『日本思想大系43』，岩波书店1973年版，第190页。

指出最澄的迷信说法与《山海经》中提到的地方南辕北辙、完全不符。山片蟠桃批判佛氏为寺院利益而不惜欺骗众生，实在可耻至极。而对于打雷的迷信说法，山片蟠桃指出，"雷不仅自上而落。大抵乃倾斜袭击也。本是火气之奋激而倾斜落下"①，即雷的下落趋势是倾斜而下，故一般"多袭击寺塔、城楼高处之物，其袭击无法计量"②。即山片蟠桃认为，打雷属于自然现象，袭击的地点及时间无法推测、计算。至于"雷击人，为何关乎其人之善恶"的疑问，他便用文武周孔亦无法躲避落雷的例子来解释：

> 文武周孔，头上落雷尚且无法避免其灾难。佛氏说因果关系，然释迦、达摩、空海、小角③等亦无法避免。何况说捕捉雷电之言乎？实则若观雷之形容，云其为火团乃为实。兽类之说皆为虚说也。皆是虚说者之附会也。④

也就是说，山片蟠桃认为雷只是火团，并非兽类，人被雷击与人本身的善恶无关，只是一种自然现象，具有一定的偶然性，与佛教所说的"因果关系"不同。正是因为打雷无法预料，"于野外亦可幸免遇难，若于家中亦可受雷击"⑤，因而即使是"王公大人、圣贤君子、佛陀菩萨等，若有触雷亦难以幸免"⑥。继而，山片蟠桃又举例说："殷之武乙震死。为无道之因果。然桀、纣、武烈之类为何未被震死？清贯、希世⑦何罪之有？皆为偶然也。"⑧即山片蟠桃认为，打雷是正常的自然现象，作为常

---

① 山片蟠桃：『夢之代』天文卷十四，『日本思想大系43』，岩波书店1973年版，第179页。
② 同上书，第180页。
③ 小角：役小角。奈良时代的人，修验道之祖。
④ 山片蟠桃：『夢之代』天文卷十四，『日本思想大系43』，岩波书店1973年版，第180页。
⑤ 同上。
⑥ 同上。
⑦ 清贯，希世：延长八年（930年）清凉殿打雷，大纳言藤原清贯和右中弁平希世被震死。
⑧ 山片蟠桃：『夢之代』天文卷二十一，『日本思想大系43』，岩波书店1973年版，第192页。

人来说无法预期何时打雷，亦无法躲避。另外，人被雷击与本身的善恶没有任何关系，因为打雷是偶然性的自然现象。

5. 批判仙术传说。对此，山片蟠桃如此叙述道：

> 有人问程子曰："公亦有术乎？"答曰："吾饥则食，渴则饮，夏用葛布，冬裹皮衣。此外无术。"又问仙术。答曰："善养生、养气则得百年之寿也。不能得五百年、千年之寿。又无法白日飞升或隐现。恰如炉中之火若妥善保存则能持续一昼夜。如果显露在外则二三刻即灭。"宜以此观之。……达到八九十、百岁之人，如炉中善存之火。四五十岁故去之人如炉火显露在外一般。二三十岁夭者犹如熟炭之火。此外诸书中所现阴阳不可思议之类，皆为妄说也。第一以山海经、列仙传为首。……皆为神者、佛者附会妄说之书也。未必可以此为证也。依据程子之言细细品味之，绝不拘泥于怪书也。①

山片蟠桃引用程子的话来批判有关仙术的传说，用炭火来做比喻，说明人在不同年龄死去和身体保养的因果关系，以此来否定仙术的存在。同时，山片蟠桃批判《山海经》《列仙传》等怪力乱神之书，指出这些书里面都是信奉神、佛之人的附会之说，不应该拘泥于这些"怪书"。

6. 批判五行灾异之说。山片蟠桃指出，"史记八书之内，历书、天官书之荒诞不足云。太史公之时天学亦如此。之余涉及五行、阴阳、鬼神、仙术之书，且医书之类不宜使用多矣。此皆为古书故不论亦可。我神代之书亦如此"②。即山片蟠桃认为，不仅史记八书中有荒诞记载，其他的书籍中所涉及的五行、阴阳、鬼神、仙术等迷信传说，均不可信。至于神代之书同样充满荒诞传说。山片蟠桃引用孟子的"尽信书不如无书"的观点，主张在选择书籍时要注意取舍。他进而批判道：

> 然非仅限于史记，班固之汉书至历代之诸书，关乎五行灾异之事者皆为杜撰、妄说也。确云五行灾异之异端一流，混杂谶纬蛊惑

---

① 山片蟠桃：『夢之代』雜書卷八，『日本思想大系43』，岩波書店1973年版，第433頁。
② 山片蟠桃：『夢之代』雜書卷三，『日本思想大系43』，岩波書店1973年版，第429頁。

世人。汉之时大为流行。杂于儒学之中，天下公共之道，断然斥之者少矣。人有轻重深浅之分，未有全然不接纳之学者。程朱亦稍有此病也。何况他人乎？我邦之前辈亦如此。今世唯有中井之门不信之。世上皆难免受其深浅之惑也。终陷于神佛而无法自救。故并非仅古书是也。于医术不取五行者仅后藤、山胁、吉益之流也。其余无不陷入五行。……学者之内，勤于力行而坚守实学之人，皆不信五行灾异之说。现实之世治病疗疾之医亦不拘泥于五行。推算日月星辰之天学者亦不为五行灾异所迷惑。皆为浅学之辈而不知实地之人。此乃小人儒之误也。①

山片蟠桃批判世人盲目相信古书，不知取舍。尤其是相信一些记载着有关五行灾异之说等杜撰的妄说的古书。山片蟠桃认为程朱之类的大学者都有人相信这种掺杂五行学说的古书，更何况是日本的一般学者呢？只有怀德堂的中井学派的学者对于这些妄说给予了批判。山片蟠桃也认为那些实学者不会相信五行灾异的学说，正如那些真正在现实生活中行医之人不会拘泥于灾异之说，天文学者推算日月星辰时，也不会被这些妄说所迷惑。

此外，阴阳五行学说，是中国古人创造出来的一种体系化的思想学说。以日常生活的五种物质，即金、木、水、火、土元素作为构成宇宙万物及各种自然现象变化的基础。五行说已经渗入儒家思想、老庄思想、道教以及佛教思想中。甚至在医学中，有的人也把五脏分成五行，以五行说来解释病理。然而对于学习西方科学知识的人来说，必须要摒弃五行说的旧习。山片蟠桃在《梦之代》经论篇中也曾谈及五行说，他如此阐述：

> 五行之说乃战国后之事，五行乃民生日用不可或缺之物。五气运行而承受人物之性乃后儒之妄说也。三皇、五帝、三王配五行亦后儒之说也。相生、相克之说、天一生水之说，分配干支、四时、五色、五味、五辛、五脏之说，以五行释灾异祥瑞之说等，皆为虚

---

① 山片蟠桃：『夢之代』雑書巻三，『日本思想大系43』，岩波書店1973年版，第430页。

妄之说而不足取。五行之土，五常之仁、四德之首而兼其他，土用为中央等各说，假借五之数也。因有五行之说而学者皆拘泥于五之数。实为怪异也。①

山片蟠桃认为，对于古人来说五行是日常生活中不可或缺的事物，但用五行来分配三皇、五帝、三王等说法都是后世儒者的妄说，是不可信说法。此外，用五行来解释灾异祥瑞的说法也是虚妄之说。山片蟠桃批判学者们自从有了五行之说之后对所有的事物都要拘泥于"五"这个数字，实在令人厌恶，是令人难以接受的怪异行为。

从上述论说中可以看出，山片蟠桃不仅形成了自己的朴素唯物论的世界观，而且站在这种唯物论的立场上，通过以事实为论据的方法对一切不合理的事物以及迷信妄说进行了批判或科学的解答，反映出其对科学的信仰和对西方先进的天文学知识的运用，同样也反映出其难能可贵的理性主义精神和科学的批判精神。

三　山片蟠桃的"太阳历"认识

江户贞享改历之后，制历的土御门家②在历注中加上了阴阳忌讳等迷信说法，对时人的思想、行为造成了一定的束缚和限制。鉴于此，山片蟠桃的老师中井竹山对历注一事进行了如下批评：

> 先王四诛之一，借鬼神时日疑惑众人乃杀之。今之历书有八将金神③，乃借鬼神之说，中段下段借时日，皆以此惑众，此乃犯先王之诛也。实则宜加禁制，改正历书，宜消除先卷首之八将神，而书期年三百六十日、一切是吉昼夜、百刻十二时未尝有凶等，附假名旁为其家父母先祖之忌日为凶日，不宜行吉事。……消除余事，而应成洁净之书也。④

---

① 山片蟠桃：『夢之代』経論卷八，『日本思想大系43』，岩波書店1973年版，第407頁。
② 土御门家：掌管并负责天文、历数、阴阳之道的公家。
③ 八将神指的是：太岁神、大将神、大阴神、岁刑神、岁破神、岁杀神、黄幡神、豹尾神。八将神和金神皆为方位说中的凶位。
④ 中井竹山：『草茅危言』，『日本経済大典23卷』，啓明社1930年版，第38頁。

中井竹山对历注中的迷信说法予以批判，指出历书中附加八将神等虚妄之传说，按照《礼记》中的"王制"，已触犯了先王的四诛之一而应加以"诛之"。主张应从历书中删去八将神等说法，不宜掺入私事，而应为洁净之历书。山片蟠桃赞同中井竹山的观点，他认为历书中"不宜加入我意"①。

综上，中井竹山对历书只是进行了批评而未展开论述。山片蟠桃在怀德堂学习之余，曾受到麻田一派关于历法研究的熏陶，因而较其恩师中井竹山有着更为丰富的科学历学知识，故能作此论断。

首先，山片蟠桃否定了年号论及有关历的迷信说法。他如此分析：

> 汉土三代之间云某王、某年。然驾崩之后用谥号，在位期间不用讳或号……秦始皇停用谥号，定自始皇帝之后为二世皇帝、三世、四世直至万万世也，然三世时其国灭亡。至汉文帝及景帝之时，曾改为中元年、后元年。……实为沉迷于无用之五行之言，为躲避灾异而改。武帝改年号，后即位之后亦改，或因祥瑞妖孽而改之。其后亦有各类改号，明太祖洪武之后，天子一代为一年号也。……其后之清者亦如此也。古今一大快事，乃万世卓越也。②

山片蟠桃在此批评中国和日本使用年号纪年相当烦琐，指出中国古代甚至因为迷信的说法而随意改年号。他赞成中国明太祖规定天子一代一个年号的做法，称其为"万世之卓越之举"。然而，最令他欣赏的仍然是西方纪年的方法。如他曾不无羡慕地说道：

> 然西洋自古无年号，意大利国以元祖太禄元年为始，则相当于汉之平帝二年，我垂仁帝三十一年。以此为元年，今岁乃享和二年、清嘉庆六年、西洋一千八百零二年也。西洋诸国皆随之纪年，俄国、土耳其等强国亦如此使用此纪年方式也。……西洋欧洲诸国皆如此使用也。不烦琐而数年，相当有益也。此乃必晓之事。

---

① 山片蟠桃：『夢之代』天文卷四，『日本思想大系43』，岩波書店1973年版，第157頁。
② 山片蟠桃：『夢之代』天文卷二，『日本思想大系43』，岩波書店1973年版，第150頁。

故在此举例之。①

山片蟠桃认为与中国、日本的纪年方法相比，西方的纪年方法非常简洁明了。西方纪年不烦琐，比较有益，而且西方诸国均用这种纪年方法。山片蟠桃希望当时的日本民众也能够了解这种便利的纪年方法，他在日本江户时代中后期提出采用西历的设想，是非常大胆的言论。

与西方的纪年方法相比，日本的纪年方法异常复杂，使用的年号繁多。山片蟠桃认为，日本年号多的原因之一是人们相信辛酉、甲子之年易产生政变。而且辛酉②、甲子改元之事，起于三善清行③献给"菅公"④建议书一事。对于这种迷信行为，山片蟠桃献建议书说："此时菅公获宠遂肆意妄为，侧目相看藤原时平、源光⑤之嫉妒心。知晓灾祸将至，故依术数谶纬进谏之。然清行之言乃只云当时之辛酉年，并非指后世之辛酉。"⑥ 山片蟠桃分析当时的历史背景，认为"辛酉、甲子之年易产生政变"的说法是荒谬的，这只是一种迷信，而非以后所有的辛酉、甲子之年都会发生政变。

之后，山片蟠桃主张日本应该采用太阳历，而不该使用年号来纪年。他先是对比了中国和日本的历书，指出"汉土乃以日月之交合为主而造历。会则为朔，而二十四气置于其间也"⑦ "我日本仿汉而以朔望⑧为主制定历算，二十四气置于其间"⑨，故"汉土之历，至清，祖宗及后妃之诞辰、忌日，列举各种事，其繁杂无以言表。特别下段之吉凶，比我历

---

① 山片蟠桃：『夢之代』天文卷二，『日本思想大系43』，岩波書店1973年版，第150頁。
② 辛酉：本文指辛酉革命的传言。一种预言认为辛酉年世界将发生异变。由中国的谶纬说而来，日本平安初期的三善清行等人也倡导此说。
③ 三善清行：平安中期的文章博士。
④ 菅公：菅原道真。醍醐帝时的右大臣。
⑤ 藤原时平，当时为左大臣。源光当时为大纳言，菅公左迁后，升为右大臣。
⑥ 山片蟠桃：『夢之代』天文卷三，『日本思想大系43』，岩波書店1973年版，第152頁。
⑦ 山片蟠桃：『夢之代』天文卷四，『日本思想大系43』，岩波書店1973年版，第167頁。
⑧ "朔"为每月1日，而"望"为15日。
⑨ 山片蟠桃：『夢之代』天文卷四，『日本思想大系43』，岩波書店1973年版，第153頁。

繁杂"①。"我邦之历密于朔望而粗于节气，汉之历朔望、节气皆密。"②即山片蟠桃认为与中国历相比，日本历对于朔望更加精密，而对于节气比较粗陋，这不仅反映出山片蟠桃的历法素养，其批判态度也跃然纸上。

在将中国历和日本历的优缺点进行比较之后，山片蟠桃继而引出西洋的太阳历，并大加赞赏：

> 西洋之历较年号精简，省略闰，定一月之日数，其余皆日用之事，该略则略，该详则详。……西洋以节气为主而作，寒暑、温凉、耕作、花实皆正。以此法来看，皆跟随其月，即使山中海岛亦不会忘却时间也。……西洋人先于天，而不违背天。汉人后于天，而奉天时。安乐行之，苦恼行之，其位差一级。……今清之历法较日本更为混杂。帝王、后妃之忌日、诞生日，显示诸种事情。……天文之事年年岁岁亦有发明，勿拘泥于古法。③

山片蟠桃认为西洋的历较精简，该省略的则省略，该详细的则详细，是先于天而不违背天。中国历与其相比差一等级，而且比日本历更加混杂。

山片蟠桃列举了中日历法的种种不便之处，指出两国均拘泥于旧法，并通过与西方历法的特点相比较，主张抛弃旧历而用阳历。他以孔子不知日月食为例，指出后世一定会不断有新的发现，要求后世之人要不断改革旧历法、使用新历法，强烈呼吁日本使用先进的阳历。

众所周知，日本使用阳历是在明治五年（1872 年），在七十年前，山片蟠桃就曾提出这种倡议并指出了西方太阳历的种种合理性，足见他作为时代的智者所具有的前瞻性。

四　山片蟠桃对"日心说"的认识及主张

山片蟠桃天文观的核心内容是对"日心说"的肯定。如前所述，山

---

① 山片蟠桃：『夢之代』天文卷四，『日本思想大系43』，岩波書店 1973 年版，第 157 頁。
② 同上。
③ 同上书，第 168 頁。

片蟠桃除了从麻田刚立流派那里学习到一定的天文学知识外，还深受翻译家本木良永、志筑忠雄的影响。其中，本木良永翻译的《天地二球用法》一书首次介绍了有关"日心说"的理论。本木良永虽一生翻译著述甚多，但将近半数是受委托而译，因而其自身的研究性因素极其薄弱。正因为如此，与一般的兰学家不同，本木良永对很多自然科学观本身的意义也不清楚。例如，当时流行的阴阳五行说与西方四元说有着本质的区别，但是本木良永却在《新制天地二球用法记》中，一面指出"日汉学士说天地，论以阴阳五行，然荷兰人论天地，无阴阳五行之论说"①，另一面却提出荷兰人"论五行时，以地、水、火、气四元素论之"②，用同一立场来论述阴阳五行说和四元说。山片蟠桃批判地接受了本木良永书中的"日心说"。当时的日本还流行着地心说，日心说虽然没有被禁止传播，但是宽政改革时曾经禁止发表新奇的学说。在这种社会形势下，山片蟠桃支持"日心说"的行为更显得难能可贵。当时与山片蟠桃一起将传入日本的兰学知识进行传播、继承的还有司马江汉（1747—1818年）。作为日心说的启蒙介绍者，司马江汉在日本的天文地理学发展史上具有一定的地位，但是他"只是受到日心说的启发，未能发展出任何新的理论"③。司马江汉是江户后期的西洋画画家、兰学学者、随笔作家。与平贺源内、大槻玄泽等人交往密切，对兰学特别是天文学抱有浓厚的兴趣，著作很多。在1793年出版的《地球全图略说》中他已指出："近来西人之说中认为，日在正中，月为一世界以地为中心旋转，五星皆一地也。"④ 并在这本书中简略地介绍了日心说。他在1796年出版《和兰天说》，内容多是参考了《天经或问》，其中亦涉及"日心说"。他在该书后记中写道：

> 今所以为言者，是西洋近世之说也，其说曰，太阳位在宇内之中心，而地球及五星列星悉皆共之，运转周旋无始不易，夫二十八

---

① 杉木勋：《日本科学史》，郑彭年译，商务印书馆1999年版，第258页。
② 同上。
③ 有坂隆道：「山片蟠桃の大宇宙論について」，有坂隆道編『日本洋学史の研究6』，創元社1982年版，第188頁。
④ 司馬江漢：『地球全図略説』，『司馬江漢全集』，八坂書房1992年版，第97頁。

宿及恒星，大约地数百倍，自彼而观此地，复众星之一也，此所谓星月者，彼所谓地球也。周天之诸星万万世界而距于太阳极远矣，故人类存在尚不可知矣，唯月五星近于太阳，应同于此矣，如彼小星或见或不见者层层无际，即是一六合也。六合之外更有别日轮而为一宇宙，其日月星辰亦如我宇宙，无数宇宙营营如野马之在虚，此前说皆西域三都之所发明也。①

司马江汉从"日心说"开始叙述宇宙构成，认为太阳系之外有可能存在其他太阳系，因此他特别记录介绍了西方近世发明的学说。司马江汉作为"日心说"的启蒙介绍者是毋庸置疑的，但他仅仅是受到了"日心说"的启发，未能发展出新的宇宙论。例如，1816年，司马江汉在有关天文地理的最后论著《天地理谭》中，如此叙述道：

二十八宿及众星称之为列星，其象不变。故言之为恒星。太阳之日轮系于大虚之空，其处不移，大地及列星以日轮为中心，大地在其周围旋转一周则一年。火木土及金水五星，各在其位一周环绕。此高低大小，之前已述。夫恒星至远无量不可测。昔人考穷言恒星其象不变，处不移，隔日轮无量至远之事不可言，其大小星层层重叠，如芥子散落空中也。诚不可思议，如日轮，其光明如五星。究其理，是即吾天日轮。至远至大无穷之天为何只有日轮乎？若恒天之众星皆日轮，每一星在其周围无地球五星之类乎？呼呼惟有感叹。②

司马江汉在此详尽地叙述了"日心说"，认为西方学说非常不可思议，令其感叹不已。然而，感慨之余，司马江汉并未能借此建立新的自然科学观。在这一点上，山片蟠桃与司马江汉截然不同，蟠桃在《梦之代》凡例中如此叙述道：

---

① 司馬江漢：『和蘭天説』，『日本思想大系64』，岩波書店1976年版，第178页。
② 司馬江漢：『天地理譚』，『司馬江漢全集』，八坂書房1992年版，第243页。

> 本书（即《梦之代》）天文、地理之部，前部分均小心翼翼阐述古法。因其时禁传新奇之说，然我终持地动之说①，又发表若干推测假说，则难免令读者生迷茫谬误之想法。此乃我之罪也，皆为随心所欲述之，望勿怪罪于我。②

山片蟠桃虽然在《梦之代》的天文、地理卷中小心翼翼地阐述了古法，但同时毫不隐晦地声明了自己更相信较为新奇的"日心说"，并善意劝告读者，在当时的社会状况下，为了避免遭受幕府对异说的压制，不要因了解了"日心说"而妄自提出异议。但他不顾自身安危、竭尽全力吸收并传播西方的自然科学、坚决主张"日心说"的科学信仰，已显露无遗。

山片蟠桃在《梦之代》中阐述"日心说"之时，首先对当时流行的几种世界观的说法进行了叙述，指出"古昔天文学未开化，人皆信浑天说，不了解真实之天体地球"③。而如今天文学较以前有了较大进步，却有连本居宣长这样的国学者也一味相信古法，企图回归古道的事情发生。为此他对国学者进行批判："解释古书，此乃天学未开化之前之论说。勉强使前言之说成真实，要附加各种托辞和伪说。此乃何等浅薄之举，乃向世人传授虚假之说。犹若三大考④，如今又要造出新谬论，真乃悲哀至极。其见识之卑鄙拙劣，实是愚昧。"⑤一针见血地指出了日本国学者为使前人之学说有真实性，而附加各种虚妄解说的非理性立场。并认为国学者以此向世人传播虚假学说，是非常令人气愤的，其手法也堪称卑鄙拙劣。

继而，山片蟠桃指出："天竺的须弥山说、日本的神代卷说、汉土诸说皆为天文开化之前对天地之解释而已。仅据本国所能观之事物，乃

---

① 山片蟠桃在《梦之代》中均叫"地动之说"，笔者在文中皆翻译为"日心说"。
② 山片蟠桃：『夢之代』凡例，『日本思想大系 43』，岩波书店 1973 年版，第 146 頁。
③ 山片蟠桃：『夢之代』天文卷二十五，『日本思想大系 43』，岩波书店 1973 年版，第 198 頁。
④ 三大考：服部中庸的著述。受本居宣长赞扬而被收到古事记传卷 17 的附录里。三大指的是天、地、黄泉，依据古事记来叙说这些是如何形成的。
⑤ 山片蟠桃：『夢之代』天文卷二十五，『日本思想大系 43』，岩波书店 1973 年版，第 198 頁。

以管窥天。"① 即山片蟠桃对中国和日本乃至佛教的传统世界观均进行了质疑，而独钟情于西方的科学世界观。例如他曾说道："欧洲各国皆只有在脚踏实地试验基础之上才画图发表。如天文学，须于海外诸国测量认识后方可公布之。遂发动大船舶去各国修正天文地理。故没有梵、汉、我国之此种虚妄之说。"② 山片蟠桃认为这样重视客观实测及实际情况的实学思想才是值得日本学习的，西方的天文学没有中国、日本或佛教那样的虚妄之说，也是西方的学说注重实际之故。因此，他对西学多有溢美之词：

> 其学问精进至极。二百年前即现第谷·布拉赫③、多录梅等豪杰，发明地动仪之说。……欧洲精于天学，古今万国无与伦比。观万国皆实见发明，谁与争锋？此外波兰第谷发明地球仪盛行于世。距今已三百年。……如今欧洲人乘大船巡游地球，发明所不知之物，万国不能及。故天地之事皆托付之，只能尝其糟粕。决勿怀疑西洋之术。应笃信跟随西洋之学。梵、汉、和持如同井底之蛙之愚术，而西洋显示地动之术，如此让愚昧之人反省之。④

在这里，山片蟠桃对西方的天文学说给予了高度评价，认为其比中国、印度、日本的天文学发达甚多，其原因在于他们重视实地测量、实际试验、实地观察，所以山片蟠桃呼吁世人不要怀疑西方学术，要追随这种先进的学说，不断学习。同时，山片蟠桃对比西方的天文学而感到自身的巨大差距，并进行了深刻反思：

> 神奇的西方之说，天地大论在此穷尽。呜呼，印度、汉、吾国皆管窥之见怎可能及。拳拳服膺，应以深思。人之德行应依于古圣

---

① 山片蟠桃：『夢之代』天文卷二十五，『日本思想大系43』，岩波书店1973年版，第198页。
② 同上。
③ 第谷·布拉赫（1546—1601年）：丹麦天文学家和占星学家。
④ 山片蟠桃：『夢之代』天文卷二十五，『日本思想大系43』，岩波书店1973年版，第201页。

贤而取之。天文地理医术之学，如依古代则愚昧也。道德品行，古代厚重，当今虚薄。而天文、地理、医术之学，古代疏暗，当今精明。西人不断有新事物发明，而和汉应不断引进，至今日则应知古代之谬误，通过实际之尝试、了解掌握。然今后渐凭新之尝试，后再回首，方知今之谬误。然今只论古代，有何益处乎？①

山片蟠桃以发展的眼光看问题，认为世界是在不断变化之中的，与之相伴而行的现象是科学也在不断进步，人们看问题的视角也要不断改变。一味追随古法，不接受新学说、新事物，是愚昧的行为。他认为在德行方面应该坚信古代圣人之说，而在天文地理医学方面应该吸收欧洲之学。即在山片蟠桃的思想中，西方长于自然科学而东方长于道德之学的观点已经开始形成。

由此出发，山片蟠桃对神道的宇宙观、须弥山世界观、浑天说等进行了一一叙述，认为这些学说是继承古人之思想，未有实际意义。他承认"日心说"的优秀性，认为西方的"日心说"是在实际测量、实验的基础上通过实证方法完成的学说，而神、儒、佛的学说却欠缺实验、实证，并脱离实际。

应该说，山片蟠桃对于"日心说"的解释参考了志筑忠雄的研究成果。后者的业绩中最为著名的是译著《历象新书》。《历象新书》的原作是英人基尔（John Keill）的天文著作的荷兰版，"其内容可以说是牛顿《原理》的注释书"②。志筑忠雄于天明二年（1782年），即23岁时着手该书的译述和研究，历经20年时间，于享和二年（1802年）完成了《历象新书》上、中、下三编。《历象新书》虽然是关于牛顿力学的译著，但其中记述了志筑忠雄自己的解释和评论，引用了当时天文学家所熟悉的《天经或问》《历算全书》等汉籍，从"日心说"的立场对这些依据旧说的著作进行了批判。山片蟠桃在《梦之代》的引用书目中列出了《历象新书》一书，也参考了前述的《天经或问》《历算全书》等汉籍书。山

---

① 山片蟠桃：『夢之代』天文卷三十，『日本思想大系43』，岩波书店1973年版，第213页。

② 杉木勋：《日本科学史》，郑彭年译，商务印书馆1999年版，第258页。

片蟠桃通过学习和参考这些书籍和运用自身的知识积累，最终形成了自己独特的自然科学观。与同时代的司马江汉相比，山片蟠桃不仅大胆提倡"日心说"，还结合日本现状进行了深入的思考及阐发。

五　山片蟠桃的"大宇宙论"

前文阐述了山片蟠桃对于"日心说"的肯定，从中可以看出"日心说"对他世界观的形成所产生的巨大影响。凭借对西方自然科学知识的正确认识和吸收，山片蟠桃建构起了独特的"大宇宙论"。山片蟠桃在阐述宇宙论时，列举出了各种关于"宇宙构造论"的传说，并对这些荒谬的宇宙论进行了批判。他如此叙述道：

> 天地之初有各种论说，皆为天造草昧之世之事，不足取。盘古死后有天地、日月、风雨、星辰、山海，混沌之中生国常立①，诺册二神②生日月、国土、草木之说暂且不论。素问之中岐伯云："地乃在于天中，而大气举之也。"此乃浑天之始也。然此书乃伪作。尧、舜之时，羲和掌历。璿玑玉衡乃浑天仪之始，然并非确凿也。……之后有周天之法，与浑天之法相合未传。地球之者乃后世之识。春秋之时未观测日食。汉之后，浑天之法得以固定，测日月食，推算五星。其后渐次开化，后彗星亦可推算。后世当有更多之发明出现乎。③

上文中山片蟠桃列举了古代传说中的宇宙构造论，认为这些荒谬的宇宙论不足取。此外山片蟠桃认为后世之人会慢慢证明并发现有关地球的各种论说，并不断发现新事物。山片蟠桃在阐述其宇宙论时，没有墨守成规地遵循当时的发现，而是指出未来的世界会不断有更多新发明出

---

① 国常立：日本神话中的神。《日本书纪》中认为天地开辟之时最初出现的生成国土的中心神。在《古事记》中是第六位出现的神。
② 诺册二神：指诺尊和伊弉冉尊。其中，伊弉诺尊是在《古事记》与《日本书纪》神话中创造日本国的男神，与女神伊弉冉尊共同生出国土和众神，是天照大神，月读尊，素戈鸣尊之父。伊弉冉尊是女神，生柯遇突智时烧伤至死而赴黄泉国。
③ 山片蟠桃：『夢之代』天文卷一，『日本思想大系43』，岩波书店1973年版，第149页。

现。即从知识论的角度他始终持有一种可知论的态度,并一直以发展的眼光看问题。蟠桃提出的"大宇宙论"可归纳为如下两点:

1. 明界之外有暗界,暗界之外乃明界。山片蟠桃认为"一星一星之间,光明所及之处即明界"①,定义中提出了"明界"乃光明所及之处,"其一明界之中,各自有如七曜②之类"③ 的观点。山片蟠桃进而认为,整个太极之中有类似太阳的物体或许有几百万之多。而且明界和暗界在太极中排列,如同柚子里面的果核一般分布。他如此叙述道:

> 全体为太极,肉乃暗界,核为明界。其中有诸曜。核中心乃太阳也。核与核之间距有远近之分,无太大隔离。我所在之明界也是其中之核。④

即山片蟠桃认为,明界和暗界都在太极之中,明界之外是暗界,而暗界之外是明界,中心是太阳。山片蟠桃的这种观点如今看来毫无疑问是科学的也是正确的,即世界是无限大的宇宙,地球只是其中一个小小的星球而已。

2. 推测其他恒星上有生物存在。山片蟠桃认为宇宙无限大,地球、月亮、太阳以及火、木、金、水、土等五星皆是宇宙中的一员而已。按照这样的宇宙论来推测,山片蟠桃认为宇宙中或许有和地球一样的星球存在,在地球之外的星球上一定还有生物存在,只是由于科学水平的限制尚未探测到而已。对此,山片蟠桃指出:

> 金水二星离日近而不会有人存在。金水二星上无人类存在,乃离太阳近太热之缘故。如同丰后别府温泉之无鱼。将鱼放入水中一日便死去,故犹如热处不会有人一般。恒星皆一明界,如同吾辈所

---

① 山片蟠桃:『夢之代』天文卷三十四,『日本思想大系43』,岩波书店1973年版,第216頁。
② 七曜:指七颗星星,即日、月和木、火、土、金、水五星。
③ 山片蟠桃:『夢之代』天文卷三十四,『日本思想大系43』,岩波书店1973年版,第216頁。
④ 同上书,第219頁。

居之明界。如此地球有人民、草木一样推测，则其他诸曜大抵大小如地球，皆有土有湿气也。其星球亦不会是纸糊一般，亦可接受太阳之光而生和合作用。有和合作用则行水火，即生草木，亦会生虫。有虫则有鱼贝、禽兽。亦会有人乎？故诸曜之上有人民，若地球之有吾辈。以此推而广之，似妄想实则非妄想。似虚构实则非虚构。此非佛教、神道般无稽之论。①

山片蟠桃认为如果在有土、湿气以及恰当的太阳光热的条件下，会有生物存在。他否认神道等宗教的所谓造物主的存在，从客观唯物论的角度思考生物的发生及世界的构成，认为诸星体上有生物也是有其缘由的。山片蟠桃认为金星和水星二星上没有生物存在，缘由是距离太阳过近。蟠桃想象出宇宙内仍有其他人和世界的存在，并不仅仅局限在我们所在的太阳系。

山片蟠桃完全否定传统的地球中心说而坚信太阳中心说。他的理解跨越了所处时代的局限，甚至超出了地球的视域范围，认为其他行星上面也可能有人类存在，这是在封建制度下难能可贵的认知。不仅如此，山片蟠桃还认为太阳不是与诸恒星悬隔存在的，而是与诸恒星同样排列在之中。恒星依据万有引力构成了和我们的太阳系一样的星系。宇宙就是由众多星星组成的类似太阳系的星系构成的。山片蟠桃认为在诸多类似太阳系的星系的行星之中或许同样会有人类世界的存在。

毋庸置疑，当时在怀德堂学派中展示了先进的科学天文学知识水准的只有山片蟠桃一人，因此他被称为同门中的"孔明"亦不为过。"五井兰洲的宇宙构造论尚立足于朱子学体系的宇宙论，同时也吸收了老庄体系的部分内容。"② 而中井履轩的认识依旧停留在"天动说"（即地心说）的框架中，未能有所突破。可见，山片蟠桃的天文学观在当时的怀德堂以及大阪学界首屈一指，具有一定的高度及深度。

---

① 山片蟠桃：『夢之代』天文卷三十五，『日本思想大系43』，岩波書店1973年版，第222頁。

② 陶德民：『懐徳堂朱子学の研究』，大阪大学出版会，1994年，第94頁。

第二节　山片蟠桃的地理观

在江户时代之前，日本人对世界的认识，大致只限于震旦（中国）、日本、天竺（印度）的思考范畴。到了近世尤其是18世纪以后，日本人的世界认识中渐渐地包含了"西方"的概念。当时的欧洲已经逐步绘制出了正确的世界地图和海图，这些图纸最终也被引进到日本。进入江户时代，热心于与海外通好的德川家康异常重视这些地图，认为它们有助于世界地理知识的增加和扩展。耶稣会士利玛窦在中国出版的《山海舆地图》（1584年）、《坤舆万国地图》（1602年）很快便传入日本，对日本人的世界地理知识的增加产生了巨大影响。然而，随着日本持续推行锁国政策，地理学领域知识的传播大幅下降，荒诞无稽的通俗读物开始流行。在世界地理学也因新知识的传入被禁止而停滞不前。因而仅有利玛窦所出版的《坤舆万国地图》被视作锁国时代世界地理知识的最重要典据。此外，对当时的世界地理学知识的传播作出贡献的还有西川如见的《华夷通商考》（初版是1695年）和新井白石的《西洋纪闻》（1715年完成，但因属保密之书而没有出版）、《采览异言》（1713年出版）。山片蟠桃在这样的背景下提出了自己的有关地理学的认识。

前一节围绕山片蟠桃的天文观进行了考察，作为山片蟠桃自然科学观的另一重要组成部分，本节将主要对其地理观进行阐析，具体而言，将从山片蟠桃对整个世界的认识、山片蟠桃的西方认识两点来考察他的地理观之特质。

一　山片蟠桃的世界认识

山片蟠桃有关地理学知识的论述，主要在《梦之代》第二卷中有所提及。山片蟠桃的世界知识，主要是从新井白石的《采览异言》和朽木昌纲的《泰西舆地图说》等处学来的。在《梦之代》的参考书目中可看到这两部书。其实，在《梦之代》天文卷第一章节中，山片蟠桃就指出了世界地理认识的发展概略，说："浑天说尚久，地球说亦新。地浮于天中之说尚久，四方人居说亦新。……明崇祯时利玛窦至中华翻译历书。因此出天经或问，之后乃知地球四方立人、外面皆为上，四方六合皆立人。……新井氏创《采览异言》。以此书可明万国之事也。"① 即山片蟠桃认为，新井白石在出版《采览异言》之前，国人尚且不懂万国之事，有了这本书之后方才有了新的世界认识。山片蟠桃对世界整体的认识可以概括为两点。

第一，基于对世界的正确认识，山片蟠桃认为日本的命名依据是一个谬误。山片蟠桃参考新井白石、朽木昌纲等人的地理书，不仅能够清晰地了解外国之事，而且能对地理常识作出合理的判断。比如，所谓"大秦国依据距日落之地近，扶桑国距日出之地近，依此而得日本之名"②。对此，山片蟠桃反驳道，"地本是球形。为何日轮从地面升起？皆以目测，东面出西面落，东国为日出之国，西国为日落之国。前往其国发现太阳未有出入地面之分，以此理推之，地球为球形而非平，未必从地中出来。即中古以来以日出入命名，此说乃虚妄之说也"③。这里，山片蟠桃以地球为球形作为依据，指出太阳并非从地下出来，故可以证明此学说为谬误，同样可以证明日本的命名依据是错误的。山片蟠桃依据当时的地理书，正确掌握世界地理实际情形，因而能够辨析旧说之中的荒谬之处。

第二，确认世界各大洲的名称。山片蟠桃广泛阅读参考了当时流行的地理书，整理出世界各地的名称。因此，当时的山片蟠桃已对世界整体概况有了客观的把握和正确的认识。他如此阐述道：

> 西洋人巡游天下，见到之处有三大洲。曰亚洲、欧洲、非洲。又有两个洲，曰美洲、大洋洲。此五大洲也。皆西洋人发现之处，五大洲及各国国名皆为其所命名。说天竺、汉土、我大日本，皆被西洋人命名为印度、支那、"japan"。……如日本，此名为吾国之名。但是汉土起名为倭，吾国人心想用日本，但对于用汉字国家之人，不说倭则不能明了。对西洋或万国之人，说日本则不通，必须说"japan"。今被西洋人所起各国，均有本名，然对万国需隐匿本名，

---

① 山片蟠桃：『夢之代』天文卷一，『日本思想大系43』，岩波书店1973年版，第223页。
② 同上。
③ 同上。

用西洋人所起之名方能通达。①

可见，当时虽是江户时代中后期，但山片蟠桃等关心西方科学知识的学者们已经对整个世界的各大洲、各国分布有了清晰的了解，并对世界通用的国名有所研究。这对于其不同于传统儒家、佛教或国学者的独特的世界观的形成起到了至关重要的作用。

二 山片蟠桃的西洋观

在江户日本的锁国时代，日本普通民众对外国的认识除了通过兰学相关书籍以外，便只能依据日本漂流至海外者归国后的见闻来扩充。山片蟠桃因对海外知识相当感兴趣，曾经多次拜访漂流者打听有关外面世界的信息。"在爱日文库②中就曾收藏仙台藩主命令兰学家编写的《环海异闻》和漂流记类书籍，以及长崎入港异国船船长的交谈语录《阿兰陀风说书》等。"③山片蟠桃通过上述书籍以及见闻，对外国尤其是西方的相关基本知识有了一定的认识。他的西洋观可概括为以下几点：

1. 认为西方重视实际测验、实地考察，其实学素养值得日本学习、吸收。在地理方面，认为日本古代存在的很多学说都是妄说。对此，山片蟠桃如此谈道：

> 以邹衍赤县神州说为首，其他载于经史之处，脚踏实地得来之知识甚少。汉张骞至西域所见各国，是脚踏实地，然杜撰点居多。何况如山海经者，无一处可取。其大荒海外之经乃妄作。如四方山经，仅记载汉土九州。再如仅写中山之场合，其地理知识太过贫乏。……本来西方诸国，不同于印度、和、汉之文盲，禁止杜撰、欺诈、妄说。若非实地考察便不能作书，故西方之学乃正确也。④

---

① 山片蟠桃：『夢之代』天文卷十六，『日本思想大系43』，岩波書店1973年版，第254頁。
② 爱日文库：大阪一小学校图书馆收藏着山片蟠桃和主人山片重芳曾经珍藏的图书、地图册等，后来由后援团"爱日教育会"来管理，所以叫做"爱日文库"。
③ 宫内德雄：『山片蟠桃—「夢の代」と生涯—』，創元社1984年版，第29頁。
④ 山片蟠桃：『夢之代』天文卷十九，『日本思想大系43』，岩波書店1973年版，第261頁。

山片蟠桃明确指出了古代的各种地理知识不是通过脚踏实地考察而得来，故有虚妄不实之处，不能相信。后世的儒学家还引用《山海经》这样的著作，更是错误的做法。山片蟠桃认为西方的地理学值得信赖，因为西方学者重视实地考察，故其学说多是正确的。虽然山片蟠桃的观点未免有些极端，但是足以表明他对于西方自然科学知识强烈的憧憬和向往。

2. 山片蟠桃认为西方各国请求通商，本意在于掠夺资源。山片蟠桃在赞赏西方天文地理知识的同时，也对西方人欲与日本通商之事发表了自己的看法。他指出：

> 彼所格物致知，无所不到。尤以天文、地理为第一，与诸国进行通商，之中有适合之国，便会前来掠夺。……胸中熟记万国三千世界，如至邻居家一般驾轻就熟也。吾等则如湖水之中泛舟，提心吊胆而异常恐怖，不可同日而语也。其大胆无敌，无与伦比。率领七八十随从巡视万国，未辱使命也。与孔子使于四方，不辱君命相较，同为君子使者出发，一方熟稔邻国概况而另一方则全然不熟，二者有天壤之别也。士人如到此遥远国家，其恐怖如何乎？由此可知西方人之强大智术也。①

山片蟠桃认为，西方的格物致知无所不到，无所不在，尤其擅长天文、地理方面的知识。因为西方人对世界地理知识的精准掌握，所以经常率领侍从巡视万国，与孔子使于四方不同，其目的是要和他国进行通商合作，但根本用意却在于掠夺资源。对此，山片蟠桃感慨："西人奸知，博识强记，知巧无所不及。以武治国，未被大国入侵者仅英国与日本而已，以此无敌于天下。"② 并认为西方人通过武力治国，在世界上没有对手。而"汉之圣人，立大中至诚之教，中立于三千世界中而不动。

---

① 山片蟠桃：『夢之代』天文卷十九，『日本思想大系43』，岩波书店1973年版，第263页。
② 山片蟠桃：『夢之代』地理卷二十五，『日本思想大系43』，岩波书店1973年版，第269页。

这是大知"①，即说中国圣人以大中至诚之教中立于世界不动，也反映出中国和西方有截然不同的国民性。山片蟠桃认为日本金银、铜铁、米谷多，所以"万国想和我国互相贸易往来，未允许乃是古今之良计也"②。对于西方的通商请求，山片蟠桃认为拒绝通商是最好的对策，他支持经济上的锁国政策，对西方的通商合作请求，山片蟠桃亦持反对的态度，但对于西方的自然科学知识则是持接受的态度。

3. 山片蟠桃认为西方人更重视对实学的学习。他虽然坚持锁国政策，但是仍然坚持实学的立场，认为日本应该向西方学习。首先，山片蟠桃指出，中国人和日本人一直学习文字，但甚至一生都不能识尽国字。此外，还要学习佛学、诗歌、茶道、谣曲、歌舞乐器等，每日都忙于技艺的练习等，还要为了维持生计而做各种工作。除了以上的事情，已无闲暇学习天文、地理，故不了解世界，不了解外国之事。对于日本人的现状，山片蟠桃表现出很多的担心。他非常赞赏西方人，还如此谈论道：

> 西洋欧洲之人，航行天下万国，明天文察地理，分辨世界全体，忠孝仁义自不必说，沉溺于格物致知，未在诸艺诸术之处花费时间，文字只是二十六字，加上方字、数字等共百十来个，十岁孩子便可掌握全部，学习知识接触事物，故智术宏伟。巡游万国在大洋之间，有任何天变妖怪亦不惊讶，初到与国人对话，脸不变色，视为生平小事而已。更何况在本国内。然对外国用心，设定长远谋略，得珍贵物品，使诸国归属之。长此以往，定会祸起萧墙，发生灾难。然并非亦要如此，但禁止在诸艺诸术及鬼神、佛寺之无用之处花费心智，上下万民格物致知，志于忠孝仁义之道……不知不才，被鬼神佛教徒欺诈，忙于无用、不正之业，唯有追求利益，越来越文盲。呜呼，可悲也。③

---

① 山片蟠桃：『夢之代』地理卷二十五，『日本思想大系43』，岩波書店1973年版，第269页。
② 同上。
③ 山片蟠桃：『夢之代』天文卷十九，『日本思想大系43』，岩波書店1973年版，第263页。

山片蟠桃通过将和汉民族与欧洲人相比较，认为西方人以实事求是的实证态度去了解世界，接触事物，是值得学习的榜样。故呼吁日本人要以踏踏实实的态度去虚心学习，不仅仅学习中国，而且要把眼光更多地投向西方。此外，山片蟠桃特别赞赏西方文字的效用，认为其简单明了，容易掌握。他批判日本人和中国人皆沉溺于技艺的学习而忽略掌握对现实有意义的实学。而且，日本人还被鬼神、佛教等迷信之说所欺诈，在无用的地方花费时间、精力等，是件可悲的事。山片蟠桃崇尚西方人的重实学精神，认为掌握航海技术，懂天文、地理，所以有完整的世界认识，也就更接近正确的世界观。对于西方人重实学的精神，山片蟠桃与两位老师中井竹山、履轩的看法一脉相承，三人都给予不同程度的赞许。比如，中井竹山曾对西方的温度计撰文称赞道，"嗟哉西洋巧思。殊异乎他邦。无物无事不曲尽其妙。此亦其一端耳。奇矣西洋。精巧无敌。（中略）天工在目。岂谓管窥"①，对西方的精巧制作技术给予高度赞扬，认为其神奇无比。而中井履轩在则在《显微镜记》中说："立法制器，易道之大用，显微阐幽，圣人之极功，有斯二者，而可以窥造化之妙者，岂宜以奇技淫巧比焉乎哉，盖西洋夷邦，有显微之镜，（中略）可以观于天工之精矣。"② 即他赞扬西方诸国能制造出像显微镜那样的机器，技艺实属高超，是"天工之精""造化之妙"。

基于以上对于西洋的认识，山片蟠桃提出了三点改革策略，以激励日本人学习西方自然科学，缩小与西方各国的差距。

第一，提出"文字改革"论。山片蟠桃非常推崇西方的文字，他甚至建议废除汉字，赞成用罗马字书写日本文字。山片蟠桃指出"字书之古为《尔雅》也，继之者为说文，之后为字典也。继之为字汇，再后现正字通。其字数愈来愈多，至《康熙字典》达至极点"③。他认为汉字变得越来越多，其缘由是："字书作者苦于如疏漏汉字则被后世之博学儒者议论，故追根寻底不疏漏任何字而传于后世，遂字数一直在增加。"④ 即

---

① 中井竹山：『奠陰集』，ぺりかん社。
② 中井履軒：『弊箒統編』，大阪大学懐徳堂文庫所収。
③ 山片蟠桃：『夢之代』経論卷四十一，『日本思想大系 43』，岩波書店 1973 年版，第 425 頁。
④ 同上。

中国编写字典的作者担心被后世儒学之人诟病而不断增加汉字传于后代，这样下去汉字就变得越来越多。山片蟠桃甚至期待："如今出现大贤，以唐韵为依据，出入取舍于诸书，字数定于七八千至一万，古书依据说文，其余字数全部丢弃，乃古今一大快事也。亦为万世也。"① 即是说，他期待出现一位贤者，把无用的汉字废除，保留一部分有用的汉字传于后世。当然，这只是山片蟠桃将西方文字与中国汉字进行比较后发出的感慨，而对于日本国内的汉字使用，山片蟠桃提出了如下的建议：

> 应神之时文字始传入日本。古事记和万叶集之假名均借用汉字。……后世有平假名、片假名，以国音书写乃便利也。日本如无汉字，仅用假名书写则将相当便利。……使用假名之国，字本身之出处、翻译无任何意义，然汉字则其字有意义和出处……如神代篇所云，有文字则国家开化也。无文字即使历经几万年亦不开化，乃文字为重中之重也。然则应使用文字，而勿要为文字所使用是也。②

这里首先肯定了文字的重要性，认为有文字是国家开化的标示，有了文字，国家才能发展、进步。其次，他论述了汉字的弊端，认为应该废除汉字而使用假名。山片蟠桃极力提倡使用假名，认为假名较为实用，不需记忆汉字本身的出处及意义，他认为西方的文字简洁明了，有利于人们迅速掌握实用的知识。而如果使用汉字的话，大部分时间都花在认字上面，往往无法有效掌握切实有效的知识，所以他提倡国家改革文字。这与明治时期的"文字改革论"有着同样的初衷。可以说，山片蟠桃的这种言论是在当时江户时代中后期思想家们的影响下而提出的，但作为倡导实学思想的町人学者，能够持此论点，无疑是难能可贵的。

第二，提出"全民治学"论。山片蟠桃通过对西方的认知，了解到日本在实学思想及实学技术方面的落后。于是提出了如下的治学期望：

---

① 山片蟠桃：『夢之代』経論卷四十一，『日本思想大系43』，岩波書店1973年版，第425頁。

② 同上书，第427頁。

> 人生降世即有智慧乃成万人中之一。其人若不学则愚，若学而获明知则不惑于物。今看蝦夷人，皆为愚众也。其中未有人问有知之人。故万国之人无法改变。惟有学与不学也。人必须学之。①

在深刻认识到外国的发达之后，山片蟠桃对比国内民众的知识水平，认为全民只有不断学习才能摆脱愚昧，才能形成正确的世界观。对西方的清楚认识是山片蟠桃提倡全民治学的基本动因。山片蟠桃的这种观点和明治时期实学家福泽谕吉在《劝学篇》中提倡的治学观点有异曲同工之妙。例如后者曾经这样说道：

> 学问者，绝非仅指止于识难字，读难解之古文，耽于和歌、作诗等世间无实用之文学者。此等文学自身，为取悦于人心而随时改变手法，虽被自古以来之世间儒者、和学家所推崇，然实不足贵。自古以来汉学家堪称理财妙手者甚少，善于和歌而工巧于商事者亦不多也。为此，有心之商民、农夫，见其子学问上进，不久或将败家，亲心忧虑有之，此亦不无道理也。毕竟其学问去实学甚远，成为不合于日间常用之证据。如此说来，今日应将如斯无实之学问放置于其次，专心致力于人间普通日用相近之实学。②

从文中同样不难看出，福泽谕吉亦提倡学习的实学是有用之道，与山片蟠桃的观点如出一辙。山片蟠桃提倡踏实地学习实学，认为这才是较为有用的学问。但山片蟠桃的这种治学观早福泽谕吉半个多世纪，称其为《劝学篇》之先驱也并不为过。

第三，提出"边境海防"论。在山片蟠桃生活的江户时代中后期，即 18 世纪后半叶，西欧列强不断侵袭，对日本的锁国政策进行冲击。其中，从外部向日本施加压力的首先是俄国，俄国大规模侵略东方的时间是在彼得大帝（1682—1722 年）晚年。当时俄国人已经到达西伯利亚东

---

① 山片蟠桃：『夢之代』地理卷十九，『日本思想大系43』，岩波書店1973年版，第264頁。
② 福沢諭吉：『学問のすすめ』。

端，再南下至堪察加半岛，势力波及千岛群岛的局部地区。彼得大帝在这种形势下，计划进行北太平洋探险，并打算开辟到日本、中国、印度的航线。不言而喻，这对日本来说意味着严重的外部危机的到来。彼得大帝死后，在白令提督指挥下编成的北太平洋探险队，于元文四年（1739年）6月经千岛群岛到达日本本岛，在三陆海岸和房州沿岸试图与日本船贸易，后撤退。另外，俄国人自正德元年（1711年）侵略千岛群岛中的第一岛以来，不断夺取岛屿并继续南下，明和五年（1768年）到达择捉岛，将该岛编入俄国版图。从此以后，俄国船便出没于虾夷本岛（北海道）沿海。在这种面临严峻的外来冲击的社会背景下，山片蟠桃提出了他的边境海防论：

> 莫斯科之国乃四百八十年前开国，后醍醐帝嘉历元年之时，尚不知有此国。百年之后，传来上品兽皮，曰其为莫斯科，大部分人均以为此乃兽名也。然八九十年前渐渐东略，最终取堪察加之地，至蝦夷千岛之内猎虎岛、择捉岛、国后岛与我国互市，精密调查蝦夷之地，记载于其地图之内。……蝦夷西北皆为莫斯科之地，故渐从蝦夷至本地，皆熟知其地理，且默记距我内陆近周之事。……吾日本不需侵略外国，但至少当有备于己不受外敌之侵辱。①

山片蟠桃首先叙述了俄国东侵的始末，并于其后提出，面对外国势力的冲击，要好好防备，使日本国不要受到他国的侵略的远瞻性策略。不难看出，山片蟠桃的海防论偏于保守，认为日本要随时准备防范外国侵害的威胁，然而他对于该如何进行防备，并没有提出明确的观点，这显然与其谨小慎微的商人性格有着很大的关系。

如前所述，山片蟠桃在认可西方重实学精神之余，还就外国势力对幕府锁国政策的冲击提出了防备的建议，虽然他并没有提出具体的防备措施，但山片蟠桃走在时代前端的海防意识已展露无遗。

---

① 山片蟠桃：『夢之代』地理卷十九，『日本思想大系43』，岩波書店1973年版，第263頁。

小　结

　　本章从山片蟠桃思想中的天文观、地理观两个方面对其自然科学观进行了考察和分析。从中可以发现，山片蟠桃否认儒教（儒家思想）中哲理之"天"的存在，也否定传统思想中有意志的"天"的概念，认为历来所说的"天"，无非只是为了论说上方便，所谓的"天"只是一种偶然性，是"人事"及人为活动造就了所谓"天"的概念；山片蟠桃不仅形成了自己初具规模的朴素唯物主义世界观，还站在唯物论的立场上，采用以事实为依据并晓之以理的方法对当时社会环境下一切非合理性的事物、现象以及迷信妄说进行了批判及科学的解释，笃信西方天文学知识的理性主义精神和科学的批判精神；他认为西方的"日心说"是在实际测量、实际验证的基础上以实证方法而完成的学说，而神、儒、佛的学说却欠缺实际测验、实证精神并且脱离实际；他认为西方思想中重视实际测量及实地考察的特点，即"实学"素养，值得日本学习、吸收，并以其思想家的敏感，站在防范外敌势力入侵的立场上，支持锁国政策。这都是其实学立场坚定的佐证，同样也是其坚持日本应向西方学习的出发点之一。

　　综上，通过上述考察及论证，我们不难发现，山片蟠桃的自然科学观反映出其唯物论的立场，体现了其重视合理主义精神和科学的批判精神的特征和坚持实地测验、实地考察的实学态度，充分凸显出其合理主义实学思想家的形象。

第 三 章

山片蟠桃的宗教论与历史观

通过第二章对山片蟠桃实学思想基础——自然科学观的考察及论述，可以看出吸收及运用西方自然科学知识对山片蟠桃形成独特的实学思想所具有的奠基作用。蟠桃实学思想体系中另一重要构成部分，是贯穿其思想发展心路历程始终的宗教论和历史观。对此，山片蟠桃研究者龟田次郎就曾特别指出："山片蟠桃的宗教论在其思想中尤其值得关注。"① 另一位研究者宫内德雄则认为"山片蟠桃思想中最有价值的论点就是其历史观"②。山片蟠桃的宗教论主要集中体现于其《梦之代》的"第九卷异端"及"第十卷无鬼上""第十一卷无鬼下"中；而有关其历史观的论述，则主要体现于《梦之代》的"第三卷神代"以及"第四卷历代"中。本章旨通过对《梦之代》中上述两部分内容的文本解读，从宗教论和历史观两个方面考察分析山片蟠桃实学思想的内涵，进而揭示山片蟠桃宗教论和历史观的特质。

第一节 山片蟠桃的宗教论

本节主要对山片蟠桃的宗教论进行考察和分析，在进入山片蟠桃宗教论的讨论之前，首先对江户时代的各种鬼神论进行简单的介绍和分析，进而从"无鬼论"和对佛教、神道、俗信的批判两个方面，阐析山片蟠桃宗教论的特点。

---

① 龟田次郎：『山片蟠桃』，全国書房1943年版，第183頁。
② 宫内德雄：『山片蟠桃—「夢の代」と生涯—』，創元社1984年版，第33頁。

一 山片蟠桃的无鬼论

日本江户时代中后期，由于封建社会生产关系的衰败和儒学的停滞，以及西方自然科学的传播和影响，在一些先进思想家的头脑中新世界观开始萌芽。山片蟠桃的无鬼论思想就是在此背景下形成的。山片蟠桃的"无鬼论"思想主要体现在其《梦之代》的"无鬼"上、下两卷中。他在《梦之代》后记"辞世之歌"中说："无地狱、无极乐、无我。所有者只有人和万物。在世间，无神、佛、鬼怪，亦无奇妙不可思议之事。"① 该诗歌写于文正三年（1820年）8月，即山片蟠桃去世的前一年，这既是他对世界的告别之辞，也是他无鬼论观点的精义所在。

下面我们从"与山片蟠桃同时代的其他鬼神论""山片蟠桃的无鬼论"和"山片蟠桃对朱子鬼神论的批判"三个方面，考察和阐释山片蟠桃的无鬼论思想。

（一）与山片蟠桃同时代的其他鬼神论

江户时代的儒家学者对鬼神的论述派别繁多。此外，同时代的其他思想流派中亦存在着许多关于鬼神的论说。基本谈论的内容多为鬼神为何物、鬼神存在与否或者该如何祭祀鬼神等。类似的这种议论或言说即所谓的"鬼神论"。②

在江户时代初期，古学派的代表人物伊藤仁斋（1627—1705）写了《语孟字义》一书。该书依据《论语》《孟子》等儒家古典文献重新解读儒学基本概念，其中专门设有论述"鬼神"的章节：

> 鬼神乃天地、山川、宗庙、五祀之神，以及一切有神灵能祈求人之祸福之物，人皆将此称为鬼神。朱子曰："鬼为阴之灵，神为阳之灵"。其意虽言鬼神之名也，然天地间阴阳之外无所谓鬼神之物。故如其所云。乃真正儒者之论也。然今日之学者，仅将风雨霜露、

---

① 山片蟠桃：『夢之代』跋，『日本思想大系43』，岩波書店1973年版，第616页。
② 子安宣邦：『鬼神論—神と祭祀のディスクール』，白澤社2002年版，第26页。

日月昼夜、屈伸往来视为鬼神，此乃谬误也。①

伊藤仁斋引用朱熹的言论对鬼神进行定义，认为普通民众眼中的鬼神就是"天地、山川、宗庙、五祀之神"，作为祭祀的对象而存在，是给世间人们带来祸福的神灵，也是人们的信仰、恐惧的对象。但朱熹等儒家学者认为世间不存在鬼神，鬼神是有名无实的存在，只是宇宙中阴阳的自然功效而已。伊藤仁斋通过解释朱熹的言论，认为其观点是真正儒者的论述。无鬼论历来为儒家所坚持，而伊藤仁斋更是如此，他认为以无鬼论来对峙异端的佛教及世俗的鬼神信仰等，乃是儒者本来就有的立场，这也反映了他无神论的主张。

江户时代后期国学者平田笃胤著有《新鬼神论》一书。在该著作开头，对儒家鬼神论进行了批判性讨论。

古学者中有物部徂徕之人，心胸开阔有才气，并非普通汉学者之辈所能比拟也。此人未得古意，所谓易中所言"以神道而设定教义"，此外礼记中所言"明以令鬼神而为黔首之则"，如此惑众之言、此类之古语，实则假定鬼神之物为教义之则。其鬼神论可称之为"圣人未兴起，其民散而不统，知其母而不知有父，死后不葬，亡而不祭，制作圣人之鬼而统一其民"。此乃杜撰之说也。为众汉学者之癖好，不据任何益事，圣人之制，此乃其智见狭、愚钝也。无论何人敬重鬼神而知事，此乃天津神所赐命，所谓性者也，则汉国之人，不知圣人，已不知尊重心与鬼神也。关于此情，圣人之辈定其则也。②

平田笃胤批判荻生徂徕的言论，同时阐述了自己的鬼神论。荻生徂徕认为，圣人制定了鬼神之则，并包含了人们的宗教心情，通过这种行

---

① 吉川幸次郎・清水茂校注：『伊藤仁斎・伊藤東涯（日本思想大系33）』，岩波書店1971年版，第83页。

② 田原嗣郎ほか校注：『平田篤胤・伴信友・大国隆正（日本思想大系50）』，岩波書店1973年版，第136页。

为，圣人统一了民心。但平田笃胤认为这种做法颠倒了事实所在。民众本来即有尊重信仰鬼神的性情，或者说民众有以鬼神存在为前提的信仰习俗。依据之前既有的民众性情或习俗，圣人才能制定祭祀鬼神的方法。即平田笃胤认为尊重鬼神是人与生俱来的情愫。

关于鬼神论，荻生徂徕曾经如此叙说道：

> 鬼神之说不能停止之原因，乃在于有鬼及无鬼之辨也。鬼神之物乃是圣人所立也。为何质疑？故说无鬼神之人乃是不相信圣人也。①

由此可以看出，荻生徂徕并非是个无鬼论者。他认为鬼神是圣人制定的，人们应该相信圣人的说法而不应该对圣人产生质疑。荻生徂徕认为，赞成"有鬼论"就是在相信圣人。但是，他在著作《辨名》中所展开的鬼神论，是在依据自己的知识来论述有鬼、无鬼，"已经超越了确定有无的辩说方式，只是为彰显了其学识渊博而已"②。

江户时代的朱子学者新井白石著有《鬼神论》。他在该书的开篇如此论述：

> 鬼神之事难以定言。非仅难言，亦是难问。非仅难问，亦难相信。相信之难，亦与了解之难纠结一处。如充分信之方能善问，熟稔之方能深信之。如非熟解之人，则不能善言之矣。③

这是新井白石对不合理之事进行的解释和说明。子安宣邦认为，"新井白石在阐述鬼神论时，是在模仿、借鉴朱子的言论"④。友枝龙太郎也认为，"新井白石的鬼神论是以朱熹学说为依据而展开的叙述"⑤。

---

① 吉川幸次郎ほか校注：『荻生徂徠（日本思想大系36）』，岩波書店1973年版，第128页。
② 子安宣邦：『鬼神論—神と祭祀のディスクール』，白澤社2002年版，第68页。
③ 村松明ほか校注：『新井白石（日本思想大系35）』，岩波書店1975年版，第146页。
④ 子安宣邦：『鬼神論—神と祭祀のディスクール』，白澤社2002年版，第77页。
⑤ 友枝龍太郎：「鬼神論」，『新井白石（日本思想大系35）』，岩波書店1975年版，第581页。

以上是江户时代较有代表性的思想家的鬼神论说。从其论说的观点来看，无外乎有鬼论及无鬼论二说。其中，非常明确地主张无鬼论学说的只有大阪怀德堂的学者们，尤其以山片蟠桃的无鬼论最为突出。

（二）山片蟠桃的无鬼论

山片蟠桃在其《梦之代》中提出了无鬼论，完全否定了儒教中唯心论的"天"的观念，从而确立了他客观地观察和认识世界的无神论唯物主义世界观。

1. 何为"鬼神"

在前文中已经谈到，山片蟠桃否定意志之"天"的存在，认为那只是为图方便才提出的一个概念而已。他把"天""鬼""神"等同起来，认为皆是不存在的假想物。在他看来，说"天""鬼""神"皆为同物，没有任何区别。指出"天""鬼""神"等都是人意为之，是"人事"。"尽人事，当进退两难之时，说天，说命，说鬼神。"① 山片蟠桃认为，"往昔圣贤亦皆传说鬼神之事，谓天、谓鬼、谓神也，皆表现敬事灭私之道理。如天下国家之事乃受天命，私事则受命于祖先之鬼神。虽说如此，但应谨慎行事，以此训诫子孙百姓"②。在他看来，"圣人以鬼神而服天下"③，换言之，"言天乃人事。言山川、鬼神亦同样为人事也"④。即山片蟠桃认为，圣贤在说天、鬼、神的事情，目的是服天下之众。故所谓的天、鬼、神都是人为制造出来的，是不存在的，就是"人事"。山片蟠桃总结道："人死即称为鬼。本为死后无根性，无心志。除此鬼外无鬼。"⑤ 这体现了山片蟠桃坚信"死后无鬼"的客观态度。

2. 以权威经书为依据

山片蟠桃为提出自己的"无鬼论"观点，首先引用中国《晋书》所记的阮瞻、阮修的无鬼论为佐证：

---

① 山片蟠桃：『夢之代』無鬼上卷四，『日本思想大系43』，岩波书店1973年版，第489页。
② 同上书，第484页。
③ 同上书，第487页。
④ 同上书，第488页。
⑤ 山片蟠桃：『夢之代』無鬼下卷二十五，『日本思想大系43』，岩波书店1973年版，第573页。

《晋书四十九列传》曰：阮瞻，字千里。性、清虚寡欲。（中略）瞻，素执无鬼论，物莫能难。……同篇又曰：阮修，字宣子。好易。老善清言。尝论鬼神有无者。众人皆以为人死后有鬼，修独以为无。曰，今见鬼者曰，着生时之衣服，若人死有鬼，衣服有鬼耶。论者服焉。①

在《晋书》中记载着阮瞻被鬼惊吓而病死一说，山片蟠桃说这是荒谬之谈，认为该书作者是因嫉妒阮瞻创作无鬼论，才有如此言论。山片蟠桃对阮瞻的言行非常钦佩，说他虽然只有30岁，却颇有学术造诣，相信无鬼神，不为荒诞之言所动，并呼吁应该善待有才之士，而不该玷污有远见卓识的君子的才德。山片蟠桃还引用了《晋书》中关于污蔑阮修无鬼论的记载，指出该书的作者是受到后世佛教的影响才写出如此荒谬之事。山片蟠桃还指出，《晋书》中相关记载定是信奉佛教的作者杜撰的故事，这些作者不辨真假，胡乱书写，经不住推敲。并认为，在迄今的历史记载中，尤其在以古史为首的著作中，关于鬼神之荒谬记载颇多。

山片蟠桃在《梦之代》的凡例中，就自己提出鬼神论的目的，曾作如此阐述：

于鬼神论而言之，先取经书中之天命、鬼神论。言天言神，乃同物也。又，三代祭祀时，立灵牌如神灵在，实则示无鬼神也。纠后儒之误，诫儒家勿泥于鬼神。②

山片蟠桃提出无鬼论的初衷，是想纠正后儒的谬误，告诫儒家学者不要拘泥于鬼神。他在论及儒学鬼神论之时，指出部分儒者为强调无鬼论的正统性，自言所谓天命、鬼神皆取自古经书之中，有违事实，而自己在此阐述无鬼论，是为纠正其"谬误"，他明言并非所有的儒学著作都可信。

---

① 山片蟠桃：『夢之代』無鬼上卷十，『日本思想大系43』，岩波書店1973年版，第484頁。
② 山片蟠桃：『夢之代』凡例，『日本思想大系43』，岩波書店1973年版，第147頁。

首先，山片蟠桃以山崎闇斋、新井白石等人为例进行批判，说："我国论鬼神之学者中，有山崎氏之《社语》，此书无任何可取之处。"① 进而指出，山崎闇斋先学习佛教然后学儒学，信奉朱子，著作颇丰，可读书目较多。但晚年山崎又开始学习神道，其后的作品中虚妄之说渐多。而对于新井白石，山片蟠桃则如此评论：

> 新井白石之《鬼神论》虽未取自经书，而取于《家语》、《左传》、《山海经》、《神异经》、《搜神记》、《述异记》、《博物志》、《幽明录》、《白泽图》、《五杂俎》、《列仙传》、《草李》、《夏鼎志》、《楚辞》、《说苑》、《列子》、《抱朴子》、《齐草野语》等书。信如此怪异之内容俨然如佛者。此人著书颇多。皆认真校正严密之书，然为何《鬼神论》如此荒诞乎？甚不能理解之。②

山片蟠桃明确指责新井白石过于依赖没有任何权威性的古怪书籍来谈论鬼神，认为其鬼神论十分荒谬，不值一读。并讽刺道："如朱子般之大儒此前亦对鬼神有所困惑，何况新井白石乎？"③ 认为新井白石就鬼神论写出如此荒谬的文章也在情理之中。山片蟠桃在文中对新井白石鬼神论的主要内容未做任何谈论，只是批判其论说来源有问题以及一味地相信前人学说。前文中已对新井白石的"鬼神论"有过分析，即其学说曾参考、借鉴了朱熹的鬼神论观点，未有创新之处。虽然新井白石在其著作《鬼神论》中引用了《易》《周礼》《礼记》《春秋》《论语》等典籍，但上述经书中的章句在朱熹的《四书集注或问》《朱子文集》《朱子语类》中皆有批判性论述，故而山片蟠桃对新井白石的批判是不无道理的。

对此，山片蟠桃感慨道："吾读新井氏《鬼神论》，不禁掩卷叹息。只因此人学问渊博、勤勉，以至于对鬼神论亦有朦胧之处，不得其要点。

---

① 山片蟠桃：『夢之代』無鬼下卷十五，『日本思想大系43』，岩波书店1973年版，第516页。
② 同上。
③ 山片蟠桃：『夢之代』無鬼上卷十五，『日本思想大系43』，岩波书店1973年版，第517页。

所涉书籍亦无取舍，只是一味相信。"① 继而又指出："连新井氏皆如此，更何况新井氏以外之人？"② 山片蟠桃认为后世拘泥于鬼神的学者，其主要缘由是"皆以《家语》《左传》为基础，涉及诸子及《神仙传》，引用诸书以为证"③。即后世的鬼神论者都是引用没有权威性的著作来论证鬼神，就是因为对书籍不知取舍，一味信以为真，导致像新井白石一样写出荒谬的鬼神论，由此山片蟠桃把矛头指向了其他儒家先贤：

> 程子、朱子之鬼神论，尽信书而无所整理、全然接收。二者乃古来大贤却如此这般。山崎闇斋、室鸠巢、荻生徂徕、太宰春台、新井白石等人皆论鬼神，与其平生学问相异也。④

山片蟠桃认为以朱子为首的后儒们，在论述鬼神论时，虽涉猎广泛，却不知取舍，尽信书中所言。同时，山片蟠桃对日本后世儒者也具名进行批判，认为他们的鬼神论与平时的学风截然不同。山片蟠桃认为古代的典籍并非全部可信，应该相信有权威的经籍，尤其推崇孔子之言为权威。他说："后儒若论各鬼神之说，可以孔子之言为据。"⑤ "真正孔子之言者乃《论语》中所论之十篇。乡党篇载孔子之言行，下论十篇可信度仅次于此，较上论繁杂。此外，《大学》《中庸》《孟子》中孔子之言语皆为真实也。"⑥

山片蟠桃认为，诸书中多有神奇记载，皆为后儒附会之说，读者应仔细甄别。即使在古代历史典籍、诸子百家中也有此类记载。并视"四书"为首要典籍，认为其中出现的孔子言论才值得相信，其他诸书中出

---

① 山片蟠桃：『夢之代』無鬼上卷十五，『日本思想大系43』，岩波書店1973年版，第517頁。
② 同上。
③ 同上。
④ 山片蟠桃：『夢之代』無鬼上卷十四，『日本思想大系43』，岩波書店1973年版，第505頁。
⑤ 山片蟠桃：『夢之代』無鬼上卷十一，『日本思想大系43』，岩波書店1973年版，第502頁。
⑥ 山片蟠桃：『夢之代』無鬼上卷十四，『日本思想大系43』，岩波書店1973年版，第504頁。

现的记载多是杜撰，其内容不可信，并以孔子的言论为基点提出了自己的无鬼论。

3. 山片蟠桃"无鬼论"的依据

山片蟠桃提出了两个论据来论证自己的无鬼论。

第一，山片蟠桃以孔子言语中的"如在"为突破口提出无鬼论。

山片蟠桃将"四书"视作最为重要的经典著作，认为"四书"中的孔子之言才最真实可信。那么，在山片蟠桃推崇的"四书"中出现了哪些孔子关于鬼神的论点呢？据笔者考证，主要包括如下七处对鬼神的论说：

（1）樊迟问知。子曰："务民之义，敬鬼神而远之，可谓知矣。"问仁。曰："仁者先难而后获，可谓仁矣。"（《论语》雍也篇第六）

（2）子曰："禹，吾无间然矣。菲饮食而致孝乎鬼神，恶衣服而致美乎黻冕，卑宫室而尽力乎沟洫。禹，吾无间然矣。"（《论语》泰伯篇第八）

（3）季路问事鬼神。子曰："未能事人，焉能事鬼？"曰："未知生，焉知鬼？"（《论语》先进篇第十一）

（4）子曰："非其鬼而祭之，谄也。见义不为，无勇也。"（《论语》先进篇第二）

（5）祭如在，祭神如神在。子曰："吾不与祭，如不祭。"（《论语》八佾篇第三）

（6）子不语怪力乱神。（《论语》述而篇第七）

（7）子曰："鬼神之为德，其盛矣乎！视之而弗见，听之而弗闻，体物而不可遗，使天下之人齐明盛服，以承祭祀，洋洋乎如在其上，如在其左右。"（《中庸》第十三章)①

根据以上"四书"中孔子对于鬼神的论述，山片蟠桃认为只有这七处论述才是孔子对于鬼神发表的言论，也只有这七句可信，其他杂书上所谓的孔子言论皆不可信。山片蟠桃将上述七处言论作为其提出无鬼论

---

① 朱熹：《四书章句集注》，中华书局1983年版，第25页。

的依据,他评论道:

> 孔子曰"如在",即言鬼神之不在。若鬼神在兹,当言"在",而何以加一"如"字?①
>
> 无鬼神乃真,有鬼神乃伪也。②

山片蟠桃通过对孔子言论的分析,对"鬼神之不在"确信无疑。他引用中井履轩之言,"诵得如在二字,然后始可语鬼神矣。如字,论鬼神时实在妙也"。可见连山片蟠桃的老师中井履轩也认为,孔子使用"如"字来谈论鬼神非常巧妙,如果认为鬼神存在的话,宜说"(鬼神)在其上或在其左右"。如果坚持无鬼论的话,则会说"不在"。而孔子使用了"如在"二字,则"如字则显其非泥非弃,现于鬼神之尽情也"③。即中井履轩认为,孔子所使用的"如"字,反映出其既非拘泥于鬼神说,亦非坚持无鬼论。山片蟠桃在此基础上论述道:

> 圣人用"如"字,则实际无鬼神。学此之人应细细判断之,以解圣人之意。然后世儒者之各种论说不一,其结果则愈加繁杂。④

山片蟠桃认为学习孔子言论的人应该好好了解圣人的本意,如果曲解其意思,则会像后儒那样,使鬼神论变得更为扑朔迷离、更为复杂起来。

这里,山片蟠桃认为孔子提出"如在"的真意在于指出鬼神不存在,如存在鬼神,则明言"在"即可,应该说这一思辨式论证是有道理的。

第二,山片蟠桃将神牌作为证明鬼神不存在的第二个证据。对此,他如此叙述道:

---

① 山片蟠桃:『夢之代』無鬼上卷九,『日本思想大系43』,岩波书店1973年版,第496頁。

② 山片蟠桃:『夢之代』無鬼下卷二十七,『日本思想大系43』,岩波书店1973年版,第575頁。

③ 山片蟠桃:『夢之代』無鬼上卷十,『日本思想大系43』,岩波书店1973年版,第498頁。

④ 山片蟠桃:『夢之代』無鬼下卷二十九,『日本思想大系43』,岩波书店1973年版,第580頁。

> 三代祭祀皆有神牌，众人斋戒沐浴、立神牌以此代鬼神，令其享用祭祀供品。如鬼神在，与神牌为二主也。则奉神牌何益之有？故古圣贤敬鬼神，如思念父母。父母亡不能尽孝，乃立神牌，如同父母在而尽孝也。斟酌盈亏而制定礼法，乃说"如在"也。……周朝之前皆立神牌，此乃鬼神不在之证据。如实有鬼神，则不至于立神牌也。因鬼神之不在，故立神牌，以此代鬼神而款待之，如实在一般盛情待之。后世儒者如能识得神牌，则不会拘泥于鬼神之说。且学儒之人皆忘神牌之所存，以为鬼神者实有也。此乃想法之疏漏也。如今想念父母而实不能孝敬父母之时，当以叔婶作父母而孝敬之。念父母而立代替物，而后拜祭之以尽孝。"如在"皆如此。此文所提之神牌、"如"字等皆是鬼神不在之证据也。①

从上文中可以看出，山片蟠桃视神牌与"如在"一样，都是证明鬼神不存在的力证。那么，为何在儒教中会出现鬼神论呢？对此，山片蟠桃总结了两个缘由。

其一，如前所述，认为是圣贤为了训诫百姓、教导子孙，才没有否定"天""鬼""神"的存在。儒教中未彻底放弃鬼神观也源于此。他剖析道：

> 然儒教中关于鬼神之想法类似于方便，与神道、佛家所谈虚假方便有天壤之别。且上古圣贤迟迟未丢弃儒教之鬼神观。在下篇亦能见到。圣贤未弃儒教之鬼神观，后世中一知半解之儒者们虽有怀疑，但信者居多。因心中疑团未解开，故只能如此。孔孟之时，尚未有佛法、道家。彼时日本亦未有神道，异端邪说尚不猖獗。故无须提及无鬼之说。如孔孟生于今世，必亦将强斥鬼神之论！即便异端邪说较少之时，孔孟亦在其当世防备杨子、墨子之流之异端信奉者，此乃圣人也！吾在此论无鬼，以教陷入异端邪说之后世子孙，

---

① 山片蟠桃：『夢之代』無鬼上卷五，『日本思想大系43』，岩波书店1973年版，第491页。

未曾想过使天下国家受益，但至少不令国家因此受害。此外，成为僧人亦不相宜。此书开头引用之经书，非只吾如是思也，圣贤们亦有传达此说之意。书中引神之灵堂，乃欲教之吾国乃神国，忘记此事则背叛王法。后言至佛寺、淫祀及妖怪，乃教导愚昧妇女。应尽心领会著者之真意，不应迷惑于鬼神妖怪之说。①

山片蟠桃认为在儒学古典著作中出现鬼神论，类似于佛教中的"方便"，但又有异于佛教中的含义。其目的是训诫百姓、子孙。此外，"古代异端之害较少，人心素朴，故圣人取鬼神之说。若如今人之拘泥于鬼神，圣人定会取无鬼之说"②。山片蟠桃认为，上古圣贤保留鬼神观，还有一个缘由就是，在孔孟时代没有佛、道教，不存在太多异端学说，如果孔孟生于今世，也一定会坚决排斥鬼神论。山片蟠桃提出无鬼论，其目的是想教导陷入异端学说的后世子孙，希望这些人远离鬼神、妖怪之说。

其二，山片蟠桃认为圣贤未提出无鬼论，与当时的社会、历史背景有很大关系。他说：

因上古未开化之时已传有众多之风俗、习惯，圣人未教民以难懂之事，只依当时之风俗而制定教法，以此安抚民众。因旧风俗立礼法，乃安民之道也。③

即山片蟠桃认为，孔子没有直接主张无神论思想，是当时特定的历史条件决定的，因为这样更有利于安抚民众和统治民众。如果在那种环境下，孔子提出无鬼神的思想，会引起混乱，不利于国家安定。而且，"天下之人无教导无礼节，与禽兽相去不远矣。故上自三皇下至五帝皆以开物成务治理天下，使民安居乐业。人若无教则如同禽兽也。故圣人立

---

① 山片蟠桃：『夢之代』無鬼上卷一，『日本思想大系43』，岩波書店1973年版，第485页。
② 山片蟠桃：『夢之代』無鬼下卷十五，『日本思想大系43』，岩波書店1973年版，第558页。
③ 山片蟠桃：『夢之代』無鬼上卷十四，『日本思想大系43』，岩波書店1973年版，第512页。

教法思法治，祭祀鬼神即在其中。圣人看人情之实，取古之礼，立祭祀之法。此时人情厚重、质朴，以此立教，使人忠孝"①。在当时的社会背景下，为了让君王能安顺治国，为了让百姓安居乐业，圣贤立祭祀之法，同时教导民众祭祀鬼神。只有这样才能使百姓尽忠孝。继而，山片蟠桃又引用中井履轩之言：

  履轩先生曰：古圣人依据自然之理、人情之常，立教。虚假之术几近不存。如今，若无佛教、天主教，无道家、神道，无妖怪迷惑众人，则即如《诗经》、《书经》所述一般，以温顺从之为宜。无需主张无鬼论。而于邪教怪说繁盛之世，如此则无法保留诗书之文。依人情而祭祀鬼神，难说无邪教、鬼神。若吾言之鬼神为实，彼所言之鬼神为虚，此乃无理也。今世抛弃人情，须坚持无鬼论。②

  古圣先贤在当时的社会背景下，无须主张无鬼论。而在邪教、怪说盛行的今天则需要主张无鬼论。如山片蟠桃所言："如今沉迷鬼神，人情淡薄，文华之时，只好破鬼神之弊。"③ 因此山片蟠桃认为因世人已抛弃人情，故必须坚持无鬼论。

  山片蟠桃认真分析了孔子之言及其时代背景，以事实为据，通过两重论据，有力地证明了无鬼论的观点。

4. 区分"祭祀"与"无鬼论"的关系

  如前所述，山片蟠桃言之有据地提出了自己的"无鬼论"。然而如果鬼神不存在的话，祭祀死去的父母、祖先似乎变得毫无意义，是否应该废除祭祀呢？对此，山片蟠桃反驳道：

  君子有孝心，离家时思念父母，回忆往事。故念及逝去之父母，备酒食及嗜好品祭之。有吉凶灾难之事，告知父母。此乃孝子之自

---

① 山片蟠桃：『夢之代』無鬼下卷十五，『日本思想大系43』，岩波书店1973年版，第559页。
② 山片蟠桃：『夢之代』無鬼上卷十四，『日本思想大系43』，岩波书店1973年版，第515页。
③ 同上。

然真情也。……无论有无鬼神，为表孝子之情而祭祀父母。①

也就是说，山片蟠桃认为祭祀逝去的父母，是基于孝子之自然感情，即为了表达孝子的真情而祭祀父母，这与有无鬼神无任何关系。"所有祭祀皆为勿忘其本，勿忘其功德，为表报答之意所为。"② 因为"吾有其身乃父母所赐也。故吾身体并非属于自己，仅是依从父母之命。时刻竭尽全力尽孝，但父母已逝，无法再尽孝道。因极思念去世之父母，故设立神牌而行祭祀之礼，便如父母在世一般在神牌前尽孝。此乃祭祀之由来也"③。由此可知，山片蟠桃是把人们的祭祀活动视作为了报答恩情所为，而非相信鬼神。

当然，山片蟠桃这样论述祭祀行为的实质也是为了证明其"无鬼"之论，例如他指出："山川降雨，于是水流通畅，生草木、鱼鳖，为报答成人之恩德，于是祭拜以五岳、四渎为首之名山、大川之鬼神。"④ 为了报答恩德，人们会把名山、名川当作鬼神进行祭拜。因为"本来即无鬼神，却齐明盛服、恭敬虔诚而祭之，如鬼神在其上，亦如在其左右。不闻其声，不见其形。皆以表祭祀者之虔诚。以虔诚祭祀则如在。无虔诚祭祀则不在。实则不在也"⑤。也就是说，即便没有鬼神存在，人们也把它们当作存在的事物进行祭祀，表现了祭祀者对先人诚实、谦恭的态度。而当祭祀成为一种社会风俗之后，人们便习惯于祭祀的行为，认为这是不得不做的一种礼节。"孝子之心不忘思念亡故父母，故设立神牌，以此代替父母。奏响音乐，摆置食物以祭祀之。此乃祭祀父母之始。如此依次追忆先祖而行祭祀，己之身后亦会为子孙祭祀。此风俗为自然之惯习，故不得不祭祀矣。"⑥ 祭祀成为一种风俗习惯，人们会遵守这种习惯一代

---

① 山片蟠桃：『夢之代』無鬼下卷十五，『日本思想大系 43』，岩波書店 1973 年版，第 560 頁。
② 山片蟠桃：『夢之代』異端卷二十六，『日本思想大系 43』，岩波書店 1973 年版，第 476 頁。
③ 山片蟠桃：『夢之代』無鬼上卷九，『日本思想大系 43』，岩波書店 1973 年版，第 496 頁。
④ 同上书，第 510 頁。
⑤ 同上书，第 498 頁。
⑥ 山片蟠桃：『夢之代』無鬼上卷十四，『日本思想大系 43』，岩波書店 1973 年版，第 510 頁。

一代把祭祀的风俗传承下去。所以圣贤依据这种风俗习惯制定了祭祀礼法。对此山片蟠桃分析说:"故圣人由此始依此情制定丧祭之礼,尊敬鬼神。然恐后世拘泥于此,故教导众人应敬鬼神而远之。由此乃始有天地山川、社稷、宗庙、祭祀之法。"① 因此他认为,"鬼神之事乃人心推量。故万国皆敬鬼神。支那圣人立教,依据人之常情,未破坏民众所信仰之鬼神,故重视祭祀之礼,而通人情也"② 。也就是说,山片蟠桃认为圣贤依据人之常情,未破坏人们敬重鬼神的信仰,而是重视祭祀的礼节,是通人情的做法。

综上所述,山片蟠桃将祭祀视为孝子表达孝心的一种方式和习惯,与鬼神的存在与否无关,以此把祭祀问题与有无鬼神的问题分开。对于现实的祭祀与无鬼论思想间的冲突问题,提出了自己的解释方案。

如此看来,山片蟠桃是既提出了彻底的无鬼论,同时又没有否定祭祀的风俗习惯。如何才能在祭祀时达到孔子所言的"如在"境界呢?对此,山片蟠桃提醒人们在祭祀的时候应注意两点。

第一,依据人的自然感情而尽"诚敬",就能达到"如在"。他引用范祖禹的故事阐述祭祀中"诚"的重要性:

> 范氏曰:"君子之祭,七日戒,三日齐。必见所祭者,诚之至也。是故郊、则天神格,庙则人鬼享。皆由己以致之也。有其诚则有其神,无其诚则无其神。可不谨乎。吾不与祭,如不祭,诚为实,礼为虚也。"范氏之学识如此卓越乎!无诚则神不在其上,不在其左右。如无神,祭祀有何益乎?己不祭祀则若未曾有祭祀一般。为何使人祭祀乎?故以诚为实,以礼为虚。若其诚无实,则备多少礼亦虚也。③

这里是说在祭祀时,与仪式本身相比,祭祀者的"诚敬"最重要。

---

① 山片蟠桃:『夢之代』無鬼下卷十五,『日本思想大系43』,岩波書店1973年版,第560頁。
② 山片蟠桃:『夢之代』無鬼上卷十四,『日本思想大系43』,岩波書店1973年版,第513頁。
③ 山片蟠桃:『夢之代』無鬼上卷十一,『日本思想大系43』,岩波書店1973年版,第502頁。

如果没有"诚"心，则如同鬼神不在其左右上下，那么既然无鬼神，祭祀又有何用呢？所以山片蟠桃认为，既然祭祀就要做到诚实恭敬，如果没有诚意，那么有多少礼节也是虚妄之事。在此，山片蟠桃解释了孔子的"吾不与祭，如不祭"的真正含义。山片蟠桃对"诚"的解释，表达了他重视实际、实践的实学思想，即做任何事都要履行"脚踏实地"的精神，这样做事才会有所收益。

第二，山片蟠桃认为祭祀的核心就是儒教中最为重要的德性"孝"。他引用中井履轩之言：

> 祭祀乃孝之余波，并非孝之根本。人可以不祭祀。圣人立教，岂为舍弃本源而主张余波乎？父母在世之时尽孝乃其根本也。以祭祀尽孝乃其末也。若做好本，可不为末。祭祀非天地所自有之法。乃孝子思念父母而祭祀之。①

即山片蟠桃认为，与父母在世时尽孝道相比，祭祀逝去的父母是孝之末端。而当父母在世时，尽孝道乃是孝顺之根本。如果父母在世时不尽孝，则无须做末端的"孝"，即无须祭祀逝者。因为祭祀并非天地间自古存在之礼法，而是因为有孝心才祭祀。所以，"此亦履轩先生所云，'存生之爱敬乃孝之本，死后祭祀乃孝之末也'"②。

以上是山片蟠桃关于祭祀与孝道之关联的认识。而有鬼论者进行祭祀的目的与出于孝道的祭祀目的是截然不同的。他说：

> 祭祀鬼神之诚心乃祭祀之要诀。祭祀鬼神之要诀，皆在我而非彼。而拘泥鬼神之人内心。与此相反，其祭祀之心非在我而在彼者，此乃主客、彼我之差缪也。③

---

① 山片蟠桃：『夢之代』無鬼上卷十四，『日本思想大系43』，岩波書店1973年版，第515頁。
② 山片蟠桃：『夢之代』無鬼下卷二十九，『日本思想大系43』，岩波書店1973年版，第580頁。
③ 山片蟠桃：『夢之代』無鬼上卷九，『日本思想大系43』，岩波書店1973年版，第497頁。

也即是说，出于孝道的人类祭祀的目的在于我而非彼。而有鬼论者进行祭祀的目的则相反。他们想通过祭祀鬼神来达到躲避灾难、祈求幸福的目的，实际是在利用鬼神。"言有鬼神之人，均有所求而阿谀奉承，看似敬实则不敬也。"① 因此坚持鬼神论的人，是为了有所求而祭祀，即使表面看来诚实恭敬，实则是不敬的行为。而坚持无鬼论的人则是在诚心尊敬鬼神。所谓"言有鬼实则是辱鬼神，言无鬼实则尊敬鬼神也"②。山片蟠桃认为，真正的祭祀就是为了表示尊敬而已，并非为了祈求富贵或祛除灾害。山片蟠桃劝诫有鬼论者，"求富贵、显达需要智力、勤行。破除灾害需当小心谨慎。不行正道却一味祈求神佛乃愚昧也"③。劝导那些坚持鬼神论的人，要想求得富贵、发达，需要勤奋、努力；要想祛除灾害应该时刻谨慎、小心，而不能指望通过祈求神佛来完成夙愿。进而他论述道：

  子曰：非其鬼而祭之，谄也。见义不为，无勇也。务民之义，敬鬼神而远之，可谓知矣。此二章乃将鬼神与义对立。④

山片蟠桃依据孔子的言论，把"鬼神"和"义"对立起来。山片蟠桃认为，"勤智力、戒慎乃民务之义也"⑤，认为"义"的意思就是个体自己的努力，"故谄媚鬼神则非务义，务义者则不信鬼神也"⑥。以此批判谄媚鬼神之人为非义之人，主张以义为务之人则不应相信鬼神。

---

 ① 山片蟠桃：『夢之代』無鬼下卷二十八，『日本思想大系 43』，岩波書店 1973 年版，第 576 頁。
 ② 同上书，第 577 頁。
 ③ 山片蟠桃：『夢之代』無鬼下卷十九，『日本思想大系 43』，岩波書店 1973 年版，第 563 頁。
 ④ 山片蟠桃：『夢之代』無鬼上卷十，『日本思想大系 43』，岩波書店 1973 年版，第 499 頁。
 ⑤ 山片蟠桃：『夢之代』無鬼下卷十九，『日本思想大系 43』，岩波書店 1973 年版，第 563 頁。
 ⑥ 山片蟠桃：『夢之代』無鬼上卷十，『日本思想大系 43』，岩波書店 1973 年版，第 500 頁。

(三) 山片蟠桃对朱子鬼神论的批判

1. 朱熹的鬼神论

山片蟠桃以孔子的言说为突破点提出自己的无鬼论观点，他在《梦之代》凡例中也曾明言，之所以坚信"无鬼论"，其目的是"纠正后儒之误，告诫儒家勿拘泥于鬼神"①。因而我们不难发现，朱子的鬼神论也在其批判的范围之内。

自孔子提出"敬鬼神而远之"以来，正统儒学一般不谈论鬼神，但是到了朱熹时代，人们的认知水平、认知需求有了较大的提高，不满足于知其然，也要知其所以然。作为理学的集大成者，朱熹势必要解决鬼神这一孔子所讳避的问题，因此他对鬼神进行了全面的诠释：

> 神，伸也；鬼，屈也。如风雨雷电初发时，神也；及至风止雨过，雷往电息，则鬼也。……鬼神只是气。屈伸往来者，气也。天地间无非气。②

> 鬼神不过阴阳消长而已。亭毒化育，风雨晦冥，皆是。在人则情是魄，魄者鬼之盛也；气是魂，魂者神之盛也。精气聚而为物，何物而无鬼神。③

> 程子曰："鬼神，天地之功用，而造化之迹也。"张子曰："鬼神者，二气之良能也。"愚谓以二气言，则鬼者阴之灵也，神者阳之灵也。以一气言，则至而伸者为神，反而归者为鬼，其实一物而已。④

朱熹的鬼神论由鬼、神、魂、魄、阴、阳、气、理八个基本概念组成。依据朱熹以上的解说，可以推论出如下的含义：天地间无非气，鬼神只是气的运动，这种运动是气所固有的，表现为屈伸往来，凡是属于伸的、来的、阳的，都可称为神；凡是属于屈的、往的、阴的，都可称为鬼。气的运动是阴阳消长而已。天地万物都可以分为阴阳，可以用阴

---

① 山片蟠桃：『夢之代』凡例，『日本思想大系43』，岩波書店1973年版，第147頁。
② 黎靖德编：《朱子语类》，中华书局1994年版，第34页。
③ 同上。
④ 《中庸章句》，《四书章句集注》，中华书局1983年版，第25页。

阳来概括，也可以用鬼神来概括。天是阳，是神；地是阴，是鬼。气是魄，是阳，是神；精是魂，是阴，是鬼。天地间无物不具阴阳，阴阳无所不在，因此鬼神也无所不在。朱熹认为，鬼神是阴阳二气集散的神妙功用，把鬼神看成运动的气或气的运动及阴阳特征。朱熹的鬼神观可以看作其理学原理的具体运用，这与他在本体论上承认气是构成宇宙万物的材料、把理看作气之主宰的观点是一致的。

关于朱熹的鬼神论，山片蟠桃主要从如下三点进行了批判。

第一，首先对于朱熹的鬼神解释，山片蟠桃在《梦之代》中进行了再次的解构：

> 日轮乃天地间太阳也。蒸众阴和合而生万物。其形体为阳，其德为阴也。以其神变不可测而命名之。天绕地运行，日月星辰运行，春夏秋冬转变，草木花实未错时，人畜鱼虫生死之类为阴阳之德也。①

山片蟠桃使用了朱子的"阴阳"概念，并进行了再定义。可以看出，山片蟠桃的阴阳概念和朱子的"气的运动"概念不同。关于大自然万物的生成，山片蟠桃认为，"唯天地阳气，地湿阴气和合而生万物"②。即认为大自然万物都是通过太阳和众阴和合而生成，生成万物根源的阴阳是太阳和众阴。很明显，这不是儒学传统中的阴阳论。对于朱熹来说，阴阳是依据气的运动状态而区别开来的相对的气的性质，不是指太阳和太阳之外的众阴。

第二，山片蟠桃没有否定朱熹所言的"理"，但否认神的存在。他指出"人及禽兽、鱼虫、草木本来虽有差异，然天地、阴阳中和之，而有生死熟枯，理相同，皆天地自然之物也。虽山川、水火，非阴阳之外也。神不在也"③。即山片蟠桃认为天地万物均有生死熟枯，所含有的"理"

---

① 山片蟠桃：『夢之代』無鬼上卷十，『日本思想大系 43』，岩波書店 1973 年版，第 498 頁。
② 山片蟠桃：『夢之代』無鬼上卷十四，『日本思想大系 43』，岩波書店 1973 年版，第 511 頁。
③ 同上书，第 558 頁。

相同，这也是天地间的自然规律，与神存在与否无关。

> 天地以阴阳不测之功效而生万物。其中最为优秀乃人类。故人作为万物之主，而在生活中用万物。然天并非为了人而生万物。人乃统领万物。故万物为自己所用，然不能贪婪这些。皆为同类也。人只是作为万物主宰而发挥作用而已。虽说是人，然并非特别，只是以阴阳之气而受之五体。无所思则终，然以天地之道理生万物，万物中有父母生自己，自己生孩子。受胎之后十月，具备五体成人，难道不奇妙乎？然并非仅人如此。禽兽虫鱼皆如此。生来便吃，在体内循环，最后其糟粕成粪便排出。如此生活终其一生乃奇妙也。然此事并非有神而为之，并非人之命令而为之，乃天地自然之理也。想来异形异类之物出生尚可，人生人，犬生犬，马生马，狐不生狸，鸽子不生雀，梅树不长牡丹，瓜藤不结茄子。看似奇妙，其实皆有一定之理存于其中，并非奇妙乎。故所谓道理之外，为何有神？为何有佛？仅以阴阳之德生万物，看似奇妙其实并非奇妙也。看似不可思议实则并非不可思议。①

山片蟠桃认为万物中只有人最有灵气，是万物之主，但是万物并非为人而生。人具有一定的优秀特质，但这并非是天生的能力，人要通过学习才能掌握知识、认识世界，即"人虽为万物之灵，不学则无法知晓。不闻则无法表达。不学则无法书写"②。山片蟠桃否定人的能力的神秘性，他认为天地万物的生成都有一定的道理，看似极其奇妙，其实却并非如此。一如他否定神的存在，认为这是自然存在的事实，并非有神主宰。在此，山片蟠桃解释的"一定之理"是指客观的自然法则。朱熹认为，天下万事万物都是由气构成，理主宰气，并附于气，普天之下的理只有一个。由此可以看出，山片蟠桃所说的理是指自然法则，和朱熹所说的

---

① 山片蟠桃：『夢之代』無鬼下卷二十五，『日本思想大系43』，岩波书店1973年版，第572页。
② 山片蟠桃：『夢之代』無鬼下卷二十四，『日本思想大系43』，岩波书店1973年版，第571页。

"理"概念是相近的。

第三，山片蟠桃认为朱熹的鬼神论比较繁杂，原因是对引用的书籍没有取舍。他指出："《朱子语录》中的鬼神之说繁杂。云阴阳、天地山川、人鬼、邪鬼、幽灵。语录言论混乱。"① 此外，朱子语录中谈论众多鬼怪异说，如引用了春秋左氏传中的伯有之厉、淮水之滨的战死者、人鬼夜行等传说，山片蟠桃均进行了批判。山片蟠桃本来对朱熹本人的合理主义深信不疑，但看到《朱子语录》中的怪异之说后，也忍不住反问道："为何即便如朱子亦如此愚昧乎？"② 并指出虽然可以批判地接受那些怪异之说，但不应该全盘接受。山片蟠桃认为这极不符合朱子的合理主义立场，甚至因此而怀疑《朱子语录》的真实性。他继而批判道："语录之书非朱熹所作，为何朱子如此愚笨乎？"③ 此外，山片蟠桃还指出朱子所相信的是一些不具权威性的典籍。

> 程子、朱子之鬼神论，尽信书而无要点。二公④乃古代大贤却如此这般？⑤
> 翻阅朱子之鬼神论，尽信古书。⑥

即山片蟠桃认为，朱熹的鬼神论是过于相信古书而不知取舍，因而未得要领。

如前所述，山片蟠桃从三个方面批判了朱熹的鬼神论，认为大自然万物都是通过太阳和众阴和合而生成，生成万物根源的阴阳是太阳和众阴，因而朱熹基于阴阳之说的鬼神论是过度相信了古书而不得要领。综观朱熹的鬼神论，虽然谈论的是鬼神，但究其实质仍是一种带有神秘主义色彩的无神论，即所谓鬼神不过是阴阳的化名而已。但如果以此观点

---

① 山片蟠桃：『夢之代』無鬼下卷二十四，『日本思想大系43』，岩波書店1973年版，第506頁。
② 同上书，第507頁。
③ 同上。
④ 二公，此处指程子兄弟和朱熹三人。为山片蟠桃笔误。
⑤ 山片蟠桃：『夢之代』無鬼上卷十四，『日本思想大系43』，岩波書店1973年版，第505頁。
⑥ 同上书，第509頁。

去解释具体的诸如生死、祭祀、卜筮以及鬼怪神迹等问题，就暴露出了鬼神论的缺陷。吸收了西方兰学知识的山片蟠桃基于唯物论立场对朱熹进行批判，也在情理之中。

2. 朱熹的魂魄说与祭祀感格说

前文已经讨论了山片蟠桃对于朱熹鬼神论的批判，本节将探讨山片蟠桃对朱熹的魂魄说和祭祀感格说的评价。

首先关于"气"和"神"，朱子曾作如下论述：

> 天道流行，发育万物，有理而后有气。虽是一时之有，毕竟以理为主，人得之以有生。气之清者为气，浊者为质。知觉运动，阳之为也；形体阴之为也。气曰魂，体曰魄。高诱淮南子注曰："魂者，阳之神；魄者，阴之神。"所谓神者，以其主乎形气也。人所以生，精气聚也。人只有许多气，须有个尽时；尽则魂气归于天，形魄归于地而死矣。人将死时，热气上出，所谓魂升也；下体渐冷，所谓魄降也。此所以有生必有死，有始必有终也。夫聚散者，气也。若理，则只泊在气上，初不是凝结自为一物。但人分上所合当然者便是理，不可以聚散言也。然人死虽终归于散，然亦未便散尽，故祭祀有感格之理。先祖世次远者，气之有无不可知。然奉祭祀者既是其子孙，必竟只是一气，所以有感通之理。然已散者不复聚。①

朱熹认为，人是由气的聚集而生，但气中有清之阳气成为魂，进行知觉运动，浊之阴气成为魄，掌控形体。依据传统的解释，从阴阳之气形成的魂魄，人死时两者自会分离。人于生时，魂魄聚集，是一种物的实体。这一实体死后作为其阴阳之神的"气"就会分别消散，但也有不能消散之时，则可能被他人感知，朱熹据此解释了祭祀感格之理。他认为，阴阳魂魄不完全消散，即在某种意义上，作为物的实体的魂魄残存在某处，所以祭祀的时候有所感知。当然，根据子孙的祭祀，祖先的魂魄灵魂感应而来，是因为祖先和子孙乃是由同一气构成。但是，散尽的魂魄不再聚集。构成祖先魂魄的阴阳之气完全消散不再聚集的话，那么

---

① （宋）黎靖德编：《朱子语类》，中华书局1994年版。

就无祭祀感知之理。感格说是朱熹鬼神观的一个重要部分，一方面是朱熹理学的逻辑推衍结果，另一方面也是朱熹所认为的人与天地鬼神相互沟通的桥梁。

感格的基础在于"天地间无非气，人之气与天地之气常相接，无间断，人自不见。人心才动，必达于气，便与这屈伸往来者相感通"①。这种思想有其合理的因素，而朱熹的感格正是将这一合理因素无限夸大，将天地万物人格化，并用它解释卜筮、祭祀以及其他神怪之事。朱熹用感格说对神怪之事进行解说，显然有其牵强之处，缺乏科学根据。

对朱熹的感格说，山片蟠桃进行了如下的批判：

> 言人死后魂魄之聚散乃迷乱之始也。魂魄生则有，死则无，故可以说其有无。然不说其有无只说聚散，生前有魂魄聚集于此，死后其散去附于四处。若不说聚散而说有无，则不会有可疑之处也。②

山片蟠桃认为不该说魂魄的聚散，而该说有无魂魄，这样就不会让人觉得暧昧。并指出，"鬼、神、魂、魄、阴、阳"都是气的功效，人死时气会消散，作为气的功效的"鬼、神、魂、魄、阴、阳"也会随之消失。

山片蟠桃继而对所谓"神"的概念作了如下解释：

> 生熟有时间长短之分，大体有其个性，死枯有期，生则有智，有神，有血气，四肢、心脏皆作用，死去则无智、无神、无血气，四肢、心脏皆停止作用，何故有鬼焉？又何处有神焉？生而能活动乃神也。③
>
> 具备自然及道理，圣人将完成生时乃命名为神。此神外无神。人死称为鬼。死后无根性、无心智。此鬼外无鬼。此皆为理。此外

---

① （宋）黎靖德编：《朱子语类》，中华书局1994年版，第34页。
② 山片蟠桃：『夢之代』無鬼上卷十四，『日本思想大系43』，岩波書店1973年版，第506页。
③ 山片蟠桃：『夢之代』無鬼下卷十五，『日本思想大系43』，岩波書店1973年版，第559页。

何求?①

人在五体、百骸、心智、脏腑具备时有灵,死后何处有灵?②

即山片蟠桃认为,万物是阴阳二气集散而成。作为生命体,其生命活动包括人的精神活动,生时存在,死时灭亡。思考以及意志等精神活动是随着生命活动的终了而终了,这样的生存活动之外,是没有"鬼""神"的。这是气的集合体的一定功用,即生时的机能,鬼神、灵魂只不过是个名称而已。生时作为气集合体,而其具有的知觉思考及意志等机能会随着死亡停止、消散乃至灭亡。日本学者宫内德雄认为,"中国古代的王充和山片蟠桃有较多论点一致,二者的思想脉络相通"③。王充在其著作《论衡》论死篇中说,"世谓人为鬼,有知,能害人。试以物类验之,人死不为鬼,无知,不能害人。何以验之。验之以物。人,物也,物亦物也。物死不为鬼,人死何故独能为鬼。……人之所以生者,精气也,死而精气灭"④。即王充也认为,人死后,人的精神和肉体一同消散,由此可见该观点和山片蟠桃的观点一致。

朱熹论中的鬼神感格、厉鬼以及其他怪异鬼神,都是没有散去穷尽的魂魄,是低水平的物质实体。朱熹的鬼神论说既有无神论色彩,但同时又有牵强的鬼怪神迹,有其内在矛盾。这一方面有其理论原因,另一方面也包含了一定的时代因素。但山片蟠桃所说的鬼神、魂魄、阴阳只是气的集合体产生时的功效,并非某种意义上的物质实体,则彻底地摒弃了鬼神实体之说,是一种彻底的唯物论观点。所以山片蟠桃明言,所谓的怪异、鬼神是人死后之事,是根本不存在的。

二 山片蟠桃对宗教的批判

山片蟠桃不仅提出了基于唯物论立场的无鬼论,而且对佛教、神道

---

① 山片蟠桃:『夢之代』無鬼上卷十六,『日本思想大系43』,岩波書店1973年版,第573頁。
② 同上书,第519頁。
③ 宫内德雄:「山片蟠桃の鬼神観」,『中国哲学史の展望と模索』,創文社1976年版,第987頁。
④ (汉)王充:《论衡》,国家图书馆出版社2019年版,第280页。

以及迷信传说等进行了尖锐的批判。

(一) 对佛教的批判

众所周知,日本江户时代的儒教学说是室町时代由僧侣,特别是禅僧传入的,至江户时代的大儒藤原惺窝之后,开始形成带有各种特色的独立思潮。儒学在其特色化的过程中以及独立以后,都以批判佛教作为其重要课题。① 山片蟠桃的老师中井竹山、中井履轩都是排佛论者,受其影响,山片蟠桃也对佛教持彻底的批判态度。在《梦之代》的天文卷和地理卷中,他对日本佛说进行了谴责和批判,在异端卷中亦对佛教进行了尖锐的批判。

山片蟠桃对佛教的批判,可归纳为如下几点:

1. 批判佛教中的世界观,视须弥说、西方净土说、轮回说等为妄说

首先,山片蟠桃把批判的焦点集中于佛教信仰,认为里面所宣扬的论说为虚假、骗人之言。他如此叙述道:

> 有两点需知,佛法并非为国家,并非为反省自身言行。信佛之心底,本来并非为天下,只为吾身之后生安乐,为未来永安乐。初信佛者,也皆为自身利益,非为国家、君父、百姓。故信佛之人,或弑君父,掠夺家园,兴己身,非为君父之利益,或为报仇,或皆为自身利益也。②

山片蟠桃认为,一般人信仰佛教本身并非为了国家,也并非为了反省自身行为,真实目的是祈求死后永生安乐,所以信佛之人也是为了自身利益而相信。山片蟠桃进一步批评佛教的世界观为妄说,并论述道:

> 释迦牟尼没后二千七百年。以天通力洞察天地,以神通力无所不知。以此通力造须弥山。天顶为北极,日月星辰环绕四周。造三十三天及九山八海、东西南北之四州,此乃一世界。一千须弥为一千小世界。二千须弥为二千中世界。三千须弥为大千世界。如盘古

---

① 永田广志:《日本封建制意识形态》,刘绩生译,商务印书馆2003年版,第192页。
② 山片蟠桃:『夢之代』異端卷三,『日本思想大系43』,岩波书店1973年版,第450页。

王死后造日月、山川也。如二尊①生国土也。各国只知有己之国，不知有外国，故如此这般也。其中最为憎恶之事乃是天眼通、神通力也。②

在前面章节中曾经谈论过山片蟠桃的宇宙论观点，其中山片蟠桃曾指出，"天竺的须弥山说、日本的神代卷说、汉土诸说都是天文开化之前对天地的解释而已。只见本国所能见之事物，乃以管窥天"③。而西方的天文学重视脚踏实地考察，只有去实地测量才能公布正确的地图，才能掌握合理的世界观。而佛教所描绘的世界纯粹为虚构之想法，也因为"古昔天学未开化，人们不知浑天、地球之实，故有如此之说也"④。山片蟠桃如此批判佛教的世界观和揭露其妄说，其目的是"让陷入佛教信仰之人觉悟，对此类人有所帮助"⑤。

接着，山片蟠桃把批判的矛头指向佛教中有关"须弥山"的言论，他引用中井履轩的话批判道：

> 履轩先生曰："天文开化之前，任何国家均有如此学说。须弥也并非从释迦开始有之。然而如此言说，实则为了方便也。其为图方便而写出如此虚妄之说，严肃辩解乃幼稚之举。……"若已洞察、了解三千年前以及三千里之外之事，今日地球之事已清晰明了，故无须解释便知须弥之说为虚妄也。然如今不辨别此妄说而信佛，明知其虚伪之说却欺骗他人之佛者之行为，令人憎恨至极。⑥

这里不仅对"须弥说"这一为图方便而创造的虚假论说进行了批判，而且对不分辨真假而信奉佛教，以及明知是虚假学说却以其欺骗众人的

---

① 二尊，指伊奘冉尊和伊奘诺尊。
② 山片蟠桃：『夢之代』天文卷二十四，『日本思想大系43』，岩波書店1973年版，第196頁。
③ 山片蟠桃：『夢之代』天文卷二十五，『日本思想大系43』，岩波書店1973年版，第198頁。
④ 同上。
⑤ 同上书，第197頁。
⑥ 山片蟠桃：『夢之代』異端卷五，『日本思想大系43』，岩波書店1973年版，第454頁。

佛教教徒进行了抨击。

不仅如此，山片蟠桃还依据科学的西方地理知识，对佛教中所描述的西方净土说进行了批判：

> 阿弥陀经曰："自西方过十万亿佛土，有世界名曰极乐。其土有佛，号阿弥陀。今之说法。……彼土何故名为极乐。其国众生，但受诸乐。故名极乐。"不知其十万亿佛土指代为何。翻阅地图，天竺之西乃波斯、阿拉伯、犹太、小亚洲，过欧洲诸国为大洋，其西乃美洲大国。过此又过大洋乃日本、汉土，经过此之后返回天竺也。经书上所说极乐乃不存之地也。此为虚妄之说，并非实说也。愚民竟笃信西方果真有极乐世界。更闻说此国极度华丽、安乐，故为往生于此国而一生信之，丢财舍业，甚至抛弃妻儿。实令人叹息。天竺之贝多罗树叶上所写经文，本未曾有西方净土一说。只是言天，天上乃极乐世界，谓之天堂也。类似于耶稣宗教之说。此乃汉土翻译时如此引用之。①

山片蟠桃以整个世界地图为据，断定没有西方净土，由此来推断此学说绝对是虚妄之说。指出西方净土一说其实是中国在翻译时所创造的译名。

山片蟠桃不承认世界上有鬼、神、灵魂等的存在，所以对佛教的轮回转生之说更难以苟同。例如他指出：

> 其道成极乐、地狱之说，宣扬前世、今世、来世三世因缘轮回说，前世行恶则今世贫贱或生为禽兽，或坠入地狱后世永受困苦。今世行恶，则后世受苦。前世行善则今世生于富贵，或多往生极乐永享快乐。今世行善则后世亦享快乐。殊不知，已死之人，其尸体埋于土中，不知其寒。烧于火中，不知其热。何以其身可登天堂、极乐世界？何以其身可坠入地狱、修罗？……有天下父母方有我身。如父母则无我身也。我身乃父母之物。非私物也。故竭尽全力孝顺，

---

① 山片蟠桃：『夢之代』異端卷四，『日本思想大系43』，岩波书店1973年版，第452页。

遵从父母之命。然佛家所言，前世行善则此世生来会以自力而富贵，非父母之恩也。①

这里山片蟠桃坚决否定了佛教的轮回转生之说，认为前世和今世之间没有任何因果关系。今世生活如得富贵乃是父母之恩，并非是前世修来。而且，山片蟠桃认为人死后其尸体埋于土中，没有任何心志，不可能往生极乐。他引用孔子的言论，"未知生焉知死"。他指出："有生有死乃如草木枯。何有魂去又生于其他之理？"② 即认为佛教的轮回转生说是荒谬的无稽之谈。

此外，山片蟠桃还指出："若如佛家所言，死后又复生，其魂在则进入他人体内。然其尸体入葬后不复存在。心魂未死而存于腹中，初生之时，乃初生小儿也。禽兽虫鱼皆如此。然则极乐、地狱往生者，本该为初生小儿，然观地狱、极乐之图，皆为死时状态也。"③ 即认为在极乐图中所画的出生之状态应该是婴儿，而画的却是人死去时的样子，可见这种极乐转生说是不攻自破的。进而山片蟠桃以现实的社会状况为证据批驳极乐转生说：

> 若人死后为牛马鱼鸟，在生物数量本应有限的三千世界中，其魂数量就会有几亿中行善、求佛而往生极乐、成佛之人，此外坠入地狱来世永远受苦之人，如不再回到此地，往来极乐、地狱之人每年有几千万人，除去释迦以来三千年，又天竺释迦出生之前，汉土后汉明帝之前，日本推古之前，减去其万国不知佛法之辈，及行善行恶前往极乐、地狱之人，年年魂数减少，千万年后无一人留下，皆被极乐或地狱收留。然年年岁岁诸生物数量不见减少。冬之生物少，夏之生物多，此乃寒暖交替也。年年生物均有所增，如此看来，绝无轮回之说。④

---

① 山片蟠桃：『夢之代』異端卷七，『日本思想大系43』，岩波書店1973年版，第456頁。
② 同上。
③ 同上书，第459頁。
④ 山片蟠桃：『夢之代』異端卷八，『日本思想大系43』，岩波書店1973年版，第456頁。

此外，山片蟠桃还以实证的态度反问道："若细细思量，如今地球之内，有佛教之国，大抵不到五十分之一。然其余国家，若不能往生极乐世界，则岂不皆将坠入地狱乎？"① 诸如此类，山片蟠桃以其实证主义式的剖析，彻底否定了佛教的轮回转生说，清楚地揭露了其不合逻辑的缺陷。

最后，山片蟠桃对释迦牟尼的本意进行了总结，认为"释氏之本心乃救十万众生弘扬佛法，提倡因果轮回之说，劝善惩恶也"②。虽然山片蟠桃认为佛教的教义是荒谬不可信的，但承认万事均有两面性，即否定佛教本身的虚假一面而肯定其"劝善惩恶"的用心，体现了山片蟠桃思想的辩证性特征。

2. 对僧侣的批判

前文已经讨论了山片蟠桃对佛教轮回说的不合理之处的质疑，同时对传播、宣扬佛法的僧侣们也进行了严厉的批判。他如此叙述道：

> 释氏原本需承受他人之施与，而不贪婪。故拾他人丢弃之服，缝合而为衣。此乃五条、七条袈裟起源之说。然不拘于此。他人施与之布帛、锦绣等物，受之而衣之。又受米钱而食之用之。……有则衣之，无则不衣。无所嗜好而不泥于物。如此抛家舍业，故云出家。然后世僧人，定取他人之物，宣言俗人如施与僧人物品则往生极乐，如不施恩惠则坠入地狱，此乃皆为己之故。……虽为庶人之子，但同坐于王公，由法眼、法印到僧都、僧正，着官服，争其官职，此非出家而乃入家也。身为庶人，于身份相应之人进行施与，不求官职，勤其所业，赡养父母，然自为僧，入佛道，而争官位，穿绯衣、紫衣，欲与王公同位。与释迦本有天地之分、黑白之异也。然并非如此。与最初旨趣完全不符也。③

山片蟠桃把释迦时代的僧侣与当今僧侣进行比较，批判如今的僧侣

---

① 山片蟠桃：『夢之代』異端卷八，『日本思想大系43』，岩波書店1973年版，第467頁。
② 山片蟠桃：『夢之代』異端卷三，『日本思想大系43』，岩波書店1973年版，第450頁。
③ 山片蟠桃：『夢之代』異端卷十四，『日本思想大系43』，岩波書店1973年版，第461頁。

不是出家而是入家。他们虽然入佛教进行修行，但和他人争名夺利，这与释迦的本意完全不符。故认为这种"不务正业"的僧侣应该受到批判和谴责，他还主张："如彻悟释迦之本意，劝善惩恶，明极乐、地狱之说，至今辛苦勤奋，蓄发还乡，精心于产业。有家督不回故乡者，还俗创业。亦如成释迦之代官一般，愈发劝善惩恶，则不会如此拜佛。其所宣扬者乃孝悌、忠信。……如得悟释迦之本意，明无极乐、地狱之别，则今之所谓灵验、应人所求之木像、画像皆为无用之物也。"① 即是说，山片蟠桃认为如果把释迦的本意理解透彻，就能知道这个世界上根本就没有极乐世界、地狱等，就会认为平时拜佛所祈求的木像、画像都是无用的。不仅如此，山片蟠桃对那些所谓高僧也进行了批判：

> 释迦于天竺弘扬佛教本为救世。然阿弥陀、观音、势至、药师、大日、地藏等众佛、菩萨，皆为虚构。然天竺之虚言今成国风。和汉之高僧、有识之士将佛门之虚言作实言而宣扬，随声附和，欺诈人主及诸大臣，建大寺刹而穷尽富贵，为天下之害，乃最为可憎之处也。②

这里，山片蟠桃不仅对中国、日本的高僧和僧侣们对天下的危害进行了揭露，而且表明了自己对此的痛恨的立场。同时，他甚至称那些明知佛教的虚假却将其引进日本的僧侣们是"罪大恶极"：

> 凡读经论解文义之僧，明知无天堂、地狱。然而却胡作非为以方便之名言其有之，以此为法旨。太子当为辩解之始也。日本推古帝及太子、马子等在其位时，推行王法、佛法，取于政事，施行于天下而弘扬之。之后役行者、空海、最澄等，不说后生之事而以现世之利益为主，小角、空海尤以方术博戏为主，蛊惑人心，取之以弘法。源空、亲鸾、莲如放弃自力，取阿弥陀佛，唱南无阿弥陀佛，

---

① 山片蟠桃:『夢之代』異端卷十四,『日本思想大系43』,岩波書店1973年版,第462頁。
② 山片蟠桃:『夢之代』異端卷四,『日本思想大系43』,岩波書店1973年版,第452頁。

得入光明之中。故十恶、五逆之罪人如念佛求佛陀，可得后世安乐，此举与初释迦劝善惩恶之本意相去甚远也。①

山片蟠桃一一列举了在日本传播佛教的僧人们的所为，认为他们传播佛教的目的虽不同，但基本都并非为了国家所为。众僧明知佛经的虚假却向百姓宣扬，其实是罪孽深重，他进而批判说：

朱子曰："佛氏出，而善恶之名差矣"……然其善何在？救助鸟兽虫蚁之命为善。远离父母、妻儿为善。置先祖世代之家业于不顾，弃家，舍身为善。施与丑恶之徒、恶人米钱为善。建塔、施与僧人米饭为善。换取恶逆罪人之死为善。又杀生为恶。不喜布施为恶。破坏寺院，杀戮僧人为恶。骂佛议经为恶。不肯赦罪人为恶。此乃程朱所言之善恶之名差矣。承王命讨伐谋反之徒而灭之，亦视其为恶。救助谋反之徒竟为善也。②

这里借用了程朱之言，对佛教中所谓的善恶之别进行了批判和谴责，他认为佛教所指的善与恶正好与现实生活中人们的观念相反。此外，山片蟠桃也对僧侣的特权进行了批判，他指出：

天下有功劳之人其家国改易③，然无任何功劳之寺院却无改易，实为偏颇。故众人抛却财物建立寺院，于寺院祭祀祖先，即便家国灭亡，寺院仍存而得行祭祀，故建寺院。今之等持院、高台寺、龙安寺等皆为样本也。……遂年年岁岁寺院亦有所增……今寺僧表面遵五戒，然暗中犯女流、食肉之人十中八九也。本为无名庶人之子，却成天子、公卿之师，位于诸侯、大夫之上，穷尽奢华，亦非道德高尚言行诚实之故也。然无德、言行恶劣、极尽奢华，纵犯罪行而

---

① 山片蟠桃：『夢之代』異端卷四，『日本思想大系43』，岩波書店1973年版，第453頁。
② 山片蟠桃：『夢之代』異端卷二十六，『日本思想大系43』，岩波書店1973年版，第476頁。
③ 改易：江户时代没收家禄，除去士籍的刑罚。

其身得免，寺院无恙，此乃宽容至极之政也……故首当禁建寺院，不许复兴古寺，而住职犯罪则当拆除寺院，如此三、五年，废除寺院而向一般人等发放寺请状①，如出家则需要公所许可，如此民心方可信服。②

　　山片蟠桃如此毫不留情地谴责现实中寺院僧人拥有的特权，也是对幕府偏袒无任何功德僧人新建寺院的不合理的批判，认为如此恶劣行径给社会造成不良影响。因此他建议幕府禁止建立新寺院，将僧人与常人等同对待，使百姓信服幕府。

　3. 对圣德太子的批判

　　山片蟠桃的批判并非仅止于僧侣，其批判的矛头亦曾指向著名的圣德太子。他说："太子为尽忠于释迦，却遗害于我国家后世，即不忠、不孝、不智、不仁、不义、不礼、不信之罪。"③ 山片蟠桃认为圣德太子为弘扬佛法给日本造成巨大遗祸，并明言，"太子之心在于企望天位，佛法兴盛并非为天下也"④，就如"梁武帝好佛，此乃借佛灭北朝也。此皆妖贼之念，非为天下万民也。又其实则并非沉溺于佛，唯借佛之名而立我身也。愈发憎恨之"⑤。"太子本为恶逆之谋首，却暗中利用推古、马子，令人憎恨至极。后世建立数万寺院塔庙，皆是太子之遗害也。"⑥ 山片蟠桃认为圣德太子的所作所为都不是为了兴盛佛教，而是为了篡夺王位。他的做法在千年之后才被揭发，实在令人感到愤怒，故将圣德太子批评为恶逆之徒的首领、遗祸后世的祸根。

　4. 与基督教、神道之比较及排佛推儒

　　山片蟠桃在对传播佛教的僧侣以及利用佛教达到自己目的的圣德太子进行批判之后，又将佛教、基督教、神道、儒教的优缺点进行了比较

---

　① 寺请状：即身份证明书。日本江户时代寺院证明施主的证明书。最初用于证明非天主教徒，后扩大为婚姻、旅行、雇佣等方面的身份证明。
　② 山片蟠桃：『夢之代』制度卷九，『日本思想大系43』，岩波書店1973年版，第343页。
　③ 山片蟠桃：『夢之代』神代卷四，『日本思想大系43』，岩波書店1973年版，第282页。
　④ 同上。
　⑤ 同上。
　⑥ 山片蟠桃：『夢之代』異端卷二十六，『日本思想大系43』，岩波書店1973年版，第477页。

论述。首先，他将佛教和基督教进行对比：

> 可以说佛氏之害无所不在，由耶稣教来看，其人气高涨但未至掠夺国家之地步。以此来看，禁耶稣兴佛教，以佛教防耶稣，如同以火灭火之类。此乃神祖（德川家康）之远虑也。然后世佛教日盛，竟至难以消灭之势。①

山片蟠桃认为禁止基督教而兴佛教，终究还是如同以火救火，不得其要领，致使如今佛教日益盛行，达到了难以控制的局面。他还引用程子之言来批判佛教的毒害，指出："佛氏之言比之杨墨，尤为近理。所以其害为尤甚，学者当如淫声美色以远之。不尔则骎骎然，入于其中矣。"②即认为"杨墨之害近，人不信之。佛者之害深，人尽信之。学者犹如恐于淫声美色，不接近之。然则拘泥于此，主动走近之"③。他进而主张："天下教法，当以俗教俗。我之庶民皆俗也。为何以高深之术教导之？"④即认为应该用通俗之法来教导民众，而不应该用高深之佛教来误导民众。

究竟如何处理宗教问题，山片蟠桃主张应该以儒教来排斥佛教，他说：

> 君君、臣臣、父父、子子。孝悌、忠信、仁义、礼智，皆治俗之法也。此外还教何物？道之以德，齐之以礼，民不治则不止，以政以刑。以俗治俗之教也。为何立来世、地狱、极乐、天堂、天帝之虚无之教？天下教法，不可弃今世而求来世。然畏惧鬼神，乃世界一统之人情也。如此趁虚而入，以来世轮回之说惑众。岂非大误？⑤

山片蟠桃在这里特别引用了《论语》中的观点，认为此乃政治的基

---

① 山片蟠桃：『夢之代』異端卷二十八，『日本思想大系43』，岩波書店1973年版，第478頁。
② 山片蟠桃：『夢之代』異端卷一，『日本思想大系43』，岩波書店1973年版，第448頁。
③ 同上。
④ 同上。
⑤ 山片蟠桃：『夢之代』異端卷二十八，『日本思想大系43』，岩波書店1973年版，第479頁。

本，而佛教却否定了君臣、父子关系，是应该抵制的。他还认为《论语》中"道之以政，齐之以刑，民免而无耻；道之以德，齐之以礼，有耻且格"的为政方法是正确的，主张用仁德来引导大众的行为，如果德治不成功的话，则可采用法治的方法来统治。由此可以看出山片蟠桃重视现实的合理主义思想，对儒家思想亦有所取舍，而非全盘否定。山片蟠桃认为佛教的三世说和地狱极乐说都是立教虚无之法，对现实民众的教化不起作用。"圣人之道乃治理天下大中至诚之道。定名为儒，此非施与国家，乃指有学之士也。并非指以儒道教导天下。然佛者取之，儒、佛、神并列为三教。此乃谁之奸计？"① 至于如何排佛崇儒，他曾如此叙述道：

> 先立儒宗为一派。宽政时已有此命令……三都及国府城下建学校，启用学主，然后立儒宗，以信徒为证。不顾及佛寺，以儒风葬埋，则天下庶民皆晓并无天堂、地狱也。……圣学如上明了，则自然佛法衰退。……此法在《大学或问》、《草茅危言》、《有问星》等书中均有详细记载。②

即认为应该取代佛教而立儒宗为一派，引导民众相信儒宗，学习儒家思想，以此来排除佛教，并且主张："辨明五伦之道，放弃祈求往生天堂，事君父，教子孙，信朋友也。"③ 明确指出不该祈求来世，而应沿着现世的五伦道德的正道前行，因为佛教是"于国家无益，是害道，害人心也"。④ 接着，他论述了以儒学为官学的重要性：

> 佛者、神道者多混入儒，为三教，汉土以儒治天下。日本以神道治理天下，乃误也。圣人以仁义忠孝治理天下。教授此乃为儒。……儒为圣人之道，乃治理天下修身之道也。⑤

---

① 山片蟠桃：『夢之代』異端卷二十八，『日本思想大系43』，岩波書店1973年版，第480頁。
② 同上書，第481頁。
③ 同上書，第462頁。
④ 同上書，第450頁。
⑤ 山片蟠桃：『夢之代』異端卷二十九，『日本思想大系43』，岩波書店1973年版，第482頁。

山片蟠桃认为治理天下之道就是仁义忠孝之道，以此为学问就是儒学。日本此前以神道治理天下，后来被证明是错误的。只有儒学才是圣人之道，是治理天下、修身之道。而"神佛二道乃埋葬、祭祀之道，并非用于治理天下之道也。不能混淆二者"①。否认神道、佛教为治理天下之道，极力推崇儒学才是正道。由此可以看出，作为町人学者的山片蟠桃，虽然学习、吸收了西方的自然科学，但其思想根基依旧是儒学思想。

（二）对神道、俗信的批判

在前文介绍山片蟠桃批评和排斥佛教观点的基础上，下面将简单论述山片蟠桃对神道、俗信的观点。

山片蟠桃曾经指出："忌神乃求祸福，又问吉凶也。上古多参政，问神也，圣人亦如此。皆是敬神。"②认为就连圣贤也会参拜神以祈求祸福、询问吉凶，所以百姓也会效仿敬神。于是，"所云神道者渐出，立一派，与佛相对，并与儒合称为三教。治理当世天下，夹杂神佛之奇验，排斥犹如蛇蝎也。何以神道治天下？佛者如此，决不能与儒并列言之"③。山片蟠桃对"神道治理天下"抱质疑态度，称神道参拜的神像是："用木刻之，用金铸之，用石雕之，用画画之？无五脏六腑，也无心志。有何知乎？有何灵验乎？"④认为民众沉溺于鬼神，是毫无意义的。

山片蟠桃分析认为，如今社会神道俗信横行，其理由有两个。第一是经济原因。他对伊势神宫进行批判说："中古之前，不能私自献上弊物，王公尚且如此，何况士庶之人？"⑤即说以前能在伊势神宫祭祀的只有天皇，亲王、大臣都不可以祭祀，更何况平常百姓呢？但是，这在后世发生了变化，他进而指出：

后世诸国建神明之祠祭祀，巫师民俗，私自家中祭之，庶民祈

---

① 山片蟠桃：『夢之代』異端卷二十九，『日本思想大系43』，岩波书店1973年版，第482页。
② 同上书，第481页。
③ 同上。
④ 山片蟠桃：『夢之代』無鬼下卷十五，『日本思想大系43』，岩波书店1973年版，第560页。
⑤ 山片蟠桃：『夢之代』無鬼下卷一，『日本思想大系43』，岩波书店1973年版，第521页。

祷贪欲金钱。……如今建神体，士庶家中祭祀诸神。此乃佛教徒恶习之风移转于一般大众。……不觉间乞丐、屠户家中亦皆供奉酒食以祭神。①

可见当时社会上连普通老百姓都能在家中设立神祠来祭神，这种恶习，虽然是受了佛教徒的影响，但根本原因在于神官。山片蟠桃指出："无神验灵威，无神罚。敬之亦不悦，不敬之亦不怒。鬼神本不存在，以无为本也。公然言有鬼神，敬鬼神，实则侮辱鬼神，出卖神乃为贪私欲也。此乃巫师僧侣所为。"② 山片蟠桃继而指出，神官贪欲的增长是由于其自身的经济条件日益恶劣所致，因而他分析说：

王代极盛之时，伊势神职尚各自有俸禄，不见贪欲。……中古之后，皇威衰败，不按其礼法行事。尤以应仁之乱后，为得天下而争斗，王家缙绅支付停滞。神官之御食如何？更何况神官之俸禄乎？③

即山片蟠桃在此指出，神官因生活所迫，"欺诈远国农村之愚民，让其投钱而已"④。而且，"罗列诸多神异奇验之事，使神宫繁盛，使愚民投钱，贪婪灯明费、神乐费，大声说唱神德，实则乃侮辱其神德"⑤。山片蟠桃认为神官的上述做法实际上在侮辱神德，所以他又以伊势神宫为例，说道：

（伊势神宫乃）日本第一神庙，与其相比再无让人敬畏崇敬之神宫也。然神官贪恋金钱，乃对神大之不敬，无较神官而更不敬者。

---

① 山片蟠桃：『夢之代』無鬼下卷一，『日本思想大系43』，岩波书店1973年版，第521页。
② 同上书，第523页。
③ 同上书，第522页。
④ 同上书，第525页。
⑤ 同上书，第528页。

故投掷金钱之时，神官如犬一样拜倒于地答拜。近世开始太太神乐①，有中神乐、小神乐，定其金额多少，便是屠夫、乞丐投出定量之金钱，竟也让其就于王侯之上座，奏神乐献御膳。此乃为何？……如此卑劣行为实为全然蔑视神德。然纵令如此亦无神罚无神谕。……以此可告诫愚民。无神罚，也当明了无神灵奇特之事。②

即山片蟠桃认为，虽然伊势神宫为日本第一大神宫，但是里面的神官贪恋金钱。任何人投掷金钱给神社时，神官都会让其就座于王侯之上座，奏神乐献上御膳。这种做法完全蔑视了神德，却不降予神罚，证明根本就不存在所谓的神灵之事。山片蟠桃在通过实际的事例说明无鬼神的同时，也对神道神官谋求私利的本质进行了揭露和批判。

山片蟠桃认为神道盛行的第二个理由是为与佛教相抗衡。即在山片蟠桃看来，神道羡慕佛教的繁盛，所以立神道之说，希望能与佛教相抗衡，故而山片蟠桃批评说："羡慕佛教繁盛而立神道，虚妄、淫乱之处多矣。"③并谴责神职者都是"以佛说神"④，出现了很多滑稽、荒诞的邪说。

山片蟠桃从以上两个方面分析了神道盛行的缘由。接着，他对于神道的各种虚妄迷信进行了逐一批判。

首先，山片蟠桃以吉田神社、七福神为例，指出了神职者的荒谬之处。他指出："吉田社及春日社为同体也。贞观中，藤中纳言山阴卿建之。初为藤家之私祠也。后正历二年编入官弊神社，位列二十二社之中。"⑤ 而"从本朝自异国取七柱神，尊敬之而祈福。七福神传记载，吉祥、辨财、多闻、大黑、布袋、南极、蛭子为七福神也。其传闻皆为怪谈、妄说也"⑥。即七福神本来是为了祈求幸福而从中国、日本的传说中集取的七柱神，本身即是很荒谬的。

---

① 太太神乐：伊势神宫中庶民所供奉神乐。为江户时代参拜者之荣。
② 山片蟠桃：『夢之代』無鬼下卷二,『日本思想大系 43』，岩波書店 1973 年版，第 526 頁。
③ 山片蟠桃：『夢之代』無鬼下卷三,『日本思想大系 43』，岩波書店 1973 年版，第 528 頁。
④ 山片蟠桃：『夢之代』無鬼下卷十,『日本思想大系 43』，岩波書店 1973 年版，第 551 頁。
⑤ 同上书，第 551 頁。
⑥ 山片蟠桃：『夢之代』無鬼下卷十,『日本思想大系 43』，岩波書店 1973 年版，第 563 頁。

其次，山片蟠桃指出有关于稻荷社的传说都是虚构的。他说：

> 稻荷社有大山祇之女、仓稻魂神、土祖神坐之。……空海以遇荷稻老人为由而祭祀之，遂附会稻荷二字。……皆虚构也。此乃土地之神也。此神之使者为狐。八幡之鸽、熊野之鸟皆为同义也。因其地多有出现，故人民崇敬之而聚集也。或祠前献狐之土偶，渐变为多例，故凡俗以狐为稻荷社之神体。此处镇守或见狐生子而建立祠堂，告稻荷之神职，遂馈赠稻荷大明神之神号，立幡旗尊敬之，此为何故乎？如此之事，神官本当责备禁止，然却许同，实则是贪图金钱也。实属可憎也。……辱神、玷神，悲哉。以此贱役待之，却无神罚。然何为灵验乎？又有阴阳师、巫师之类，劝请狐之降临，祈求吉凶祸福，祈祷神愈疾病，……拘泥于此而失却性命而不顾忌者多矣。此乃愚昧之至，不知此为虚构，悲哉。……近盛传各类关神狐妖怪之传说，皆为附会、虚妄，故有祭狐之稻荷社也。……当纠正此类错误，则该知道无鬼神也。①

即山片蟠桃认为稻荷神社是祭祀土地神的地方，其各种传说皆为虚构，建立神祠的目的其实是贪图金钱。因而山片蟠桃批判这种行为，认为建立神祠玷污了神却没有受到惩罚，可以断定不可能有神的灵验。他认为，那些阴阳师、巫师之类，为别人祈求吉凶祸福，祈祷病人痊愈，都是愚昧的做法。山片蟠桃对神道、俗信进行的尖锐批判，充分显示了他唯物论者的立场和世界观。

第二节　山片蟠桃的历史观

如前所述，山片蟠桃曾跟随大阪的天文学者麻田刚立学习了先进的西方天文学知识。他依据这些天文学知识，将批判的矛头指向了日本的神代、古代。山片蟠桃在《梦之代》神代卷中不仅对日本神代说进行了批判，而且对宣扬神道思想的国学者进行了强有力的批评。他在《梦之

---

① 山片蟠桃：『夢之代』無鬼下卷十，『日本思想大系43』，岩波書店1973年版，第551頁。

代》凡例中如此说道：

"《梦之代》神代卷中，抨击古往传来之说，恐多为议论我皇祖之事，其罪无可逃脱。历代卷中，非难国史之谬误，故最终涉及我神祖也，令人心忧。故勿将此书荐与他人阅读。"① 说明山片蟠桃面对当时的政治强压，在写作此书时已有所防范。

本节主要从"对神代历史观的批判""对国学者的批判""对古代史的批判"三个方面来考察山片蟠桃的历史观。

一 山片蟠桃对神代历史观的批判

山片蟠桃对神代历史观的批判，主要从以下几个方面展开。

（一）强调文字的重要性

山片蟠桃首先指出了文字存在的重要性，他认为正是有了文字记载，历史才可以说是真实可靠的，如果没有文字的记载，就不值得信赖，并指出，"文字传入日本乃应神天皇在位之时，其后之诸事方为明晰之事实也。此前之事，皆为口述传说也，不得其实。……应神、仁德之时，同汉土尧舜之时也。其后始有文字，方才有证可循"②。即山片蟠桃认为，文字传入日本之后，即有文字记载的历史事件才能让人清晰明了，可以成为史实。而文字传入之前的各种历史事件皆为传说，不能证明其真实性。反映了山片蟠桃认为只有文字记载的历史才是真实历史的历史认识态度。此外他认为，文字是一个国家开化的标志，为此他叙述道：

> 神学者之辈信神代卷，却对丹、播之说持疑。信此疑彼，以此为实而以彼为虚。如同捕风捉影也。……神武至神后之事，无文字而尚不可知。又日本纪中载神武东征一事，断不可信。虽乃有文字之后之事，然文献不足尚难以相传。何况无文字之时乎？故曰：文字产生乃国之开化也。无文字则国未开化。……如今尚有无文字之国家，二三代之前口口相传，此前之事不可知也。③

---

① 山片蟠桃：『夢之代』凡例，『日本思想大系43』，岩波书店1973年版，第146页。
② 山片蟠桃：『夢之代』神代卷一，『日本思想大系43』，岩波书店1973年版，第272页。
③ 山片蟠桃：『夢之代』神代卷二，『日本思想大系43』，岩波书店1973年版，第278页。

山片蟠桃批判神学者对待神代卷的态度，虽然认为有了文字之后的事情才能证实其真实性，但仍主张并非全部可以值得相信。而神代卷中的内容大部分是讲述没有文字的时代的内容，其真实性是无法证明的。因而，他明确得出自己的结论："日本纪神代卷不足取。"①

接着，山片蟠桃对神代茸不合之尊的寿命问题进行了质疑：

> 地神五代不该有数十万寿命。茸不合之尊八十三万六千四十二岁时驾崩。其时神武年龄乃四十五岁，则茸不合之尊于八十三万五千九百九十八岁时得子。神武为第四子也。……如八十三万岁长生之神，一万岁之时得子亦有八十二万岁之子也。而汉土盘古氏之时，伏羲与神农之间亦有数万岁，如此怪事多矣。然古时无文字，只是口口相传，汉土三皇、日本神代之事，皆是存而不论尚可也。……此年数之事不可知。有何种依据乎？皆为妄说也。……汉土亦有如此无稽之说。太古蒙昧、天地开辟之时不可知。唯有文字之后，方能流传事实。……天地开辟之始，何人得见其事乎？即便有得见之人，无文字亦无法书写。口口相传之事亦不足为证矣。②

这里山片蟠桃道出了对茸不合之尊与神武天皇的年龄真实性的怀疑，并认为此事如同中国的盘古神话那样，皆为不真实、不可信之事。远古时没有文字记载，都是通过口耳相传，所以怪异的事情就特别多。山片蟠桃引用《庄子·齐物论》中的"六合之外，圣人存而不论"的言论来表明自己的意见。山片蟠桃认为这些神代的传说都没有任何依据，都是妄说，没有谈论的必要性。这反映了他排斥迷信、追求客观的唯物主义历史观。

（二）对《日本纪》③《古事记》《旧事纪》的比较

前文已经谈过，文字是一个国家开化的标志，也是证明历史真实与否的标志。没有文字的历史无法证明其真伪，而有了文字之后也并非所

---

① 山片蟠桃：『夢之代』神代卷二，『日本思想大系43』，岩波书店1973年版，第279頁。
② 同上书，第275頁。
③ 《日本纪》，有时也说成《日本书纪》。

有历史都真实可靠。山片蟠桃对比了《日本纪》《古事记》《旧事纪》三书中关于神代九代的记载，得出了"《旧事纪》剽窃《日本纪》、《古事记》二书之内容，为伪书也"① 的结论，认为其不值得阅读。原因在于，据《日本纪》推古纪中记载，圣德太子和苏我马子曾著《天皇记》和《国记》等书，然而苏我虾夷②在大化改新被杀时，已经将其烧毁，只留下《国记》一书献给了中大兄皇子。其后，平安时代初期以《国记》为蓝本编纂了《旧事纪》，被世人认为此书就是圣德太子和马子编集的日本最古老的史书，与《古事记》《日本纪》一起被尊为最早的史书。因而山片蟠桃批判《旧事纪》为伪书，指出其"明显为后世之人伪造之书"。③理由即在于："《日本纪》推古纪中用'纪录'一词，而未书'编纂旧事本纪'之类文字，马子序文为'马子宿祢使东汉直驹弑于天皇'，何等贼臣竟敢直书弑君文字，遂见此书之不足为信。"④ 山片蟠桃肯定地断言《旧事纪》为伪书，是因为他在推断历史事实真伪时，并非一味地相信古人之说，而是以事实为依据并进行严密的逻辑推演，故而言之有据、言之有理，他所断定之伪书也基本成定案。

山片蟠桃还说："《古事记》大抵可信其真。而《日本纪》则相当烦杂，引自诸书而非一致之处颇多。……皆为彼是则此非也。究其根底则皆非也。《旧事纪》之书不足取。《日本纪》则存疑颇多。"⑤ 即山片蟠桃认为，《古事记》虽也引用了其他书上的内容，但"乃有太氏骨髓特笔之妙。非《日本纪》《旧事纪》所言妄说之类"⑥。而与之对比，《日本纪》一书中则充满诸多自相矛盾的可疑之处。他进一步论证道：

> 《日本书纪》乃诏敕舍人亲王及太安麻吕等五臣著书，为本朝第一正史。浅学后辈何以议论此书？然当疑则疑，当议则议也。即天

---

① 山片蟠桃：『夢之代』神代卷二，『日本思想大系43』，岩波書店1973年版，第274頁。
② 苏我虾夷：飞鸟时代的大臣，在中大兄皇子（后来的天智天皇）、中臣镰足（藤原氏的始祖）、苏我石川麻吕等发动的乙巳之变中自杀的日本古代政治家、贵族，其父亲为苏我马子。
③ 山片蟠桃：『夢之代』神代卷二，『日本思想大系43』，岩波書店1973年版，第270頁。
④ 同上。
⑤ 同上书，第275頁。
⑥ 同上书，第271頁。

下之道，非私也。此书皆引古书，又以旁注曰"一书曰"以示博引参考诸书之意。皆为有出处之说也，而非己之创作。传《旧事纪》乃诏敕圣德太子及马子作之，今已查明此书乃后世之伪作。……安麻吕之《古事记》直接以古言著之，除迫不得已之处几乎未夹汉文。而《日本纪》由舍人亲王总纂，全以汉文，效仿史记、左传等史籍，故以汉文为主。神代卷之文法亦无相异，皆为效仿汉家历史之故，与《古事记》之古言大相径庭也。尤以舍人亲王信佛而尊汉文，故失去神代皇国古意之事多矣。然上古之事仅据此《日本纪》者多矣。故只能以此书为凭。①

根据山片蟠桃的论证，安麻吕的《古事记》直接用古文书写，尽量不使用汉文；而《日本纪》则是由舍人亲王负责编纂，因模仿《史记》《左传》等历史书籍，所以以汉文为主。并且，因为舍人亲王信佛，尊重汉文，所以书中很多地方失去了神代皇国的古意。但日本古代的历史事件依据《日本纪》的孤证颇多，因而不得不将其保留。但山片蟠桃认为，《古事记》是安麻吕费尽心血之作，而记载诸多妄言的《日本纪》《旧事纪》是不能与之相提并论的。

其实，关于《古事记》和《日本纪》的比较由来已久，不同时代对两本书的评价也不同。进入平安时代之后，曾由朝廷对《日本纪》进行研究，并将其作为"六国史"的第一部，保留了其正史的地位。但是进入江户时代，由于国学兴盛，《古事记》开始得到较高的评价，并在明治以后的皇国史观全盛时期，作为国粹思想的源泉而受到推崇。

对于这三本古籍，山片蟠桃依据事实做出了评论。他认为并非所有古书上的记载均为真实可靠，他说："如此看来，则不应拘泥于古书。……前往实地，考虑形势，视察古今变革、人情风俗等，弄清附会、实说，虑其为何如此？"②向来依实学精神考察历史的山片蟠桃，认为对于历史事件应该以实地考察历史变革、人情风俗习惯等为主要依据，而不应该牵强附会地相信古书。

---

① 山片蟠桃：『夢之代』神代卷一，『日本思想大系43』，岩波书店1973年版，第270页。
② 山片蟠桃：『夢之代』神代卷二，『日本思想大系43』，岩波书店1973年版，第277页。

（三）对神道学者的批判

前文已经谈过，山片蟠桃认为不应拘泥于古书，要以实证的精神来考察这些书籍的真伪。然而，许多神学者却一味相信古书，因而山片蟠桃对中世之后研究《日本纪》神代卷的研究者，也进行了质疑和批判，说道："然后世和学者、神道学者，唯以《日本纪》为金科玉律，庇护修饰，逐句注解，对其一字一句皆有详解，枝蔓繁衍无所不在，然却对其中一字一句未生任何疑惑。古来论神代卷之人多矣，……其后以北畠准后亲房公、一条禅合兼家公为首，度会延佳、山崎垂加、白井宗因、多田义俊、加茂真渊，当世本居宣长等人，妄说牵强无所不在。"① 同时，山片蟠桃对宣扬神道学说的山崎闇斋也进行了批判。他说：

> 山崎垂加弃佛而学儒，信朱学而为博物之士。老年后转学神道注解诸书。以此人学力可扫荡千载妄说，回归正直之神道，然却行庇护之说，做出土金传之新说，以佛语自号为垂加。……此人尚且如此，更何况其他学者乎？②

山片蟠桃不仅批判了山崎闇斋晚年执迷于神道偏离正途，对其所著神道的各种附会之说亦有微词，他指出，"因此人亦进行如此论说，故诸儒迷恋于此，更加信之"，道明了其所产生的不良影响。他引用孟子的"饱食暖衣，适居无教，近于禽兽"之言感叹道："如此禽兽之道乃色、食也。人之道乃五伦五常、忠孝之道也。山崎氏学朱子而重心学，为何有如此言辞？此岂非习神道而自愚乎？悲哉。"③ 并继续论述道："学神道之人，看似博学之人，此处为何如此愚钝？如同学佛之人迷惑于三世因缘之虚说，实在愚昧至极。其大中至诚不动之物乃儒也。"④ 进而，他又批判道：

---

① 山片蟠桃：『夢之代』神代卷二，『日本思想大系 43』，岩波书店 1973 年版，第 271 页。
② 同上。
③ 山片蟠桃：『夢之代』神代卷四，『日本思想大系 43』，岩波书店 1973 年版，第 281 页。
④ 山片蟠桃：『夢之代』神代卷一，『日本思想大系 43』，岩波书店 1973 年版，第 272 页。

神学者曰："儒者习汉学而蔑视神道。以佛说论之。习汉学而不习日本之学乃日本之罪人也。"然远离汉学而入梵学，所谓习合神道，亦日本之罪人，无比此更甚者也。……余不敏，对神代卷持怀疑态度，力求纠正神学者之妄说、愚陋之处。①

这里不仅对迷信日本神道而排斥中国汉学的神学者进行了批判，对于与佛教相结合的"习合神道"亦持有批判态度。

（四）山片蟠桃对津田左右吉的影响

战前，居于统治地位的"皇国史观"，把日本最早的史书《古事记》《日本纪》中的神话看作真实的历史。专攻日本古代史的历史学家津田左右吉（1873—1961）曾撰书指出日本神代史的虚构性，竟被以"冒渎皇室尊严"为由，禁止其著作的出版，并被判监禁处分。② 其实，津田左右吉的这种观点，与120多年前山片蟠桃的有关论述不无相似之处。因山片蟠桃早就曾言："文字传入日本在应神天皇之时，而后历史方为明确事实，此前皆为传说非史实。"③ 并曾以中国历史为例，指出了日本神话的虚构性："《史记》始于黄帝，自尧舜之代方为史实，日本纪神代卷不可取，神武以后自其第十四、五代尚可能相信，但神功皇后的三韩退治则多妄说，自应神起属实。"④ 山片蟠桃对《古事记》《日本纪》的批判，可称是津田左右吉研究结论的先导，应该说是山片蟠桃奠定了近代日本古代史研究的基底。山片蟠桃对神代史的非合理性进行的批判，体现了他的合理主义思想，正如源了圆所评价的那样，山片蟠桃是"提倡脚踏实地、实际测试、实地考察之实学者"⑤。

二 山片蟠桃对国学者的批判

山片蟠桃不仅对神道、国学中的神秘主义及非合理主义非常排斥，

---

① 山片蟠桃：『夢之代』神代卷一，『日本思想大系43』，岩波书店1973年版，第272页。
② 赵建民：《山片蟠桃：江户时代杰出的町人学者》，《世界历史》1998年第4期。
③ 山片蟠桃：『夢之代』神代卷一，『日本思想大系43』，岩波书店1973年版，第272页。
④ 同上书，第279页。
⑤ 源了圆：《从开明思想言实学》，《中日实学史研究》，中国社会科学出版社1991年版，第213页。

而且对同时代的国学者进行了猛烈抨击。在《梦之代》中，山片蟠桃对本居宣长的批评尤为突出，他如此叙述道：

> 本居氏之卓见，在神学者中可谓为翘楚也。讽刺亲王之撰，不用佛教见解乃正见也。唯其讥讽圣人而夸耀皇国，言其忠于天下，却失其实也。①

在此，山片蟠桃肯定了本居宣长为神学者中有卓越见解之人，赞同其不用佛教的理论的做法，但是批评其夸耀皇国的论述不真实。可以看出，山片蟠桃是以带有实证特征的实学精神来进行批判的。继而，他又指出：

> 本居氏作《古事记传》。修改古言之谬误处，退佛排儒，痛骂勿以汉籍之理来论神代之奇灵神妙。……本居氏曰："日轮坐于伊势大宫，皇国人不言语，高丽、唐土、天竺之外，天地各国家之王，国民遥遥相拜，感念无限恩德，至今外国人等不知其理，何等浅薄？"其牵强附会无所不在也。②

在这里，山片蟠桃不仅对本居宣长的皇国中心主义思想进行了批评，而且认为本居宣长《古事记》中所说多处为"牵强附会"。他还批评说，"本居氏一知半解，创作《古事记传》，列举《日本纪》之非，又沉迷于《日本纪》《旧事纪》"③，明确指出了本居宣长观点的局限性及不合理性所在。由此可见，山片蟠桃对于本居宣长的部分观点是持否定态度的。本居宣长在书中宣扬的言论成了此后日本右翼分子侵略扩张思想的理论依据，即"八纮一宇"皇国思想。"八纮一宇"一词出自日本最早的古书《日本书纪》中"兼六合以开都，掩八纮而为宇"的语句。传说是古代神武天皇发布的诏令，意思是天下为一家，家长为万世一系的天皇。山片蟠桃对宣

---

① 山片蟠桃：『夢之代』神代卷六，『日本思想大系43』，岩波書店1973年版，第285頁。
② 山片蟠桃：『夢之代』神代卷一，『日本思想大系43』，岩波書店1973年版，第272頁。
③ 山片蟠桃：『夢之代』神代卷六，『日本思想大系43』，岩波書店1973年版，第285頁。

长的皇国言论批评道:"日本天照大神、中国盘古、琉球天孙氏、印度阿弥陀皆自称太阳化身,非日本所特有,宣长之言为妄言,乃牵强附会、荒诞无稽。"① 明确指出了宣长所主张的天照大神信仰论说的不合理性。

三 山片蟠桃对古代史的批判

与记录神代的典籍相近,日本的古代史籍中也记载了很多荒诞、离奇的故事。山片蟠桃以近代科学知识为立足点对这些荒谬的故事进行了分析、批判。归纳起来主要有如下三个方面。

其一,对故事、传说荒谬之处的批判。山片蟠桃首先对平安时代把盗贼说成是土蜘蛛、鬼的观点进行了批判,他说:

> 上代天子灭土蜘蛛之事多矣。皆为盗贼,二人、三人于山腹中掘穴而居住,夜里潜至村中偷盗财物、掠夺民女。故云其为土蜘蛛。……拘泥于此名,附会也。……为妄说也。其时流行鬼怪之说,有鬼出没而取代人云云,乃言盗贼之事也。……今昔物语大都鬼魅之事。……皆为怪说矣。不足取。②

此外,山片蟠桃对传统的天狗信仰也进行了批判:

> 天狗之说由来已久。如天竺之日良、汉土之善界、日本之太郎坊之类也。……镰仓时流行天狗。……日本中兴有鬼之妄说。其次有天狗、狐之妄说。皆为时代流行之物也。人恐惧之,而愚者迷恋之。世界上怎么会有如此怪异之事乎?③

明言天狗的传说是当时流行的产物,老百姓均因恐惧而相信,更有愚昧的人迷恋这种传说,但山片蟠桃坚定地认为世界上不存在这样怪异

---

① 山片蟠桃:『夢之代』神代卷一,『日本思想大系43』,岩波书店1973年版,第272页。
② 山片蟠桃:『夢之代』暦代卷八,『日本思想大系43』,岩波书店1973年版,第317页。
③ 山片蟠桃:『夢之代』無鬼下卷二十三,『日本思想大系43』,岩波书店1973年版,第568页。

的事。

其二，对天照大神女体说的批判。在前文已有所谈及，山片蟠桃认为圣德太子以兴佛教为借口，在背后操纵推古帝和苏我马子杀害先帝，策划了夺权之计谋。他进而论述道：

> 大神为阴体乃太子之奸计。太子奢望天位，而将重要皇祖易为阴体，欺诈万代，其自身则扮为食素僧人，于天下建寺院数十所，最终蛊惑天下、后世。太子于释迦固乃忠心，然为吾国留下后世之害，难逃不忠、不孝、不智、不仁、不礼、不信之罪孽。……林罗山论太子曰："如用好佛之心学圣人之道，则王道兴矣。"然未达此论也。太子之心乃奢望于继天位，兴佛法并非为天下。……并非为天下万民。又实则并非沉溺于佛教。唯借助佛教以立己之身也。实在令人憎恶。孔子五百年后，称泰伯之至德，遂天下知。今太子之奸计乃于千年后知。呜呼，天下无人，悲哉。①

这里他对日本历史上曾获很高评价的圣德太子进行了颇为严厉的批判，山片蟠桃认为圣德太子因想成为天皇而联合苏我马子一起杀害了物部守屋和崇峻帝，是制造这起事件的核心人物。这种看法无疑与当今历史学家的解释大相径庭。此外，关于天照大神的性别问题，山片蟠桃认为天照大神是太阳神，因此是男神，神话中是如此撰写的；但圣德太子为篡夺天皇皇位，推举女性为帝，并为使立女皇正当化，因此假托天照大神是女体，因此欺骗了后世万民。应该说如此辛辣的批评终究带有部分个人的感情色彩。

在江户时代，儒者与国学者之间，关于天照大神的性别问题，曾展开过激烈的争论。其中山片蟠桃更是断然认为圣德太子是为了抢夺皇位才捏造了天照大神女体说。此外山片蟠桃还认为圣德太子推崇佛教也是为了自己的政治目的。

其三，对历史文学著作的批判。山片蟠桃对古代的一些文学作品进行了批判，认为里面有很多内容是虚假之说：

---

① 山片蟠桃：『夢之代』神代卷四，『日本思想大系43』，岩波书店1973年版，第282页。

> 古代写空言浮虚之说，假借显然存在之人名，写入草纸之上。……其中最不真实乃《竹取物语》、《天稚彦》之类，以及《狭衣物语》之外数十部，至今仍存而流行于世。《源氏物语》乃紫式部之作。文中唯言源氏，不言其他。说者、云其光源氏，然亦不明白。……《伊势物语》乃平时日记填充之作。……附会内容多矣。……小野阿通作净琉璃姬，初作源氏十二段，始说净琉璃，近世亦专门玩弄此说。皆创作之虚谈，其同世之人皆知其为伪作，然愚蒙之人、女子、幼童及偏僻遥远山海之人，多认为其为真实也。今时人尽皆知净琉璃乃捏造创作，仍以谣曲为事实之人多矣。皆据后人附会及巫僧之奸计，仿造古器、古迹，欺诈他人获利也。谣曲大多乃佛者之作。[1]

山片蟠桃对《竹取物语》《源氏物语》《伊势物语》等古代文学作品中牵强附会、不符合常理的内容进行了指摘，并认为净琉璃和谣曲也尽是虚假之作，而时人将里面杜撰的内容当作真实，是不科学的迷信、泥古行为，并提议禁止这些虚妄之文出现，消除这样的恶习。继而，山片蟠桃又指出《六国史》等古代史籍中的虚妄不实之说：

> 六国史及其他古记传之类，难见当时之人情。后世假托之作则记录较为详细，故能见人情、风俗等，然杜撰、虚伪之处较多。平家物语、东鉴、太平记之类虽为古书，多为低级官吏小说，野史怪谈多矣。宇治大纳言之今昔物语，阴阳家之虚妄、神佛之奇验、鬼怪之事较多，宇治拾遗亦不过如此也。[2]

这不仅指出《六国史》等古代史籍多是杜撰之言，还推断如《平家物语》这样的古书也多是小官吏们的小说，里面有很多野史、怪谈等，不足为信，即认为这些书籍里面包含太多鬼怪传说，不能相信其真实性。

---

[1] 山片蟠桃：『夢之代』曆代卷十，『日本思想大系43』，岩波书店1973年版，第319页。
[2] 山片蟠桃：『夢之代』雜書卷十一，『日本思想大系43』，岩波书店1973年版，第437页。

山片蟠桃的历史论并非只图查明历史真实性，而是作为无神论、唯物论的延伸而展开的，即依据自然科学知识，站在无神论、唯物论的立场上，对历史中存在的虚妄之说进行揭露，努力教导大众摆脱迷信，不要一味相信历史上的传说或作品，改变在理性认识上的无知。这种历史观的目的也并非建设先进的、科学的历史学，而是把历史批判作为证明自己无神论乃至唯物论世界观的正确手段。

小　　结

本章笔者从无鬼论、宗教批判以及对历史观、国学者、古代史的批判等方面对山片蟠桃的宗教论和历史观进行了考察。通过考察和分析可以看出，山片蟠桃提出了"如在"和"神牌"两个坚实的立论依据，从而证明鬼神不存在。尤其是他能辩证地看待这一问题，并未将无鬼论和祭祀对立，这一点值得肯定，即他在肯定传统的同时提出了彻底的无鬼论的学术方法是难能可贵的。不仅如此，山片蟠桃还基于实证主义精神及唯物论立场，对佛教、神道以及各种迷信传说进行了尖锐的批判；他依据西方先进的天文学知识，以近代科学观为立足点，对日本的神代、古代的各种虚妄之说以及国学者的臆断进行了不留余地的批判，这些都反映出山片蟠桃脚踏实地、重视实际测验和实践的合理主义实学思想。可以说，山片蟠桃的宗教论、历史观始终贯彻了其合理主义精神。

通过对山片蟠桃宗教论和历史观的分析，我们也可以看出，山片蟠桃的宗教论是以其自然科学观为基石而展开的，其历史论则是以历史批判为主要手段来证明无神论、唯物论立场的。

第 四 章

山片蟠桃的经世论

所谓经世论，本源自"经世济民"一词，后者即今天"经济"一词的语源，但在山片蟠桃所处的近世，经世论却具有现代政治学及经济学的双重意味，因关乎时政及民生两大议题，当时重要思想家均对其多有关注及讨论，山片蟠桃作为近世实学思想的代表人物，自然也不例外。他的经世论不仅独具特色，而且颇有建树，甚至可以说是山片蟠桃思想体系中最具华彩的内容之一。

在近世日本，代表性的经世论形成于1660—1670年。但近世经世论主要是指站在为政者立场上所阐释的经世济民论，故有人将其简称为"经世论"[①]。江户时代后期，随着商品经济日渐发达和兰学的影响，从儒学中分化出一部分关注社会政治、经济议题，试图突破封建社会危机的学者。这些学者研究政治、经济问题，并根据时势提出具体政策，被称为经世论者。在此意义上山片蟠桃也可算作典型的经世论者，他一边在怀德堂学习，一边从商，根据自身的实践经验以及知识求索提出了具有鲜明合理主义及实用主义特征的经世论。本章将在第二章和第三章对山片蟠桃的自然科学观、宗教论和历史观考察的基础上，通过对《梦之代》第五卷制度、第六卷经济的文本细读，就山片蟠桃经世论的"政治论"和"经济论"的两大层面展开考察和论述，阐析山片蟠桃经世论的特质。

---

① 杉原四郎：『日本の経済思想四百年』，日本経済評論社1990年版，第33頁。

第一节　山片蟠桃的政治论

在日本史学界，一般将德川吉宗时代结束①至"田沼时代"肇始的宝历时期（1751—1763年）视为江户时代的"分水岭时代"，即幕府封建统治由盛转衰、幕藩体制亦开始动摇期的"转折时代"②。众所周知，在此前的史学论著中，"田沼时代"多被视为德川时代中幕政"最恶"的纸醉金迷的时代，往往被批评为父子专权、公然受贿、政界风纪败坏、风俗淫靡、财政困难、乱铸货币、课税苛繁的"黑暗时代"。然而当代江户历史研究者中亦有学者指出，这一时代"又是一个新气象即将勃兴的时代"③。而促成这种新气象出现的重要契机，无疑是田沼意次在政治政策上提出的幕政改革。通过改革政策的实施，使得町人阶级的社会地位发生了根本性变化，"即由吉宗时代只是经济地位超越武士阶级，而在身份和道德方面依然受贱视的卑贱地位，逐渐上升到了其身份和价值伦理也被世人尊重的地位"④。也即是说，在这一时代早已实现了经济地位攀升的町人阶层，在意识形态层面也开始形成具有自身特征的观点并产生影响，作为町人实业家和思想家的山片蟠桃，正是在这样的社会背景下提出了其基于町人立场的政治经世论。本节主要从"实行王道"论、"厉行俭约"论、"劝农退商"论三个方面探讨山片蟠桃政治论的特质。

一　"实行王道"论

"王道"一词带有鲜明的儒家政治论特征，是山片蟠桃政治思想的基本理念，也是他所追求的理想的政治状态。然而山片蟠桃的"王道"观并非一味地因袭儒家的政治理论，而是具有自身鲜明的特色。这一特色反映在政治制度层面是对于封建制与郡县制的不同取舍及态度，如《梦

---

① 吉宗时代结束：通常认为1751年德川吉宗去世标志着幕府中兴时代的结束。
② 刘金才：《町人伦理思想研究——日本近代化动因新论》，北京大学出版社2001年版，第211页。
③ 辻善之助：『田沼时代』，岩波书店1980年版，第328页。
④ 刘金才：《町人伦理思想研究——日本近代化动因新论》，北京大学出版社2001年版，第220页。

之代》中山片蟠桃曾有如下言论：

> 汉土之上古乃封建，之后为郡县也。日本中世效仿汉而为郡县也，然上古乃为封建也。未辨明日本上古乃封建者众也。曰："封建乃圣人之意，郡县非圣人之意也。"……封建乃治理天下之道也。郡县始于秦始皇，乃私法也。①

显然，如果我们回到"王道"一词的原初意义，即统治天下的政治主张，或是以传统的儒家政治理论中的以仁义治天下的"王道"概念观之，山片蟠桃的这种观点似乎并无新意："封建制乃圣人之意"属"王道"应予以推行，而郡县制②"非圣人之意"，不属"王道"而不应推行，果真如此，则所谓"王道"只是在因袭"圣人之道"，与传统儒家保守主义的政治理论似乎并无异处，这样的"王道"，可以说并无"实用"可言，也谈不上合理，但坚持"实用之学"的实用主义者山片蟠桃显然不甘心止步于此，他继而论述道：

> 封建乃诸侯维护一国，体恤百姓厚重，诸政融通也。郡县国司、代官之类远兮且下知，又于京听从总政，体恤百姓微薄，诸政不融通也。封建乃天下自然之大道，王者所好也。郡县乃后世造作之私法，霸者所好也。故封建制其弊端少，而郡县制弊端多矣。封建之周自然倒下。然东周衰落之后有二百年，乃封建之余德也。郡县之秦骤然灭亡。然暴秦之变不到三年，乃郡县之余殃也。汉起以宗室为王，以功臣为侯，其余位郡县，并用二法。三国、六朝、唐、宋、元、明皆有沿革，然皆为郡县之法，故不可回复封建也。……以此可见，汉土始于封建，后为郡县也。日本之初封建制未变，中世亦未全部消失。遂恢复其封建。美哉。……足见封建之优势，而郡县

---

① 山片蟠桃：『夢之代』制度卷二，『日本思想大系43』，岩波书店1973年版，第333页。
② 今人对于"封建"的理解和古人全然不同。在20世纪50年代以前，"封建"是指秦之前的三代，而秦以后的政府间关系概括为"郡县"。

之劣势也。呜呼，封建之外无它也。①

显而易见，在山片蟠桃经世论的政治论中基于"王道"的政治建制，并不仅仅是因为"圣人之言"，而是从"封建制"及"郡县制"的实际利弊出发，根据其实用价值来判断"王道"，决定取舍。在这种实用主义价值观立场下，"封建制"因其"体恤百姓厚重"、易于"诸政融通"而被尊为"王道"，是"自然之大道，王者所好也"，而"郡县制"则因在上述各层面的不利而遭到否定，从中可以看出山片蟠桃的政治论的实用主义特征。然而奉行"王道"，提倡"封建制"的山片蟠桃是否仅仅关注实用之处，对于"封建制"只是一味地赞赏有加呢？笔者认为，如果我们基于辩证唯物主义的立场，就需对这一问题进行一分为二的审视。首先，虽然山片蟠桃基于实用主义或所谓"实学"的立场，肯定了"封建制"的实用意义，但他所提倡的"封建制""乃诸侯维护一国"的"封建制"之说，与当时德川幕府所推行的政治制度并无建设性改变，或者可以说只是在避免发生冲突的前提下对现有的政治制度或"王道"的一种实用的修正或改良。然而，如前文中我们在对山片蟠桃的宗教观、历史观考察中所见到的，山片蟠桃思想的另一大特色在于其合理主义的价值取向，这种思想层面的合理主义倾向，决定了山片蟠桃政治论中有关封建制及郡县制的讨论，必然推展至另一个层面。例如他论述说：

> 封建天子不德，诸侯不服；如无道，诸侯讨伐之心起；不可随心所欲，不可骄奢也。而郡县天子兵权在手，无须担心诸侯讨伐，可随心所欲。故郡县天子较之封建天子富裕百倍。封建天子之富乃分与诸侯，而郡县天子则独富也。封建之世起纷争，则天下瓦解，王威衰落。郡县之世起征乱，则土崩，如秦末也。封建天子财富不足，够三世用。郡县天子财富充裕，却不足一世。此因为何？官室妇人奢靡，护卫浮于事也。依封建天子观之，郡县天子甚也，汉唐之后天子均苦于财用不足。此时奸臣剥削敛财，遂致大乱也。郡县之害乃在于此。如天子恭敬俭约则可有万乘之富，如奢侈则数百万

---

① 山片蟠桃：『夢之代』制度卷二，『日本思想大系43』，岩波书店1973年版，第334页。

乘亦不足也。封建则君子多野人少。如郡县则君子少野人多矣。①

这段文字显然不仅仅是在谈论封建制及郡县制的实际效用，而是以理性的视角来分析二者造成前述利弊的原因所在。即山片蟠桃认为，在封建制度下，倘若天子不仁德，则诸侯不会顺服。如若天子不施行仁道，那么诸侯会起来反抗、讨伐天子。因此身为天子，不可随心所欲，不可骄纵奢侈。假如是郡县制度，天子一手掌握兵权，则不用担心诸侯造反，便可恣意妄为、随心所欲。山片蟠桃认为，封建制度下的天子会和诸侯共享荣华富贵，而郡县制度下的天子则会独自享受。在此，山片蟠桃对比了"封建制"和"郡县制"的特点，可以看出，他对于"封建制"更加推崇。而关于二者孰好孰坏，历史学家争论不休。然而以中国古代为例，封建和郡县制各有其利弊：封建制有限制天子权力的效用，却不平等，在衰败之后会陷入诸侯的暴政；郡县制则有万民平等之利，但衰败之后却总是走向帝王的专制。只是到了近代，英国人才真正地实现了封建、郡县的折中，同时得到了分权与平等的两个好处，历史性地终结了封建、郡县之争。而山片蟠桃的言论中，对于二者特点的比较虽有失偏颇，但将二者进行对比，虽然貌似在赞美封建制，实则是对执政者的警告：若奢侈浪费就会财富匮乏，终将招致征乱；若不行王道，则会遭受诸侯造反而江山不保。这样山片蟠桃围绕封建制和郡县制进行了颇为详尽的讨论，呼吁封建制下的为政者行"王道"。

在具体的治世手段方面，山片蟠桃也主张这种实用与理性兼顾的"王道"论，如他曾对当时的幕藩体制作了如下评论：

神祖家康在浜松时，地方官员查稻收。家康训诫道："要使百姓半死不活，又不能杀之。"故可知当时之政治状态。诗曰："昼而于茅，宵而索陶，亟其乘屋，其始播百谷。"又云"文王视民如伤"。苛政猛于虎。使民离散而不能养育妻儿。宽政之时民懈怠骄纵。故失其业。子产宽猛之论乃行政之要。宜仔细品味思考。然神君之时，其民历经乱世与今日不同，不可一概而论。……问暴官，乃作此主

---

① 山片蟠桃：『夢之代』制度卷二，『日本思想大系43』，岩波书店1973年版，第333页。

张也。①

山片蟠桃借子产的所谓"宽猛之论"委婉地批评了德川家康治世时的部分政策，并以仁政之君的所作所为进行婉荐。在江户时代，德川家康的话语被奉为绝对权威，不容置喙，对此山片蟠桃自然也不能例外。他以为政之道需一张一弛为例，解释了"神公家康"施行"猛"政的原因，并主张猛政是乱世之后的治世之道，他的最终目的在于提出在达到太平时代之后应推行"视民如伤"的"宽"政，这样便巧妙地运用儒家有关学说及"王道"主张进行建言，以推广他所主张的幕藩体制下的为政者的"王道"。这里便不得不触及"王道"的推行者"王"或"君"的统治合法性的问题，他说：

> 君乃一国臣民之天，受人尊敬……天乃万物之父母，凡天地间万物皆受天之恩惠。如一国万民之天，乃臣下民生之天也，抚恤万民，君之常也。②

山片蟠桃把为政者比喻为"天"，显然是为了肯定为政者统治的合法性。因为天为万物之父母，天地间的万事万物皆受天的恩惠，抚恤万民为君王之常情，获得了这种合法性的君王所推行的"王道"便也须同样具有合法性，才能使百姓安居乐业。但山片蟠桃的王道论的主旨，显然不只是为了维护为政者的统治，而是另有目的。对此，他继续补充道：

> 后世徒然提及王道之说，皆徒善、徒法也，不足行。学儒之人吐空论，难付诸实践。故人道、世道与仁义之道为别物也。③

显然，即便是身为"民之天"，推行的"王道"若无法经受实践的考

---

① 山片蟠桃：『夢之代』経済卷六，『日本思想大系43』，岩波書店1973年版，第376頁。
② 山片蟠桃：『夢之代』経済卷十九，『日本思想大系43』，岩波書店1973年版，第390頁。
③ 山片蟠桃：『夢之代』雑書卷二十一，『日本思想大系43』，岩波書店1973年版，第446頁。

验，便失去其作为"王道"的合法性。这种鄙视空论重视实践的"王道"论，巧妙地将统治者的意志与"王道"分离，目的在于针对当时社会时弊的根源——"丧失王道，即造成经济和道德的分裂"①。山片蟠桃认为最根本的解决途径就是使注重实际效用且更为合理的道德和经济一体化的"王道"论重生，这是山片蟠桃的根本立场。

山片蟠桃的"王道"论明显受到儒家思想的影响，继承了儒家政治哲学的思想精髓。按照儒家的观点，政治统治有两种：一种是"王道"，另一种是"霸道"。王道是"圣王之道"，霸道是依靠暴力实行统治，"它们是性质完全不同的两种统治"②。中国儒家学派思想家孟子最早提出"王道"与"霸道"的观点，孟子在政治上主张"以德服人"③，他认为："以力服人者，非心服也，力不赡也；以德服人者，中心悦而诚服也。"④这就是说，只有用"德"才能使人"心悦诚服"，才是正道。山片蟠桃在吸收了中国儒学"王道"思想的基础上，将政治制度的实际效用与理性分析相结合，在具体的实践层面则是将儒学的政治伦理同经济问题相结合，试图以理性化的"实学"立场建构新的经世理论，解决江户时代的社会问题。

二 "厉行俭约"论

在江户时代后期，诸侯、武士的生活水平日现颓势。当时的大部分思想家均认为，这种颓势的主要的原因在于商人势力的抬头、货币经济的发达以及社会风气的奢侈浮华。因而，江户时代经济学说的一大倾向便是提倡俭约，这成为当时思想家们论述经世论时的一大主题。

如怀德堂的中井竹山、中井履轩等人也分别在其论著中主张俭约论。中井竹山曾如此论道：

---

① 逆井孝仁：『山片蟠桃における市場と秩序—「王道」論を中心に—』，『歴史の中の都市と村落』，思文閣1993年版，第308頁。
② 冯友兰：《中国哲学简史》，新世界出版社2004年版，第66页。
③ 北京大学哲学系中国哲学教研室：《中国哲学史》，北京大学出版社2003年版，第54页。
④ 朱熹：《四书章句集注》，中华书局1983年版，第235页。

> 近来行节俭之政事亦难能可贵，此风气如长久保持，则从列侯贵人、士大夫到平民百姓皆不会擅自浪费，即便无降低物价之令，其价也会自降也。然近日未能如此，皆因旧习所致，多人不能骤改风气而已。①

这显然是从移风易俗的角度在讨论节俭问题，中井竹山认为行俭约论是稳定物价最好的方法。但是当时未能达到理想的状况，就是因为很多人还不能立刻改变以前的奢侈习性，俭约的风气还没有最终形成。

中井履轩在著作《年成录》中亦讨论了俭约问题。他说：

> 如实行仁惠之政，首先应立俭约之法令，上下皆实行俭约，则仁惠无所不在也。俭本是少，有疵之言语，大中至正之道至今尚未达成之文字也。然泰平之势持续，社会仍有奢华之风气，有心之人即便欲守至极之俭约，尚且大中至正未及，奢侈浮华之风留存许多，内心尚俭约，其无失去，故俭约之失去无所顾忌，如今之世以俭约为国是，如后年失去俭约，有智之人则言其优点，只是如今尚未言之而已。②

与中井竹山相比，中井履轩进一步考虑到从法令层面对于俭约之风的推行，认为如果实行仁惠之政的话，就应该首先下达俭约令，使全国上下都实行俭约。尽管如今社会上的奢侈风气依然留存，实行俭约面临着一些困难，但为了稳定物价，行俭约是国家的最基本的方针。

与恩师中井兄弟的俭约论相比，山片蟠桃的俭约论有不同的特点。首先，山片蟠桃同样也认识到了俭约论的关键所在是移风易俗，但不同的是，山片蟠桃的方法是基于"王道"论的立场，从为政者的角度入手，认为："理想之执政者应如中国古代帝王尧、舜，满足于最低限度之生活，厉行节俭，垂范于民。"③ 并指出："诸侯治世之忧乃为奢侈之风，若

---

① 中井竹山：『草茅危言』卷三，『日本経済大典』第二三卷，第458頁。
② 中井履軒：『年成録』，『日本経済大典』第二三卷，第690頁。
③ 宮内徳雄：『山片蟠桃—「夢の代」と生涯—』，創元社1984年版，第68頁。

摈弃豪奢之恶习,则天下可成太平盛世也。"① 即山片蟠桃认为,为政之忧患在于奢侈之风,只有抑制住这种风气,社会才能稳定。他分析奢侈之风盛行的原因在于,"后宫侍妾,诸吏、工商中浮民变多"②,说:"今物品价格乃古之二十倍,国费不足。因土地所产之物品古今不变,些许新田难补米价之差也。然则何如?除节俭别无他术也。"③ 他提倡节俭,对如今物价上涨,以及"无量入为出之制度,遂其国用不足,虐待百姓,借用商贾处理此事"④ 等现象进行批评,认为"国用不足"的根源在于没有量入为出的制度,若不正本清源,即使幕府对百姓课重税或向商贾借钱,最终也无法解决财政不足的难题。所以面对此状况,唯一的解决办法就是厉行节俭。关于推行节俭之风的具体实施方法,他谈道:"我身恭俭则后人恭俭,自改奢侈。人人诚实质朴,则可波及他人。子曰'齐一变至于鲁,鲁一变至于道',风俗改变如是也。"⑤ 即主张由上至下俭约,如果为政者身体力行,就会影响普通百姓,带动全民俭约之风气,这样奢侈之风便会消失,俭约之风便会取而代之。

山片蟠桃还认为,君王应在实行仁政的基础上行俭约之风,例如他说:

> 贤君在上,以仁义为本行恭俭,于世代俸禄之中举贤,罢黜不肖之人,启用有才华之人,诸侯以下皆效仿,各自谨慎自身而励才华。行恭俭之风,则不会变为穷国或穷家。诸侯皆行恭俭之风,赋税自然变轻,万民复苏也。……然以好学之人为师,一家中皆学之,学校既安,诸吏皆志向于道,行忠孝仁义之政,国家之中亦会安定团结。⑥

山片蟠桃在这里着力列举了提倡俭约的各种裨益,提倡从上至下践

---

① 山片蟠桃:『夢之代』制度卷三,『日本思想大系43』,岩波書店1973年版,第335頁。
② 山片蟠桃:『夢之代』経済卷二,『日本思想大系43』,岩波書店1973年版,第365頁。
③ 山片蟠桃:『夢之代』制度卷三,『日本思想大系43』,岩波書店1973年版,第335頁。
④ 同上书,第336頁。
⑤ 山片蟠桃:『夢之代』経済卷二,『日本思想大系43』,岩波書店1973年版,第365頁。
⑥ 山片蟠桃:『夢之代』制度卷四,『日本思想大系43』,岩波書店1973年版,第336頁。

行节约。他以儒家思想为基础，建议贤君要从自我做起，带头保持恭俭作风，从而使全国上下效仿，国富民强，但前提是行仁政，即实行忠孝仁义之策，国家才会安定、社会才能和谐。

不仅如此，山片蟠桃还指出，"如今大名为给将军进贡珍品而花费良多，人民异常困苦。幕府若有贤人则会制止此铺张浪费之举"①。将批判的矛头指向了大名、诸侯等掌权阶层，认为他们为了献上贡品而不惜一切代价、铺张浪费，这样做必然会导致百姓生活越发困苦，因此他希望有贤德之人能够阻止这种奢侈浪费之风。山片蟠桃对于诸侯的奢侈生活深感忧虑，认为在资源有限的情况下，如果继续奢侈下去，国家必将面临经费危机，故而极力劝导大家省吃俭用，填补国家经费之不足。

山片蟠桃倡导全国上下厉行俭约，建议大家根据自己的收入情况节约开支，即提倡所谓的"量入为出"。具体内容如下：

> 国家财富之根本乃土地及民力。财富依土地大小、民力的多少而生，产生财用之数量有限，故使用财富之法当量入为出，别无他途。入乃是一年之中所收获之物成，出即言其使用之数量。依据入之量而定出之量。然家国之费用往往超越于计划数量之外，多有不时之需，财政不足之时，只有行俭约之政，同减各自费用，别无他法也。②

即山片蟠桃认为，使用财富要依据收入，有计划地支出，要量入为出。然而国家有很多计划外开支，因此常常导致财富匮乏，解决办法就是践行节俭。山片蟠桃还将为政者比喻为枝干，把老百姓比喻为树叶，说："君上之心乃树木之根本，如坚固则枝叶茂盛。行俭约之政，财富充足，乃人君第一仁德也……上一人行质朴之风，士大夫、百姓皆质朴也，百姓自然富裕无愁苦。"③ 他继而论述道：

---

① 山片蟠桃：『夢之代』制度卷十二，『日本思想大系43』，岩波書店1973年版，第345页。
② 山片蟠桃：『夢之代』経済卷十九，『日本思想大系43』，岩波書店1973年版，第390页。
③ 同上书，第391页。

憎后世之奢侈者，如箕子之贤。如妥善养育根源则枝繁叶茂，花开果盛。若此根本不得其培育则花少果劣。惟有以此为根本。……国家之根本在于财用，如财用不足则上下手足无措。故以根本花实言之。①

山片蟠桃把国家财用比喻成花草树木，认为若不悉心培育其根部，就不会开繁花、结硕果，因此要高度重视国家的财用。山片蟠桃希望执政者能够起表率作用，如果执政者重视国家的财政收支，带领民众过俭约生活，风气将会好转，实现国昌民富。山片蟠桃非常憎恨后世奢侈之风，他对诸侯的奢侈浪费行为进行了尖锐批判：

国用不足。纵将三年、五年之贡物于一年之内收取亦无法弥补。况此不足乃国家无律纪，而有奢侈习所致。万石之侯效仿十万石诸侯，十万石诸侯则欲同于百万石诸侯，皆不足也。本当以八九分之收入分与家臣，然年贡米少。即便增诸多封赏，亦不足矣。惟有实行俭约。②

即山片蟠桃认为，诸侯因互相攀比而生活奢华，藩国的财政收入本来就不足，如此下去必将导致日益匮乏，这种状况的解决办法只有一个，即实行俭约。此外，山片蟠桃还把目光转向现实社会中百姓们的奢侈浪费行为。对普通百姓的服饰以及婚礼仪式等的不当之处进行了批评，他说：

熊泽先生曰："庶人应衣绵服。武士穿绢，应以己养之蚕，令其妻妾织衣。"……婚丧嫁娶之礼大，今人奢侈浪费而互为攀比。尤以婚礼为最甚也。今家中若有一女，则动辄倾家荡产送女出嫁。应禁止此类事情。其中，其女出嫁之准备，八口之家，饮食勉强无忧，

---

① 山片蟠桃：『夢之代』経済卷十九，『日本思想大系43』，岩波書店1973年版，第392頁。
② 山片蟠桃：『夢之代』経済卷二，『日本思想大系43』，岩波書店1973年版，第366頁。

然欲备女之婚礼用度则无能为力。如有人争相为此而购玳瑁，其价昂贵而不堪负担。故幕府当禁止购买，然如不禁止则长崎之买卖亦可停止交易。今天下产破之害皆在于此。又有贫困者为摆脱生活之贫困而卖子女，此种行为乃破坏风俗，然皆为贫困者之风，无可奈何。其本源乃是衣服之装饰也。应施新政、行改革。①

山片蟠桃批判人们的衣着服饰过于奢华，提倡人们应节衣缩食而不要在穿着打扮上铺张浪费，强调时人婚礼中的浪费之举应得到遏制，认为应该通过新政改革来消除浪费、奢侈的风气。

山片蟠桃提出"俭约"的主张，既与他深受儒家思想影响有关，也与当时的社会状况有一定关系。当时町人阶级力量不断扩大，由富裕町人掀起了"奢侈消费"之风。不少富商开始在生活上追求豪华、奢侈、享乐，甚至出现了"人花百金，我施千金""不剩过夜之钱"，竞相比富的奢侈消费、纵欲享乐之风。② 山片蟠桃所处的时代，这种奢侈之风依旧盛行。面对这样的社会风气，山片蟠桃倡导自上而下的俭约，恰与松平定信提倡的"俭约令"遥相呼应。类似这种"节俭论"，对近世的日本以及近代和现代日本经济的发展都产生了一定的影响。在日本近代资本主义萌芽时期，正是带有禁欲主义色彩的节俭、俭约之风使得资本主义发展的原始积累成为可能。著名学者森岛通夫甚至认为："如果日本人没有把节俭作为自己的信念，那么近代资本主义也肯定不会在日本取得成功。"③

与中井竹山、中井履轩的俭约论相比，山片蟠桃提出了更为细致的对策，其俭约论的着眼点是希望执政者在行"王道"的基础上自上而下地行俭约，这点与中井履轩的俭约论更为接近。

三 "劝农退商"论

众所周知，在以自然经济为主体的封建社会，"以农为本"的思想根

---

① 山片蟠桃：『夢之代』制度卷十，『日本思想大系43』，岩波書店1973年版，第344頁。
② 刘金才：《町人伦理思想研究——日本近代化动因新论》，北京大学出版社2001年版，第84页。
③ 森岛通夫：《日本为什么"成功"》，胡国成译，四川人民出版社1986年版，第127页。

深蒂固，江户时代的幕府实行严格的"士农工商"身份制，町人出身的山片蟠桃对此有深刻认识，他认为以农为基础，国家才会稳定。并引用《大学》和《孟子》中的言论进行论证：

> 大学曰："生之者多，食之者寡，为之者疾，用之者舒，则财恒足矣。"孟子曰："圣人治天子，使有菽粟如水火。而民焉有不仁者乎。"古时民风质朴，饮食淡薄，宫室卑微，衣服恶旧，竭尽全力修水路。菽粟如水火般充足，亦可如水火一般使用之，耕地可食，掘井可饮，织布为衣，伐木造房。五鸡，二彘，五亩桑树，亦能抚养老者，能育幼儿。导之以质朴礼让，修孝悌忠信，民无争讼，无通用金银币帛，无骄奢淫逸之风俗，拱垂而得天下治。①

这里是借《大学》之言，肯定作为社会基础物资生产的农业生产的重要性，即山片蟠桃认为，从事生产的人多，消费的人少。生产的速度快，消费的速度慢，百姓的财富才会充足。圣人治理天下，视百姓的粮食如水与火一样必要，这样百姓才会仓廪实而知礼节，"质朴礼让""孝悌忠信"而"无争讼"。这里不仅描述了山片蟠桃理想的国家状况以及圣人治理国家的景象，也反映出其对古代百姓衣食无忧、质朴纯真的生活状态的向往。至此，商人出身的山片蟠桃几乎是在坚持与自己身份立场相悖的"重农"思想，然而精于"实例"考量并在商品经济已开始抬头的德川社会几经历练的山片蟠桃，显然不是传统朱子学者那样的"重农轻商"论者，因而他笔锋一转，借用中井履轩之言，在肯定农业生产的重要性的同时也论及农业与代表商业经济发展的市井之商的辩证关系：

> 履轩先生曰："有十万石之国，则有农三万家。其人数十万有余。国君、大夫、士及工商人，浮食之人二万矣。十万之民，有五万耕种，五万织布。以十万人之税养二万人。则衣食不见匮乏。以此而推之，则减少便应增之，增多则减之。调整适度乃政事也，云

---

① 山片蟠桃：『夢之代』経済巻一，『日本思想大系43』，岩波书店1973年版，第363页。

其为经济。"①

这里山片蟠桃借用老师中井履轩的话,肯定了拥有适量农民的重要性。认为一个国家只有农民占人口的大多数,才能养活少数不务农的士、工、商阶层,从而肯定了在当时的社会状况下,农业生产的基础地位。然而,如前所述,在商品经济已初具规模的德川社会,显然不能一味地依赖自然经济而推行所谓"重农轻商"的政策,因而山片蟠桃极富深意地指出了农业生产与商品经济之间的辩证关系,并列举了其中数量的比例关系加以说明,指出如农民数量减少了就应增加其人口,如数量增多就要适量减少,认为这就是所谓的"经济"。继而,山片蟠桃指出"鼓励农民耕作乃政事之第一枢要……治理国家之时,劝导百姓退工商,使市井衰微也。市井繁盛则农村衰微,农村繁盛则市井衰微。此乃自然之符也"②。即认为如果市井衰微,则农村繁盛,反之亦然。治理国家之时要让农民耕作,使农民"退商回农"。其原因即在于"农家耕作,养活公众及家中。其功及公和国家且为百姓,养活工商。故其本乃百姓,养活国中上下也"③。从中可见,山片蟠桃经济思想中对于农民与工商的辩证关系问题的重视,显然基于当时社会的生产力及生产关系发展状况,认为"民乃邦之本也",即所谓"以农为本"的观点也是无可厚非的。然而,山片蟠桃绝不是所谓的"重农抑商"论者,而是基于其注重实利的商人立场,在开始产生轻视农业生产的倾向的社会环境下,提出了极具工具理性特色的"劝农退商"论:

应劝农退商。市中富豪者出入诸侯之仓廪之群,或成为大名之御用,中分之物食平生美食,穿美服过安逸之人生。百姓则日日刨土拾粪,且粗衣粗食,则履草鞋入城者自然受人贱视,故皆为令市人正视而努力。百姓乃国之本,生民之首,可无工商,但不可无百姓。故应常与百姓以利,而置于上席,损工商之利而置于下席。农

---

① 山片蟠桃:『夢之代』经济卷一,『日本思想大系43』,岩波书店1973年版,第363页。
② 同上书,第364页。
③ 同上。

商有争之时，应让农两三分。……町人之内，从事正业者为上，游民乃为下，淫民在其下。应尽力增农而减商。①

山片蟠桃认为在治理国家之时，应该提倡和鼓励农民全力耕作，使农村兴盛。只有农业耕作才能养活全国之民，因而农民是国家的根本。所以提出了所谓的"劝农退商"的主张。其实，仔细分析这种"劝农退商"观点，便不难发现山片蟠桃与朱子学者们的重农抑商思想有着本质的区别。即山片蟠桃的这种论说的提出，虽说有考虑到当时"宽政改革"重农抑商政策的因素，但其关键是在于连同商品的重要来源——农业生产也一起考虑的。因此他的"劝农退商"论实际上是"增农减商"论。虽然强调农民和农业的重要性，但并非旨在"抑商"，而是旨在"将增加农业生产视为商品流通的基础"②。在这种"劝农退商"主张的基础上，山片蟠桃进而指出，只有使农民富裕，才能达到国富民安的理想状态。原因即在于，"若大部分民家富裕，则无心盗取他人之物。纵然偶尔有现穷困者，诸民亦会相互体恤，不起盗贼之心。如是，则断无夺财掠物杀人之事，亦无诬告他人、贪图财物之心"③。即"若要阻民之不仁，应首当使民富有"④。这是典型的"民富则民安"的观点，正是基于这样的出发点，山片蟠桃在肯定"士农工商"四民之中的"农"的重要地位的同时，也并未忽视"商"的重要作用，因而提出了这种带有工具理性色彩的"劝农退商"论，这是与他商人出身的实学思想家的立场密不可分的。

第二节　山片蟠桃的经济论

如前所述，山片蟠桃的经世论是其思想体系中最具华彩的篇章，而经济论则无疑是山片蟠桃经世论这一华彩篇章中最为光彩夺目的内容。

---

① 山片蟠桃：『夢之代』制度卷十九，『日本思想大系43』，岩波书店1973年版，第350页。
② 刘金才：《町人伦理思想研究——日本近代化动因新论》，北京大学出版社2001年版，第226页。
③ 山片蟠桃：『夢之代』经济卷一，『日本思想大系43』，岩波书店1973年版，第365页。
④ 同上。

其原因在于，无论在中国还是日本的思想史上，对经济问题的讨论总与对道德问题的关注结伴而行，而对所谓的"义利之辨"问题的成功回应是很多思想家得以立言传世的关键所在，可以说正是在对传统"义利之辨"问题的不同回应及解答的基础上，山片蟠桃构建出了其系统的经济论的结构框架。

山片蟠桃出生时，日本刚刚经历过享保改革（1716—1745 年），并开始进入田沼时代（1767—1786 年）。而他的中老年阶段则经历了宽政改革（1787—1793 年）以及商业活动极度发达的大御所时代①，即文化、文政时代（简称为"化政时代"）。此时社会思想进步的表现之一是合理主义精神的发展，形成了一种基于理性主义和实证主义的"知性文化"②及合理主义精神③。这种"合理主义精神"得以形成，自然不能抹杀来自宋明理学的启示作用和兰学的刺激作用，但正如一些研究者所指出的那样，"作为民众性的合理主义思维的发展，毫无疑问是由于町人阶级基于营利生活而培育的即物合理主义、商业合理主义和营利合理主义思想驱动的"④。在这种思想史背景之下，山片蟠桃在吸收了中国儒家思想的基础上，以合理主义精神为根本，结合江户后期社会的具体经济状况，提出了独特的经济伦理思想。本节主要从其肯定利益竞争，主张"金钱有德"论、"自由物价"论和"对外贸易"论三个方面来阐析山片蟠桃经济论的特质。

一　肯定利益竞争、主张"金钱有德"论

如前所述在经典的儒家理论中，关乎"义利"问题的讨论，一直存在着重"义"而轻"利"的倾向，如孟子的"舍生而取义"，而《论语》中也多次出现"以义为上"的观点，正所谓"君子喻于义而小人喻于

---

① 大御所时代：宽政改革和天保改革之间的文化、文政时代（1804—1830 年）第 11 代将军德川家齐作为将军，大御所统治国家，江户文化在这个时期达到成熟。其中"大御所"指的是退位的将军，也是对将军父亲的住所及其本人的尊称。一般多指德川家康、德川家齐。
② 源了円：『德川合理思想の系譜』，中央公論社 1972 年版。
③ 合理主义精神：也有翻译成为"理性主义精神"。
④ 刘金才：《论化政文化的反封建性和理性主义精神》，《日本学》第 12 辑，北京大学出版社 2004 年版，第 296 页。

利"，对利益的追求，在道德判断层面一直处于被贬得一无是处的地位。在德川吉宗治世时代，幕府特别强调以朱子学思想教化和统制四民，特别是对町人的统制，因而这种义利观的影响是显而易见的。然而，随着商品经济的发展，开始获得举足轻重的经济地位的町人阶层，也开始为自身的价值利益观张目，如石田梅岩为反对当时贱商抑商的观念，提出了诸如"商人买卖有益于天下""商人的营利如同武士之俸禄"等的"商业有用论"和"营利正当论"等观点。① 然而，由于石田梅岩受社会思想背景的局限，未能打破以道德价值标准衡量经济活动的局限，并将统治阶级的道德价值置于经济价值之上，具有一定的局限性。而经过重商主义的"田沼时代"后，山片蟠桃从商品、货币发展规律的角度认识和阐述町人经济活动的价值及其与道德的关系出发，提出了肯定利益竞争和"金钱有德"的经济伦理主张。

（一）肯定利益竞争

"争利"在朱子学的价值伦理体系中被认为是不道德之举，然而山片蟠桃根据社会的现实和市场经济的普遍原理，认为"争利"既是"人们现实经济生活的必然现象，也是商品流通过程中商人的合理行为"②。他曾如此叙述道：

> 争利乃商贾之恒常也。防备灾年而买米乃是商贾精于业之表现。为何要憎恨于此。庶民之愚者苦于价格高，不怪年景差而怪罪于商贾。……此非商贾之罪，而为年景之罪也，民如此言之，为何从政之人仍如此乎？商人购米乃是国家之幸，如发生万一可以米防之备之。……此外有心之富民亦买进米粮防备饥馑，而一般民众亦会觉悟，会其意而在各自行业奋进，如此则天下太平也。③

即山片蟠桃认为，商人争利是人之常情，也是万古不变的常理，从

---

① 刘金才：《町人伦理思想研究——日本近代化动因新论》，北京大学出版社2001年版，第220页。
② 同上书，第223页。
③ 山片蟠桃：『夢之代』经济卷三，『日本思想大系43』，岩波书店1973年版，第370页。

而从道德价值判断角度肯定了追求适当利益的合理性，认为这是不应被怪罪的合理商业行为。商人为了防备灾年买米是精于本业的表现，亦是国家之幸。因为如果发生灾荒，这些米可用于防备粮食不足。他还指出，富民亦开始买米以备饥荒，可令一般民众日后醒悟，并理解工商者在其行业奋进的姿态，而如此下去必定会天下太平。继而谈道，"在天平时代，无战事之忧，万民各得其所，所争者只有利"①。即认为，在天下太平的年代，万民争利，本是常理所在。他主张"利益竞争合理"论，认为争利是天经地义之恒情，无可厚非。可以说他正是基于合理主义的立场，才会产生这种不同于传统儒家思想的肯定"争利"的判断，也就是说，山片蟠桃并非只是基于町人利益或传统的价值观念，而是根据商品经济规律来行事，对于经济利益的追求不仅合乎个人之情，同样也合乎于道德之理。

（二）金钱有德论

如前所述，具有唯物主义价值观立场的山片蟠桃，在肯定了追求商业利益的合理性的同时，也开始肯定作为利益追求结果的金钱所具有的道德价值。这是山片蟠桃经济思想中不同于传统的儒家价值观的地方，也是极具个人理论特色的精彩论断，如他曾这样叙述道：

> 若有金银，遂致家富，愚者可变智，不肖亦成贤，恶人能变善。若无金银，智者变愚，贤者亦成不肖之徒，善者亦会变成恶人。终致诸事兴废断绝，生灭盛衰，皆以有无金银为凭，上自公侯，下至士农工商，皆以金银为保身命之第一宝物也。②

山片蟠桃认为，金钱不仅可以致富，而且还有使"愚者变智""不肖成贤""恶人变善"的功效，即他认为金钱及其所代表的物质价值是道德价值产生和形成的物质基础。他提出"金钱有德论"，就是要强调金钱所

---

① 山片蟠桃：『夢之代』经济卷二十二，『日本思想大系43』，岩波书店1973年版，第398页。

② 山片蟠桃：『夢之代』制度卷二十一，『日本思想大系43』，岩波书店1973年版，第353页。

具有的正面道德价值远远高出其本身具有的物质价值。

诚然，即使在当今社会，重视金钱也无可厚非。市场经济的发展，离不开金钱或资本，人们生活的富裕也离不开对财富的拥有。正是谋求金钱财富的意志的高扬，才推动了社会的进步。但如果人们的观念中只有金钱，没有道德、是非、荣辱、正邪，将金钱的价值无限扩大到"金钱至上"，则与山片蟠桃的"金钱有德论"迥然异趣。

此外，山片蟠桃之所以能够提出"金钱有德论"这样与当时社会主流价值观迥然不同的观点，除与其町人的身份有一定关联外，也与其对儒家思想的深层理解有关。孔子教育思想中有一项带有策略性的重要命题，是"富而后教"。孔子认为在使人民经济生活提高的同时，还须教化人民；但也只有在人民生活富足的前提下，才有更好地教化人民的条件。这种富而后教的思想，与民本治国思想相关联，前述山片蟠桃提出的"劝农退商"及"金钱有德论"的观点，可谓与此一脉相承。即山片蟠桃认为，只有在让农民、百姓有足够金钱的前提下，才能达到国泰民安的理想状态。山片蟠桃以合理主义的价值观立场，阐述了金钱与人的关系，这对日本前近代社会的人们理性认识金钱与人的关系等问题，具有重要的启蒙意义。

二 "自由物价"论

如前所述，山片蟠桃在《梦之代》中提出了著名的"无鬼论"，完全否定了儒教基于唯心论的"天"的观念，确立起了他的无神论世界观。正是在这种世界观立场下，他才得以把握市场经济的合理性，进而努力将包括秩序在内的各种现实问题全部纳入了他的合理性的思维之中。[①] 如果说前述的肯定利益竞争及"金钱有德"论是山片蟠桃对传统的"义利之辨"进行了具有个人实学思想特色的回应的话，他后来所提出的"自由物价"论则是这种"义利观"在具体的经济实践领域的一种发挥及应用。在山片蟠桃的时代，大多数思想家批评物价昂贵，建议幕府压制物价。而山片蟠桃则认为，这种基于传统道德观而认为保持稳定就必须压制物价的思想是完全错误的，由此提出了自己的"自由物价"论，试图

---

① 杉原四郎・逆井孝仁：『日本経済思想四百年』，日本経済評論社，1990年，第121頁。

为挽救德川后期幕府的经济危机而开出一剂医治良方。

首先，山片蟠桃以商人的敏锐观察力，指出物价高涨是幕府面临的最大问题，并将奢侈之风盛行视为物价高涨的原因之一：

> 世代奢侈乃生平之弊端也。加之不守本分极度奢侈之风日益严重、恶劣，其程度竟至无极限。故万物价格昂贵，百年以来亦已达三四倍之多。由此诸侯及武家、百姓困苦不堪。①

文中一针见血地指出物价高涨与奢侈之风的关联。江户时代中后期，奢侈风气日益严重，间接导致物价高涨，而物价的高涨也导致人们生活穷困潦倒，苦不堪言。但是，山片蟠桃又继续进行分析，指出物价高涨并非仅仅由奢侈造成的，还存在政策上的原因。为此他对这种现象与货币改造和物价的关联进行了讨论：

> 元禄、宝永年间，上奢侈无度，权势者增加，寺社亦多兴土木，御藏不足，故为救急而用劣质金银替良质金银，且使民随之变动，故金银之值段亦有所跌落。而增宝货以充不足，其间榨取相关金银座储职人、商贾之利。……货币其质劣而其价未变。……元禄、宝永、正德年间，金币银币之值渐降，不得已公然发行金银之票。即便正价之金银，其值仍稍胜纸币，以此心计而行之，却照行纸币而不顾，而未发行金银之币，遂致物价高涨。若可使金银之值均等，在其初出之时，尚可有眼前之利，但至融通之后，物价亦随之上涨，民之利损也。故若不能改铸货币，民心亦不得安顿。遂皆不持金银而以购持诸物品代之。故物价高涨，金银低落成自然之势。②

熟悉现代西方经济学理论的人不难发现，这里虽然未使用现代经济

---

① 山片蟠桃：『夢之代』经济卷二十二，『日本思想大系43』，岩波書店1973年版，第395页。

② 山片蟠桃：『夢之代』制度卷二十一，『日本思想大系43』，岩波書店1973年版，第354页。

学意义上的"通货膨胀"这一固定术语，却是如时代翻版一般在解释德川后期通货膨胀的原因，这正是山片蟠桃"先知"般的智慧所在，也反映了他卓越的经济头脑及理论把捉能力。山片蟠桃十分犀利地指出了当时物价上涨的另一大原因，即劣质金银钱币及空头金银票的发行。百姓因担心所持有货币品质低劣会造成损失，所以只好把所有的货币全部用于购买物品以防贬值，因而导致了商品物价上涨。在分析了这种导致物品价格上升的原因的基础上，山片蟠桃进而对幕府一味地想降低物价的做法也进行了批评，认为物价是依靠供给需求关系而自然决定的，不能靠官方权力的介入来强制压低物价。因此他建议物价应全权交给市场和商人来决定，幕府不应参与左右价格。他以生活必需品中的薪炭为例进行说明道：

> 先年诸物品价高。其后呈愈演愈烈之势。其中有各种物品，不可一概而论。以薪炭为例，土佐、日向等诸藩国山上所伐之木柴不断运来，批发商买进，后卖与零售商人。然幕府强制压低价钱，致使运来之柴原封返回。民遂停止登山砍柴，故无木柴运至。市中之柴业已焚光，虽催促运之，然无人运来。对此官员亦无能为力。仅此一事便知。油、纸、绢、布、丝、棉等，强制压低其价则有弊无益。不可无理压制物价。①

山片蟠桃以薪炭为例所进行的分析，说明强制压低生活必需品的价格，不符合他所认识到的经济市场规律，必然造成恶果。即山片蟠桃认为强制压低物价有害无益，建议幕藩执政者不要强制干涉物价，他继而论述道：

> 所有商品物价勿要一味只图价格之低廉。故物价应委于商贾。价高无人购买，则只有降价一途。因商贾也非独此一家，我贵卖而他人贱卖，则必然他人之货易卖，而我之货物不得售卖矣。价高无人买，无人买则其价自降。此乃至理之言，亦是至极之论。为官者

---

① 山片蟠桃：『夢之代』经济卷九，『日本思想大系43』，岩波书店1973年版，第379页。

只操心物之有无即可，不应干涉价格。①

山片蟠桃如此强烈反对幕府干预物价的政策，建议幕府把物价之事交由商人处理，无疑是符合商品经济市场规律的明智之举，其中也反映了作为一名前近代町人思想家对于渐渐开始具备资本主义商品经济特征的日本市场的深刻认识及前瞻性，他的主张无疑具有一定的经济自由主义思想的特征。

米粮是江户时代最为重要的商品，也是当时作为物价基准的商品，对于当时决定米价的大阪堂岛米行市，山片蟠桃曾给予很高的赞誉，他说：

> 聚集天下之知②，汇通血液而集大成，乃大阪米行市③之所为。如大舜用心于汇集天下之知。此米市自然汇集天下知，后大成而通天下血液，终可知而及仁也。④

山片蟠桃以备受儒家推崇的古代圣人舜为比拟，盛赞大阪堂岛米行市是用心汇聚集天下智慧而通融天下血液之所，并高度评价了米票⑤和账合米制度：

> 若论聚集大阪智慧之物为何物？当为米票及账合米也。以米票购物则无运送之费、无降温之费。火灾之时亦可放入怀中逃跑，其术自由。然初时无米则不能卖。而米票则为买时容易而卖时难。至账合米则可随意买卖。故贯通天下血液之物为账合米乎。且米票及账合米亦如昼夜，而者并行而不相悖。平常有价格之差异，然只限

---

① 山片蟠桃：『夢之代』经济卷九，『日本思想大系 43』，岩波书店 1973 年版，第 379 頁。
② 知在此特指"智"，智慧。
③ 特指大阪堂岛米市的买卖交易。
④ 山片蟠桃：『夢之代』经济卷二十二，『日本思想大系 43』，岩波书店 1973 年版，第 397 頁。
⑤ 米票：在大阪储藏栈房通过投标方式把藏米销售出去，中标者只支付米票，以此获得现米。此外也有空米票（大米空头交易，市场上进行的期货大米交易），这种米票在市场进行买卖流通。

于四月、十月、十二月现米与账合米同价。故可血液通畅。大阪冬季诸家卖米百万余石,顺畅交易乃米票之功也。又有账合米调剂之力也。①

山片蟠桃认为大阪岛堂米行市生意顺畅进行的关键,是代替实物交易的米票和账合米交易的功劳,所以他对两者给予了高度的赞扬。他还如此评价道:

犹如有神告及将帅之指挥。非上天之命令。……西买而东卖,北买而南卖。或涨或降,或维持不变,或价格高腾。……然其道有二。曰贵曰贱。此非天意,非神示。……乃人气之聚集。仅十人、百人之力所不及也。②

由此可以看出,山片蟠桃对于米价有时便宜有时贵的问题,并不认为这是天意决定的,而是认为是由人的需求和供给关系自然决定的。在前文探讨山片蟠桃所指"天"的定义时,曾经涉及"天即人气"之说。在物品价格的问题上,山片蟠桃依然否定了所谓"天"或"神"的作用,除了供求关系外,还肯定了人心即人的意志的作用,而在现实层面的具体表现,则是山片蟠桃所提倡的尊重市场规律的自由物价理论。

在物价问题上,山片蟠桃尤其关注米价,这显然与其米商身份有很大的关系。然而,因为米价的涨落不仅直接影响米商的经济利益,也与农民、武士以及全国民众的生活息息相关。宽政改革初期,幕府曾经试图压低米价,然而后来却不得不采取提价政策。山片蟠桃分析当时的社会状况,得出了"农民期待丰收,希望米价高,而武士和商人游民则希望米价低的基于各自阶级立场的原因判断"③。商人出身的山片蟠桃为何能够站在农民的立场来考虑问题呢?笔者认为这是与其"经世济民"的

---

① 山片蟠桃:『夢之代』經濟卷十九,『日本思想大系43』,岩波書店1973年版,第398頁。
② 同上书,第397頁。
③ 李晓东:《浅析山片蟠桃的实学思想》,《中国社会科学院研究生院学报》2008年第2期。

"实学"立场,以及家国意识和危机意识紧密联系在一起的。天明年间(1781—1789 年),日本连续发生多次严重的自然灾害,农民生活在水深火热之中,极端困苦,民众在无法忍受这种困苦生活之时便不断发动暴动。如前文所述,"欲阻民之不仁,则应先富民"①。如果物价过高,农民也可以把收获的米粮变卖来养家糊口,而不至于发生暴乱。对此,山片蟠桃以凶年为例进行了说明:

> 国有饿死者,只因米价低。如米价高则诸藩国将运往国内,而不必患于饥饿至死。今执政者不关心藩内之有无米粮,只知压低米价。故阻挡邻国运米之路,遂导致国人饿死。此为官吏之罪过也。如欲救民则应提高米价,乃为民之父母之所为也。②

即山片蟠桃认为,一味地压低米价犹如给病人投毒,会害死无辜的百姓。如果想要救助百姓,那么只能提高米价。不仅如此,他还认为,"物品依据其数量多少而各有其价,不能强行压价"③。即商品价格的高低是根据财物多寡与需求多少的关系而来,有一定的价值规律。

山片蟠桃还指出,"天下太平及米价贱称为善治,此乃古今之通法也"④。"然当今之世,天下奢侈,诸物价贵,仅米价贱,武家及百姓如何?唯有工商高兴。"⑤ 即他认为当今社会奢侈之风盛行,物价昂贵,而仅有米价便宜。那么唯一受益者乃是工商者,并指出,"一味以为米价贱则太平,若价格突涨则必惊讶不已,为政者欲将价格压低,必生害也"⑥。即批评幕府实行低米价政策,是因为"不知道为政之大体"⑦。继而,他对左右米价高低的实际因由作了如下的说明:

---

① 山片蟠桃:『夢之代』経済卷一,『日本思想大系 43』,岩波书店 1973 年版,第 365 頁。
② 山片蟠桃:『夢之代』経済卷三,『日本思想大系 43』,岩波书店 1973 年版,第 369 頁。
③ 山片蟠桃:『夢之代』経済卷九,『日本思想大系 43』,岩波书店 1973 年版,第 379 頁。
④ 同上书,第 367 頁。
⑤ 同上。
⑥ 山片蟠桃:『夢之代』経済卷一,『日本思想大系 43』,岩波书店 1973 年版,第 366 頁。
⑦ 同上书,第 367 頁。

> 往年米价贵时令白米店降价。天下歉收则米少。故价格高乃灾年之罪。然怪罪商贾，后又罪责白米店乃为何？其原价贵，故其米价贵也。白米店乃不知此因。维系天下之人命在于米。追求便宜，纵然便宜一钱亦可。故贱卖而争取扩大生意。如贵一钱则无买米之人。如责问于白米店乃失其要点也。诸品皆如此……贵则买之人少。何以为此成天下之害。仅靠禁止奢侈，便企米价可降。如不治本而治末，则为其本者米粮变少，而所用不能减少。米少而所用多，岂能变便宜？然产多而用少，则其价不亦低乎？故所用之物，依其量之有无而论，如仅顾低价，吾所不知也。物品依其量之多少而各自有其价。不可强制降价。如想降价则惟有不用之。如想提价则必增加其用。①

即山片蟠桃主张，商人的商业自由竞争及其价格自由，本身就具有产生平衡物价的功能，认为"天下奢侈，购买诸物之人多矣。故价格贵。如俭约则购买之人少，其价亦自降也"②，商品价格高低变化完全取决于供求关系，而幕藩执政者不了解供求之关联，只一味实行"低价"策略，是完全错误的做法。因此，山片蟠桃认为幕藩的经济危机不是因为"天灾"，也不是因为"商人"，更不是因为"市场价格"，而是统治者的执政不当造成的。故而他说："饿死人，乃为政者之罪，而非灾年之罪也。物价高乃灾年之罪，而非商贾之罪也。为政者应明白此道理而行权道。"③ 山片蟠桃所说的"权道"，自然是要求幕藩统治者尊重上述商业和价格的自由，实行适合商品货币经济发展规律的执政之道，反映了他在解决经济问题时所具有的合理主义倾向。④ 总之，山片蟠桃再三呼吁幕藩不要干涉物价，提倡实行自由物价，目的虽然是挽救幕藩的经济危机，让百姓过上富裕的生活，安定国家，但这却反映了他超前的主张商品货币经济的思想。

---

① 山片蟠桃：『夢之代』经济卷九，『日本思想大系43』，岩波书店1973年版，第379页。
② 同上书，第380页。
③ 同上书，第373页。
④ 刘金才：《町人伦理思想研究——日本近代化动因新论》，北京大学出版社2001年版，第225页。

三　对外贸易论

江户时代的明和（1764—1772 年）、安永（1772—1781 年）年间，俄国试图与日本进行接触。当时，林子平（1738—1793 年）、本多利明（1744—1820 年）等学者挺身而出，强调海防的重要性。同时期，对于外国贸易的争论也很激烈，其中出现了像本多利明、佐藤信渊（1769—1850 年）这样的重商主义者，他们提倡积极开国论。但是，当时幕府所持的态度却是坚持锁国论，即采取了消极的对外政策。山片蟠桃不是积极的开国论者，但在分析其经济思想时，他关于对外贸易的认识是左右他的经济论点的重要因素。如山片蟠桃认为，"与清蛮交易之事，以有换无，以少换多，准备其所不备，弘扬其所不弘扬之处，此乃互市之利也"①。这不仅说明山片蟠桃对于与中国和南蛮的贸易是持赞成态度的，也反映出经济利益的获得是他考虑对外贸易政策的重要依据所在。

我们在前文已经论及，山片蟠桃对德川的锁国体制是持赞成态度的，称其为"古今之良计"（"万国羡慕吾国，祈求与吾国进行贸易往来，未允许其要求乃古今之良计也"②）。在山片蟠桃所处的时代，俄国曾要求日本与其进行贸易往来，而山片蟠桃则主张坚持锁国政策，指出："俄国希望与我国通商交往，然拒绝之。实为担心彼时俄国之势力，犹如汉世之匈奴也。最好不与之往来。"③ 由此可见，山片蟠桃坚持拒绝与俄国进行通商交往，是出于对俄国的野心及实力的担心的政治考量，认为："宽永耶稣之乱后，禁止万国渡海来日，仅与汉土及红毛来往通商，则无外国之忧。"④ 关于如何与外国相处，他提出了如下的观点：

> 防御中国之夷，犹如防蚊。制作品质精良之蚊帐，睡在其中，

---

① 山片蟠桃：『夢之代』制度卷十五，『日本思想大系 43』，岩波書店 1973 年版，第 346 頁。
② 山片蟠桃：『夢之代』地理卷二十五，『日本思想大系 43』，岩波書店 1973 年版，第 269 頁。
③ 山片蟠桃：『夢之代』歷代卷二十一，『日本思想大系 43』，岩波書店 1973 年版，第 328 頁。
④ 同上。

勿要漏出破绽而谨慎出入。即便如此，如蚊虫果有进入，则必杀之。而勿作体恤……以破旧蚊帐对之，或自揭一角，并于其中设酒置肉，己亦赤身裸体卧于其中，半夜醒来，因蚊虫之故不能入睡而发怒者，乃愚人之举也。……应严阵以待谨防夷狄。不令其靠近。如踏足国内而讨伐则必非善事也。①

山片蟠桃用蚊帐作比喻，提出了自己的外交论，并在此借鉴了中井履轩的论点，指出坚持锁国、时刻严阵以待是防范夷狄入侵的主要手段。他继续指出，日本也应该拒绝俄国的通商请求，因为西方国家的通商请求，目的其实是想掠夺日本的宝贵资源。因而山片蟠桃一再主张要将锁国政策坚持到底。

今俄国来虾夷之西北隅，亲近猎虎岛、择捉岛、国后岛等群岛寻求交易。此西乃为莫斯科之属国堪察加。此国善远略。日本财货多而米谷精良，故嫉羡之而前来乞求互市多年。以白子之幸太夫②为饵而求此事。幸未接受其请求。然今开通虾夷，一路坎坷，互市之时，显示米、金之多，必因垂涎而萌发恶心。如今路程险恶，为山水遮挡而不知消息，未下手，然虾夷之地愈发开通，互市兴盛之时，则将愈发了解日本之消息。……探听日本之情况，发现未防之空隙，如再买通奸恶之官吏，后乘机而入南北海道，或奥羽等地亦危矣。虾夷之地保持其原样最宜。③

这里，山片蟠桃指出了与俄国进行交易的危险性所在，认为北海道不必过早进行开拓。这种观点想法与幕府采取的措施基本如出一辙，即坚定认为日本应该保持锁国政策，本意在于维持日本国土的安全及统治的稳定。

---

① 山片蟠桃:『夢之代』曆代卷二十一，『日本思想大系43』，岩波書店1973年版，第325頁。
② 幸太夫：大黑屋幸太夫。伊势国龟山领白子浦之船夫。天明二年（1782年），漂流至北海，后到达俄国。宽政四年（1792年），拉克斯曼把他送还至根室。
③ 山片蟠桃:『夢之代』制度卷十四，『日本思想大系43』，岩波書店1973年版，第348頁。

可以说，山片蟠桃经世论中有关经济问题的讨论，已经具备了一定的外交视野及进步的经济策略的特征。他主张道德经济一体化，肯定追求经济利益的道德价值，并希望以此来推动社会进步，摆脱时政及经济危机。山片蟠桃提出这种经济论的目的，是试图挽救日益崩溃的封建经济体制，这种从道德价值入手来解决经济问题的"经世论"视角，即使在金融危机不时发作的今日世界，仍不失其闪光之处，较之西方现代经济管理政策中一味地单纯依据经济理论或政府调控政策来解决经济问题的做法，具有一定的令人反思的作用。

小　结

走在时代前列或者能够为时代所记住的思想家，往往有着摆脱其所处时代的种种局限，而具有"先知"般的对于现实及理论的把捉能力。山片蟠桃的政治论及经济论，即所谓的经世论之所以能够在他所处时代就享受赞誉，并在现当代日本仍多有回应，获得盛赞，原因在于山片蟠桃的这种"先知"般的前瞻能力。本章中笔者从"实行王道"论、"厉行俭约"论、"劝农退商"论、"肯定利益竞争、主张金钱有德"论、"自由物价"论、"对外贸易"论等六个方面，对山片蟠桃的政治论、经济论进行了考察和分析。从中我们可以发现，山片蟠桃受儒家思想的影响，将儒学的道德伦理与经济利益的追求巧妙结合，试图建构新的经济伦理；他提出"俭约""劝农退商"等观点，以当时的社会状况、时代背景为基点，展现了其立足于实际情况解决实际问题的实学思想家的姿态；他基于对当时实际的经济市场状况及规律的把捉，提倡实行自由物价，试图挽救幕府的经济危机；在"对外贸易"论方面，则将国家的实际利益放在首位，坚持适度的锁国政策，这些均反映了他经世济民的"实学"关怀。这种经世论也体现了山片蟠桃实学思想的进一步深化及体系化，即在实用主义的实学认识的立场下，由受各种政治、经济现象左右的被动认识状态转到本质层面而解析和认识客观规律，并依此解决相应问题。山片蟠桃着眼于当时社会、经济问题的政治理论及经济理论，虽难免具有一定的历史局限性，但其基于科学实证方法及合理主义精神而提出的上述实学见解，不仅具有将工具理性与价值理性融合的特点，而且具有时代先声的意义。

结　论

山片蟠桃实学思想的特质及其历史定位

日本自明治维新之后，从封建社会一跃进入资本主义社会，社会经济取得了突飞猛进的发展，迅速成为东亚最早实现近代化的国家。而促成其近代化进程的明治维新中的"结构性变革"，与西方的资产阶级革命相比，"可以说是在较为'平稳、渐进'的过程中完成的"[①]，也是在西方近代文明的冲击下德川社会诸封建事物渐次解构进而向近代资本主义社会发展的结果。日本实现从封建社会向近代资本主义社会的顺利转型，必然要经历一个创造和毁灭并举的过程。通过前文的考察及研究，我们可以发现，以山片蟠桃思想为代表的近世实学思想中的合理主义及实证主义精神，对于促动德川封建社会的瓦解和向近代资本主义社会转型，起到了思想奠基作用，发挥精神动力作用。本章作为结论，将在总结前述内容的基础上，对山片蟠桃实学思想的性质特征及其历史意义和思想史定位进行概括性论述。

一　山片蟠桃实学思想的特质

在前四章中笔者通过对于《梦之代》的解读，考查和分析了山片蟠桃实学思想的自然科学观、宗教论、历史观、经世论等四要素。其实学思想的特征主要表现在以下几个方面：

---

① 李文：《武士阶级与日本的近代化》，博士学位论文，北京大学，1997年，第74页。

1. 主张坚持先进的自然科学观。山片蟠桃与其他实学思想家的不同之处首先在于他对西方的自然科学持赞同的态度，认为在天文、地理、医学等方面应该吸收欧洲的学问。他主张传播科学的学问，拥有正确的世界观。山片蟠桃认为关于天的学问是最基本的学问，也是最重要的学问。山片蟠桃否认儒教中的"天"，认为"天"没有意志，"天"没有实体性也没有原理性，只是图方便而假想"天"的存在。山片蟠桃对于"天"的正确认识来源于对西方自然科学知识的吸收，以及对兰学中的天文、地理的理性认识。山片蟠桃对于兰学的推崇和倡导，使日本逐渐接受了先进的太阳历和日心说，同时也助他形成了独特的宇宙论认识。这种宇宙论认识使山片蟠桃确信太阳中心说，认为宇宙就是由众多星星组成的类似太阳系的星系构成的。山片蟠桃拥有的这种先进的自然科学观，对近代日本以西方先进资本主义为榜样，破除封建意识，学习西方先进的科学技术，对促进近代合理主义观念的形成起到了思想积淀的作用。山片蟠桃的自然科学观体现了他站在唯物论的立场，重视合理主义精神，坚持实地测量、实地考察的实学态度，展现了他作为合理主义实学思想家的姿态。

2. 主张彻底的无鬼论而猛烈抨击神道和佛教。山片蟠桃提出了彻底的无鬼论，基于科学理性精神和实用主义情怀以及唯物论的立场，对佛教、神道以及迷信传说等进行了尖锐的批判。山片蟠桃认为佛教宣传的轮回说是虚妄之说，其最终目的就是劝善惩恶，为达此目的而设计了很多假说。在对待神道的问题上，山片蟠桃认为所有有关神道、神社的传说都是虚构、虚妄的。山片蟠桃的这种无鬼论主张，对传统的封建信仰、宗教迷信造成了强有力的冲击，对于破除封建社会的迷信有重要作用。同时，山片蟠桃坚持以合理主义思想来排斥一切不合理要素，有利于促进日本由封建社会向近代资本主义社会的转型。这种排除一切非理性主义、神秘主义和迷信传说的做法，在相当程度上表现出了具有近代性合理主义精神和伦理价值取向。

3. 主张合理的、辩证的唯物主义历史观。山片蟠桃对《古事记》《日本纪》中的神话传说进行了批判，指出了日本神话的虚构性。山片蟠桃提倡重视实践的实学精神，对不合理的神代史以及具有神秘主义、非合理主义色彩的国学进行批判，体现了他的合理主义思想。他特别对以本居宣长为首的国学者提倡的皇国主义思想等进行了批判，指出"宣长之言为妄言，乃牵强附会、荒诞无稽"。① 此外，山片蟠桃以近代科学作为立足点，对日本古代史中存在的荒诞离奇的故事进行批判，认为应该杜绝虚妄的文章，消除杜撰虚假历史、鬼怪传说的恶习。山片蟠桃在推断历史事实真伪时，不是一味地相信古人的言论，而是以实事求是的态度依据事实说话。山片蟠桃始终站在无神论的立场上，坚持辩证的唯物主义历史观。他的历史观虽然是从封建体制内部诞生的，但是却超越了封建体制的性质，具有从内部瓦解封建制度的作用。

4. 山片蟠桃受儒家思想的影响，将儒学的道德伦理与经济利益的追求巧妙相结合，试图以此建构新的经济伦理；他提出"俭约""劝农退商"等观点，以当时的社会状况、时代背景为基点，展现了他立足于实际情况解决实际问题的实学思想家的姿态；他基于对当时实际的经济市场状况及规律的把捉，提倡实行自由物价，试图挽救幕府的经济危机。

5. 客观唯物的科学精神。山片蟠桃认为西方的天文学没有中国、日本或佛教那样的虚妄之说，故其实学思想值得学习。山片蟠桃以发展的眼光看问题，认为世界是在不断变化之中，与之相伴而行的科学也在不断进步。山片蟠桃从客观唯物论的角度思考生物的产生及世界的构成，超出了地球的视域范围，推断出诸星体上有生物存在的可能性。就是因为拥有客观唯物的科学精神与虚心学习的态度，当时的山片蟠桃已对世界整体概况有了客观的把握和正确的认识，形成了不同于传统儒家、佛教或国学者的独特的世界观。

综上所述，可以认为，生于江户时代中后期的山片蟠桃实学思想已经积累了诸多近代性因素，起到了打破旧的封建价值观的作用。山片蟠桃基于合理主义思想而构建的自然科学观、宗教论、历史观、经世论等实学思想的诸因素，在当时的社会环境下，对冲破封建社会旧的价值伦理桎梏，打破封建等级身份制度起到了一定的思想解放的作用，从而在日本由近世向近代思想转型方面发挥了思想奠基的作用。

---

① 山片蟠桃：『夢之代』神代卷一，『日本思想大系43』，岩波书店1973年版，第272页。

二 山片蟠桃实学思想的历史定位以及今后的研究课题

马克斯·韦伯指出："近代资本主义扩展的动力首先并不是用于资本主义活动的资本额的来源问题，更重要的是资本主义精神的发展问题。不管在什么地方，只要资本主义精神出现并表现出来，它就会创造出自己的资本和货币供给来作为达到自身目的的手段。"① 前文对山片蟠桃实学思想的考察表明，在日本前近代的江户时代，能够代表韦伯所说的"资本主义精神"的，不是"提倡禁欲性生活和俭约的武士道伦理"②，而是具有实证主义、合理主义倾向的实学思想，即以山片蟠桃为代表的实学思想，是江户时期催生日本近代资本主义的精神动因之一。日本实学者站在"开明"的立场上，在提倡知性启蒙的同时，提倡科学技术是文明发展的必要条件，提倡以此为基础谋求产业的进展，提高人民的生活水平。日本近世实学者直接成为明治维新运动的发动者和明治初期西学的传播者。所以，"日本的实学思想成为推进日本社会近代化的原动力"③。"在接受西欧文化之前后，实学思想一贯是日本近代化过程的中心概念，成了近代日本发展的知性的动力。"④ 虽然近世实学与明治之后的实学内涵有一定的差异，"但近世的实证主义、合理主义的实学和立足于明治的功利主义和进化论的实证、合理的实学之间，具有在思维的特征上的连续关系"⑤。因此可以认为，实学思想是推进日本近代化的原动力之一。而作为近代实学思想之渊源的江户时代的实学思想，无疑为日本在明治之后更为顺利地接受西欧的实证科学及文化知识奠定了思想基础。

对于一种思想的研究和评价，"既要看它在历史发展进程中发挥了什么作用，更要看它对后世产生了什么影响和对未来人类精神文明的发展具有什么价值意义"⑥。山片蟠桃的实学思想中无疑蕴含着丰富的近代性

---

① 马克斯·韦伯：《新教伦理与资本主义精神》，于晓、陈维纲译，生活·读书·新知三联书店 1987 年版，第 49 页。
② フランシス·フクヤマ：『歴史の終わり』（下），三笠書房 2005 年版，第 98 页。
③ 李甦平：《中国·日本·朝鲜实学比较》，安徽人民出版社 1994 年版，第 339 页。
④ 源了圆：《关于日本的"实学"》，《哲学译丛》1988 年第 3 期，第 57 页。
⑤ 李甦平：《中国·日本·朝鲜实学比较》，安徽人民出版社 1994 年版，第 161 页。
⑥ 刘金才：《论尊德思想在日本近世伦理思想史上的定位——基于对"分度伦理"和"增殖伦理"的再分析》，《报德思想与中国文化》，第 98 页。

要素，有其时代的进步性和积极意义。具体表现在以下几个方面：

1. 山片蟠桃指出："人之德行应依于古圣贤而取之。天文地理医术之学，如依古代则愚昧也。……西人不断有新事物发明，而和汉应不断引进。"① 即山片蟠桃认为，德行方面应该坚信古代圣人之说，而在自然科学方面应该吸收西方之学。这个观点与后来日本民族在明治维新后推进本国近代化进程中所提倡的"东方道德、西方技艺"之口号如出一辙。由此可见山片蟠桃实学思想的近代性。

2. 山片蟠桃强烈反对幕府干预物价，建议物价应全权交给市场或商人，这无疑已暗合了现代商品市场经济的发展规律，其中也反映了山片蟠桃作为一名前近代思想家对于商品经济发展所需的流通合理主义的深刻认识。

3. 正如康德在《什么是启蒙》一文中所言，"启蒙运动就是人类脱离自己所加于自己的不成熟状态"②。启蒙就是要运用自己的理性来独立地判断是非，"启蒙是在具有高度文化传统的国家在近代化过程中所发生的一种社会思想现象。它的目的在于批判中世纪蒙昧主义，批判封建主义，宣扬近代社会主张，实现人民观念的变革，促进近代政治、经济、文化等诸制度的确立"③。山片蟠桃基于对西方语言的认识，认为有文字是国家开化的标识，他提出了"文字改革"论。可以说，文字改革论是明治时期文字改革的"先驱"。在江户时代中后期，作为倡导实学思想的町人学者山片蟠桃能提出这种言论确有其前瞻性。此外，山片蟠桃还提出"全民治学"论，他的这种观点远远早于明治时期实学家福泽谕吉在《劝学篇》中提倡的治学观。与福泽谕吉相比，作为18世纪的启蒙思想家，山片蟠桃有很强的自我意识，其启蒙思想构成了明治时代启蒙思想家的各种实学思想的时代先声，足见其思想所具有的时代启蒙意义。

然而，由于山片蟠桃生活在幕藩封建制度之下，其实学思想体系是在领主经济结构下产生和形成的，因而在其思想深处不可避免地遗留下

---

① 山片蟠桃：『夢之代』天文卷三十，『日本思想大系43』，岩波書店1973年版，第213頁。
② 罗素：《西方哲学史》，商务印书馆1982年版。
③ 崔世广：《论日本近代启蒙思想的特点》，《日本研究》1990年第1期。

了诸多传统封建因素的影响，表现出了一定的历史局限性。首先，山片蟠桃作为从事商业活动的町人思想家和经营者，虽然对幕藩统治者的政策进行了诸多批判，但也未达到主观上要彻底地推翻幕府封建统治制度的程度，因而其政治论和经济论，有不少地方仍带有"改良主义"的倾向。其次，与福泽谕吉相比，山片蟠桃"未想到以强烈的自我意识为基础建立起一个平等的社会关系，而是不得已接受了身份等级制社会"[1]。尽管如此，正如部分日本学者所言，在当时的封建体制下，"山片蟠桃的经世思想也未必能断言是反动的"[2]，其根源在于蟠桃实学思想中贯彻始终的实用主义倾向，与同时代的思想家相比更具近代性，因而其思想言说的出现无疑有着不可否定的进步意义。

山片蟠桃的实学思想反映了幕末社会发展进程中出现的合理主义精神和新的伦理标准，对构筑向近代社会转型的思想提供了基础。从明治维新之后所形成的日本近代实学思想体系中，我们不难看到山片蟠桃思想的影响。即便在当代社会，他的实学思想仍然不失现实意义。如果将其思想置于现代语境下进行合理的解读，对解决21世纪人类所面临的各种相同的生存困境，无疑也具有重要的启示意义。

山片蟠桃的实学思想虽然带有不可避免的历史局限性，但其所具有的带有近代性的工具理性和道德价值理性是不可否认的。通过对山片蟠桃思想的内涵、性质特征及其价值意义的考察、解读和分析，我们也可以相信，在任何时代，只要理性精神不死，"实用"之志不灭，山片蟠桃思想必将不断地唤起新的时代的回音。

如上，本文主要围绕山片蟠桃的集大成著作《梦之代》进行解读，对其实学思想中体现的自然科学观、宗教论、历史观、经世论进行了论述和阐析。而山片蟠桃的著作共有15部之多，堪称是日本近世的"百科全书"。因而对山片蟠桃思想的研究还有很长的路要走。例如本文中提到，山片蟠桃与王充的思想有共通之处。两位思想家的生活时代和背景都截然不同，却提出了相近的思想，这是为什么？这一问题很值得进行比较研究。再如在近世实学思想方面，同时代的中国、韩国和日本，均

---

[1] 源了圆：《德川思想小史》，郭连友译，外语教学与研究出版社2009年版，第126页。
[2] 永田广志：《日本封建制意识形态》，刘绩生译，商务印书馆2003年版，第257页。

出现了诸多思想相近的思想家，将这些实学思想家与山片蟠桃思想进行比较研究，对揭示东亚实学思想的性质特征及对 21 世纪世界文明精神建设，都具有重要的学术价值和现实意义。笔者将以此作为今后继续研究的课题。

附 录 1

山片蟠桃著作解题

『祈晴類聚』，天明六年（1786年），收集了日本历史书中关于祈晴的文字记载。

『昼夜長短図并解』，宽政五年（1793年），图解说明了地球上纬度十度的地点昼夜长短，收录于『宰我の償』（第五十三项）和『夢之代』（第一卷十二章）。

『松平越侯同石州侯書』，宽政九年（1797年），考察了货币改铸的历史，山片蟠桃认为改铸只能导致物价上涨，应听取民意。收录于『宰我の償』（第三十九项）。

『金銀歷史』，宽政十二年（1800年），记载了日本的货币历史。收录于『宰我の償』和『夢之代』（第五卷二十一章）。

『宰我の償』，享和三年（1803年），为『夢之代』的初稿本。

『大知弁附錄』，文化元年（1804年），叙述了米价下落的影响及江户提高米价的手段。

『江戶米価血液不通考』，文化二年（1805年），记录了江户历年米价涨落的概况和调节策略。

『古大知弁』，文化三年（1806年），内容基本同上。

『一致共和対策弁』，文化六年（1809年），写给仙台藩齐藤左五郎的策略集。

『大松沢丹宮樣江奉申上候書付』，文化六年（1809年），呈给仙台藩士大松泽的意见书。山片蟠桃主张重农轻商。

『大知弁』，文化九年（1812年），献给松平定信的策略书。其中论及了米价和一般物价。如上的『大知弁附錄』，『江戶米価血液不通考』，

『古大知弁』及『大知弁』经过整理均收录于『夢之代』(第六卷二十二章)。

　　『私說』,写作时间不详,藏于山片平右卫门家。带有心学要素的教训。

　　『上』(遺言狀),文化十年(1813年),写给主人山片重芳的遗书。

　　『草稿抄』,文化十二年(1815年)左右编辑完成,山片蟠桃创作的诗文集。

　　『夢之代』,文政三年(1820年),山片蟠桃的学问、思想及策略的集大成。

附录 2

山片蟠桃年谱

1748 年（宽延元年）一岁
　　出生于播州印南郡神爪村，为家中次子，父亲长谷川小兵卫，母亲名伸。蟠桃原名长谷川有躬，字子厚。

1764 年（明和元年）十七岁
　　参加戴冠仪式，进入成年。

1769 年（明和六年）二十二岁
　　辅佐升屋主人山片重芳（四代）家。

1771 年（明和八年）二十四岁
　　成为升屋支配役（相当于经理）。

1773 年（安永二年）二十六岁
　　3 月结婚。

1777 年（安永六年）三十岁
　　母亲伸去世，法号释尼妙耀，享年六十一岁。

1778 年（安永七年）三十一岁
　　长子芳达出生，又名小左卫门。

1780 年（安永九年）三十三岁
    正月初一赋七言律诗。

1784 年（天明四年）三十七岁
    3 月遭遇火灾，移居上中岛町，后又移居椙木町

1785 年（天明五年）三十八岁
    8 月份去江户。

1786 年（天明六年）三十九岁
    著『祈晴类聚』，呈给仙台藩齐藤氏。

1787 年（天明七年）四十岁
    父亲小兵卫于 5 月 22 日去世。

1788 年（天明八年）四十一岁
    于正月被主人家赠予短刀等礼品。

1790 年（宽政二年）四十三岁
    鹫峰纪行。

1791 年（宽政三年）四十四岁
    桃南河内行。

1792 年（宽政四年）四十五岁
    带儿子去金刀比罗宫参拜，于正月 17 日遇火灾。

1793 年（宽政五年）四十六岁
    著『昼夜长短图并解』。

1796 年（宽政八年）四十九岁

　　起笔『金銀歷史』，于宽政十二年（1800 年）完成。

　　2 月 13 日，主人三代重喜去世。

1797 年（宽政九年）五十岁

　　著『松平越侯同石州書』。正月 28 日离开大阪，奔赴仙台。

　　2 月 25 日，离开仙台。

1799 年（宽政十一年）五十二岁

　　7 月 19 日，但马城崎温泉旅行。

1800 年（宽政十二年）五十三岁

　　7 月 29 日，弟与兵卫于江户去世，享年四十七岁。

1802 年（享和二年）五十五岁

　　6 月起笔『宰我の償』。

1804 年（文化元年）五十七岁

　　蟠桃改名为小右卫门，长子七郎兵卫改名为小三郎。
　　完成『大知弁』的『附錄』。

1805 年（文化二年）五十八岁

　　著『江戶米価血液不通考』。8 月，被主人家告知赋予"亲属地位"，蟠桃以一代为条件接受，改姓为山片，叫做山片小右卫门。

1806 年（文化三年）五十九岁

　　写成『古大知弁』。

1807 年（文化四年）六十岁

小三郎离婚。小三郎于 11 月 11 日再婚。

1808 年（文化五年）六十一岁
　　正月收到主人家的礼物。

1809 年（文化六年）六十二岁
　　7 月写成『一致共和对策弁』。呈上『文化六年大松泽丹宫样—奉申上候书付』。

1810 年（文化七年）六十三岁
　　妻子于 6 月 29 日去世。

1811 年（文化八年）六十四岁
　　奔赴仙台。

1812 年（文化九年）六十五岁
　　7 月写成『大知弁』，呈给白河乐翁。

1813 年（文化十年）六十六岁
　　写遗训，给予长子山片重芳。同年，蟠桃失明。

1814 年（文化十一年）六十七岁
　　4 月写成『文化十一年春大松泽丹宫様御等坂中勤功书上』。

1815 年（文化十二年）六十八岁
　　永井好古编『泰平知足録』，蟠桃寄予跋文。

1817 年（文化十四年）七十岁
　　主人家赠予古稀礼品。

1819 年（文政二年）七十二岁

3月5日，因蟠桃为升屋做出了杰出的贡献，幕府给予表彰，赏赐白银三块。之后，蟠桃回故里神爪村，滞留三四个月。返回大阪即因病卧床。

1820年（文政三年）七十三岁

春后，病重。

8月15日，『夢之代』脱稿。

1821年（文政四年）七十四岁

2月28日于大阪椙木町去世，享年74岁，葬于大阪天满寺町善导寺，法号释宗文。

（此年谱的制作参考了末中哲夫『山片蟠桃の研究「著作篇」』。）

参考文献

原始资料类：

山片蟠桃：『祈晴類聚』，1786 年。
山片蟠桃：『昼夜長短図並解』，1793 年。
山片蟠桃：『松平越侯同石州侯書』，1797 年。
山片蟠桃：『金銀歴史』，1800 年。
山片蟠桃：『宰我の償』，1803 年。
山片蟠桃：『大知弁附録』，1804 年。
山片蟠桃：『江戸米価血液不通考』，1805 年。
山片蟠桃：『古大知弁』，1806 年。
山片蟠桃：『一致共和対策弁』，1809 年。
山片蟠桃：『大松沢丹宮様江奉申上侯書付』，1809 年。
山片蟠桃：『私説』，写作时间不详。
山片蟠桃：『大知弁』，1812 年。
山片蟠桃：『上』（遺言状），1813 年。
山片蟠桃：『草稿抄』，1815 年。
山片蟠桃：『夢之代』，1820 年。
村松明ほか校注：『新井白石（日本思想大系 35）』，岩波書店 1975 年版。
大槻玄沢：『蘭訳梯航』附二，『磐水存響』乾巻，1912 年版。
大桑斉・前田一郎編：『羅山・貞徳「儒仏問答」註解と研究』，ぺりかん社 2006 年版。
福沢諭吉：『学問のすすめ』，岩波文庫 1978 年版。
吉川幸次郎・清水茂校注：『伊藤仁斎・伊藤東涯（日本思想大系 33）』，岩波書店 1971 年版。

吉川幸次郎ほか校注:『荻生徂徠（日本思想大系 36）』,岩波書店 1973 年版。

林羅山:『林羅山文集』卷三,ぺりかん社 1979 年版。

滝本誠一:『日本経済叢書』,日本経済刊行会,1916 年版。

杉田玄白:『蘭学事始』,『世界教養全集』第 17 巻,平凡社 1974 年版。

水田紀久・有坂隆道編:『富永仲基・山片蟠桃』（日本思想大系 43）,岩波書店 1973 年版。

司馬江漢:『地球全図略説』,『司馬江漢全集』,八坂書房 1992 年版。

司馬江漢:『和蘭天説』,『日本思想大系 64』,岩波書店 1976 年版。

司馬江漢:『天地理譚』,『司馬江漢全集』,八坂書房 1992 年版。

田原嗣郎ほか校注:『平田篤胤・伴信友・大国隆正（日本思想大系 50）』,岩波書店 1973 年版。

田原嗣郎・守本順一郎校注:『山鹿素行（日本思想大系 32）』,岩波書店 1976 年版。

王充:《论衡》。

蔵並省自編:『海保青陵全集』,八千代出版 1976 年版。

中井履軒:「年成録」,『日本経済大典』第 23 巻,啓明社 1930 年版。

中井履軒:『弊箒続編』,大阪大学懐徳堂文庫所収。

中井竹山:『草茅危言』,『日本経済大典 23 巻』,啓明社 1930 年版。

中井竹山:『奠陰集』,ぺりかん社 1987 年版。

塚谷晃弘校注:『本多利明・海保青陵（日本思想史大系 44）』,岩波書店 1970 年版。

朱熹:《朱子语类》。

朱熹:《四書章句集注》。

佐藤昌介ほか編:『渡辺崋山・高野長英・佐久間象山・横井小楠・橋本左内（日本思想大系 55）』,岩波書店 1971 年版。

日文著作:

本庄栄治郎:『日本経済思想史研究』,中央公論社 1943 年版。

大阪府生活文化部文化課:『懐徳堂の思想と山片蟠桃賞の軌跡』,清文堂出版 1993 年版。

大石慎三郎：『江戸時代』，中公新書 1977 年版。

大石慎三郎：『元禄時代』，岩波書店 1993 年版。

大石慎三郎・中根千枝ほか：『江戸時代と近代化』，筑摩書房 1986 年版。

大石学：『享保改革と社会変容（日本の時代史 16）』，吉川弘文館 2003 年版。

渡辺正一：『日本近世道徳思想史』，創文社 1961 年版。

宮川康子：『自由学問都市大坂―懐徳堂と日本的理性の誕生 -』，講談社 2002 年版。

宮内徳雄：『山片蟠桃―「夢の代」と生涯―』，創元社 1984 年版。

亀田次郎：『山片蟠桃』，全国書房 1943 年版。

家永三郎：『日本文化史』，岩波書店 1959 年版。

家永三郎：『津田左右吉の思想史研究』，岩波書店 1972 年版。

家永三郎：『日本思想史学的方法』，名著刊行会 1993 年版。

家永三郎：『日本道徳思想史』，岩波書店 1954 年版。

家永三郎：『日本近代思想史研究』（増訂新版），東京大学出版社 1980 年版。

津田左右吉：『文学に現はれたる我が国民思想の研究平民文学の時代中』，洛陽堂 1921 年版。

末中哲夫：『山片蟠桃の研究「夢の代」篇』，清文堂 1971 年版。

末中哲夫：『山片蟠桃の研究「著作篇」』，清文堂 1976 年版。

三枝博音：『日本の思想文化』，第一書房 1937 年版。

三枝博音：『日本哲学全書第十二巻』，平凡社 1936 年版。

三枝博音：『日本の唯物論者』，英保社 1956 年版。

三枝博音：『西欧化日本の研究』，中央公論社 1958 年版。

杉本勲：『近世日本の学術 - 実学の展開を中心に』，法政大学出版局 1982 年版。

山木育：『山片蟠桃―「夢の代」に学ぶ日本再建策―』，東洋経済新報社 1998 年版。

杉原四郎：『日本の経済思想四百年』，日本経済評論社 1990 年版。

辻善之助：『田沼時代』，岩波書店 1980 年版。

石田一郎：『日本文化史概論』，吉川弘文館 1968 年版。

石田一郎：『日本思想史概論』，吉川弘文館 1963 年版。

石田一郎：『日本精神史』，ぺりかん社 1988 年版。

松浦伯夫：『近世における実学思想の研究』，理想社 1963 年版。

陶徳民：『懐徳堂朱子学の研究』，大阪大学出版会 1994 年版。

湯浅邦弘：『懐徳堂事典』，大阪大学出版会 2001 年版。

西村時彦：『懐徳堂考』，大阪懐徳堂記念会 1925 年版。

脇田修・岸田知子：『懐徳堂とその人びと』，大阪大学出版会 1997 年版。

岩崎允胤：『日本近世思想史序説下』，新日本出版社 1997 年版。

野村兼太郎：『概観日本経済思想史』，慶應出版社 1939 年版。

有坂隆道：『山片蟠桃と升屋』，創元社 1993 年版。

源了円：『徳川合理思想の系譜』，中央公論社 1972 年版。

源了円：『徳川思想小史』，中央公論社 1973 年版。

沼田次郎：『洋学伝来の歴史』，至文堂 1960 年版。

子安宣邦：『鬼神論―神と祭祀のディスクール―』，白澤社 2002 年版。

テツオ・ナジタ：『懐徳堂十八世紀日本の「徳」の諸相』，岩波書店 1992 年版。

フランシス・フクヤマ：『歴史の終わり』（下），三笠書房 2005 年版。

中文著作：

北京大学哲学系中国哲学教研室：《中国哲学史》，北京大学出版社 2003 年版。

杜维运：《史学方法论》，北京大学出版社 2006 年版。

冯玮：《日本通史》，上海社会科学院出版社 2012 年版。

冯友兰：《中国哲学史新编》，人民出版社 2007 年版。

冯友兰：《中国哲学小史》，中国人民大学出版社 2005 年版。

冯友兰：《中国哲学简史》，新世界出版社 2004 年版。

复旦大学思想史研究中心：《什么是思想史》，上海人民出版社 2006 年版。

葛荣晋：《中日实学史研究》，中国社会科学出版社 1992 年版。

葛兆光：《思想史的写法—中国思想史导论》，复旦大学出版社 2004 年版。

葛兆光：《中国思想史》，复旦大学出版社 2007 年版。
葛兆光：《思想史研究课堂讲录：视野、角度与方法》，生活·读书·新知三联书店 2005 年版。
李甦平：《中国·日本·朝鲜实学比较》，安徽人民出版社 1994 年版。
刘金才：《町人伦理思想研究—日本近代化动因新论』，北京大学出版社 2001 年版。
尚会鹏：《中国人与日本人：社会集团、行为方式和文化心理的比较研究》，北京大学出版社 1998 年版。
沈仁安：《日本史研究序说》，香港社会科学出版社 2001 年版。
沈仁安：《德川时代史论》，河北人民出版社 2003 年版。
宋成有：《新编日本近代史》，北京大学出版社 2006 年版。
汤重南：《日本文化与现代化》，辽海出版社 2006 年版。
王家骅：《儒家思想与日本文化》，浙江人民出版社 1990 年版。
王青：《日本近世思想概论》，世界知识出版社 2006 年版。
王守华·卞崇道：《日本哲学史教程》，山东大学出版社 1989 年版。
吴廷璆：《日本史》，南开大学出版社 1994 年版。
叶渭渠：《日本文化史》，广西师范大学出版社 2005 年版。
赵德宇：《西学东渐与中日两国的对应—中日西学比较研究》，世界知识出版社 2001 年版。
周一良：《中日文化关系史论》，江西人民出版社 1990 年版。
朱谦之：《日本的朱子学》，人民出版社 2000 年版。
朱谦之：《日本哲学史》，人民出版社 2002 年版。

中文译著：

罗素：《西方哲学史》，何兆武等译，商务印书馆 1982 年版。
马克斯·韦伯：《新教伦理与资本主义精神》，于晓、陈维纲译，生活·读书·新知三联书店 1987 年版。
三宅正彦：《日本儒学思想史》，陈化北译，山东大学出版社 1997 年版。
森岛通夫：《日本为什么"成功"》，胡国成译，四川人民出版社 1986 年版。
杉木勋：《日本科学史》，郑彭年译，商务印书馆 1999 年版。

永田广志:《日本哲学思想史》,版本图书馆编译室译,商务印书馆 1978 年版。

永田广志:《日本封建制意识形态》,刘绩生译,商务印书馆 2003 年版。

源了圆:《德川思想小史》,郭连友译,外语教学与研究出版社 2009 年版。

研究论文:

岸田知子:『山片蟠桃の排仏論』,『高野山大学論叢』36,2001 年。

北村実:『日本の思想 15 山片蟠桃』,『前衛』404,1977 年。

北村実:『山片蟠桃』,『日本の思想』上,新日本出版社 2001 年版。

本庄栄治郎:『山片蟠桃の米価論』,『日本経済思想史研究』,日本評論社 1942 年版。

長谷川如是閑:『山片蟠桃無鬼』,『日本哲学思想全書』5,平凡社 1956 年版。

崔世广:《论日本近代启蒙思想的特点》,《日本研究》,1990 年第 1 期。

大森実:『「暦象新書」と「夢の代」』,『研究報告』141,蘭学資料研究会,1973 年。

東晋太郎:『近世日本経済倫理思想—江戸時代前期に於ける日本儒家の経済倫理思想の研究』,慶應出版社 1944 年版。

芳賀登:『近世封建思想への疑問』,『真説日本歴史(8)庶民の勃興』,1961 年。

服部之総:『日本近代社会の三思想』,『社会学大系』第九巻,1948 年。

福田紀一:『町人学者の功績—山片蟠桃』,『歴史読本』29,新人物往来社 1984 年版。

高瀬重雄:『山片蟠桃とその歴史観』,『立命館大学論叢歴史地理篇』,1942 年。

高梨光司:『吉田松陰と「夢の代」』,『読書雑記』続編,高梨光司出版社 1931 年版。

高橋正和:『三浦梅園と山片蟠桃』,『日本思想史学』14,1982 年。

高橋正雄:『山片蟠桃と海保青陵の医学思想—「夢の代」と「天王談」における医師蔵-』,『日本医事新報』4149,2003 年。

宮川康子：『「夢の代」山片蟠桃—懐徳堂の知の集大成−』，『現代思想』33，青土社2005年版。

宮川康子：『大阪町人学者・山片蟠桃の宇宙観』，『あふひ・京都産業大学日本文化研究所報』7，2001年。

宮内徳雄：『「山片蟠桃」補遺』，『懐徳』66，1998年。

宮内徳雄：『国語学史における山片蟠桃の国語国字論』，『大阪青山短期大学研究紀要』8，1980年。

宮内徳雄：『国語研究者の立場から見た山片蟠桃研究小史』，『大阪青山短大国文』創刊号，1985年。

宮内徳雄：『懐徳堂の人々（九）山片蟠桃』，『懐徳』62，1994年。

宮内徳雄：『山片蟠桃と愛日文庫目録』，『谷山茂教授退職記念国語国文学論集』，大妻女子大学文学部紀要，1972年。

宮内徳雄：『山片蟠桃と多田義俊』，『朝日新聞　大阪版夕刊』，1970年。

宮内徳雄：『山片蟠桃と多田義俊—愛日文庫蔵書をめぐって—』，『懐徳』39，懐徳堂堂友会，1968年。

宮内徳雄：『山片蟠桃と福沢諭吉の国語・国字論』，『大阪青山短大国文』2，1986年。

宮内徳雄：『山片蟠桃と蘭州・南嶺・秋成・履軒たち—大阪国学者の一系譜—』，

『大阪青山短期大学研究紀要』9，1981年。

宮内徳雄：『山片蟠桃の「草稿抄」』，『懐徳』40，懐徳堂堂友会，1969年。

宮内徳雄：『山片蟠桃の鬼神観』，『中国哲学史の展望と模索』，創文社1976年版。

宮内徳雄：『山片蟠桃の歴史観と大阪の学流—南嶺・秋成・履軒から蟠桃へ—』，『歴史研究』248，人物往来社1981年版。

宮崎道生：『近世合理主義の一断面新井白石と山片蟠桃』，『弘前大学文経論叢』創刊号，1965年。

宮崎道生：『近世・近代の思想と文化』，ぺりかん社1985年版。

宮崎典也：『吉田松陰と「夢の代」』，『山口県地方史研究』9，1963年。

宮元又次：『升屋平右衛門と升屋小右衛門』，『大阪商人』，1955年。

古井元春：『山片蟠桃』，『古典研究』，雄山閣 1939 年版。

谷沢永一：『山片蟠桃「夢の代」大阪町人学者の先達』，『机上の劇』，潮出版 1983 年版。

谷沢永一：『大阪学者の先達山片蟠桃』，『朝日新聞大阪版夕刊』，1983 年。

谷沢永一：『町人学者のかがみ「山片蟠桃」』，『おおさかふ』4，1983 年。

谷沢永一・筒井之隆：『山片蟠桃』，『なにわ町人学者伝』，潮出版社 1983 年版。

亀田次郎：『山片蟠桃翁の事蹟』，『芸文』9-3、9-5，京都帝国大学文学会，1918 年。

亀田次郎：『山片蟠桃翁の事蹟補遺』，『国文学雑誌』29-8，1923 年。

海野一隆：『「夢の代」の世界地名と「天地二球用法記」』，『研究報告』271，蘭学資料研究会，1973 年。

韩东育：《两种"实学"的相遇与江户日本的"去中华"由绪》，《社会科学战线》，2008 年第 8 期。

加藤周一：『日本文学史序説（58）第 8 章町人の時代 10—梅園と蟠桃（下）—』，『朝日ジャーナル』16，朝日新聞社 1974 年版。

井上利丸：『江戸時代の鬼神論史—朱子学から宣長・篤胤まで』，『流動』11，1979 年。

井上明大：『中井履軒とその弟子—その思想と教養をめぐって—』，『大阪女子学園短期大学紀要』31，1987 年。

井上実：『懐徳堂学派の経済思想—とくに中井竹山と山片蟠桃の経済思想について—』，『史泉』41，1970 年。

井上実：『山片蟠桃』，『幕藩体制下の先駆思想』，芳賀書店 1970 年版。

井上実：『山片蟠桃と海保青陵の経済思想について』，『史泉』44，関西大学史学会，1972 年。

李維涛：『山片蟠桃の無鬼論と宗教批判—その構造と射程—』，『思想史研究』5，2005 年。

李文：《武士阶级与日本的近代化》，北京大学博士学位论文，1997 年。

李晓东：《对山片蟠桃宗教论的一个考察》，《日本学论丛》，外语教学与研究出版社 2009 年版。

李晓东:《浅析山片蟠桃的实学思想》,《中国社会科学院研究生院学报》2008 年第 2 期。

李晓东:《山片蟠桃和二宫尊德思想比较—以经世论为中心—》,《报德思想与和谐社会》,学苑出版社 2010 年版。

李晓东:《试论山片蟠桃的经济伦理思想》,《华南日本研究》(第三辑),华东理工大学出版社 2010 年版。

笠井忠:『近世日本唯物論史の基礎理論』,『唯物論』,1973 年。

林基:『山片蟠桃についての覚書』,『文学』16,岩波書店 1948 年版。

刘金才:《论化政文化的反封建性和理性主义精神》,《日本学》(第 12 辑),北京大学出版社 2004 年版。

刘金才:《论尊德思想在日本近世伦理思想史上的定位—基于对"分度伦理"和"增殖伦理"的再分析》,《报德思想与中国文化》,学苑出版社 2003 年版。

柳沢南:『蟠桃と儒教』,『倫理思想研究』3,1978 年。

柳沢南:『蟠桃と王充』,『群馬工業高等専門学校研究報告』14,1980 年。

柳沢南:『蟠桃と荀子』,『倫理思想研究』6,1981 年。

柳沢南:『山片蟠桃の太陽と無鬼の思想』,『倫理思想研究』2,1977 年。

末中哲夫:『懐徳堂学派の人々—大坂実学の主張—』,『江戸の思想家たち』(下),研究社出版,1979 年。

末中哲夫:『山片蟠桃—人とその時代—』,『月刊せんば』148,1983 年。

末中哲夫:『山片蟠桃論』,『季刊日本思想史』2,日本思想史懇話会,1976 年。

末中哲夫:『山片蟠桃追跡』,『山片蟠桃・海保青陵』(日本の名著 23),中央公論社 1971 年版。

内藤湖南:『関西文運論』,『内藤湖南全集』第一巻,1970 年。

内藤湖南:『山片蟠桃に就て』,『先哲の学問』,弘文堂 1946 年版。

能田忠亮:『明治以前の改暦諸論と太陽暦の採用』,『暦の本質とその改良』,1943 年。

逆井孝仁:『日本における「民富」の思想—石田梅岩と山片蟠桃』,『論集』30，1996 年。

逆井孝仁：『山片蟠桃における「封建」』，『立命館文学』542，1995 年。

逆井孝仁：『山片蟠桃における市場と秩序』，『歴史の中の都市と村落』，思文閣 1993 年版。

逆井孝仁：『山片蟠桃論』，『経済学史学会年報』31，1993 年。

前田勉：『山片蟠桃の「我日本」意識—神道・国学批判をめぐって』，『愛知教育大学研究報告』人文・社会科学 52，2003 年 3 月。

三田村龍全：『江戸中期以後の科学・哲学思想の概観』，『唯物論研究』，唯物論研究会 1937 年版。

杉畠孝博：『山片蟠桃の絶対主義思想について—ブルジョワ・イデオロギストの系譜』，『金城学院大学論集』19，金城学院大学，1962 年。

上杉允彦：『山片蟠桃の思想試探』，『人文社会科学研究所』5，1971 年。

神田喜一郎：『「出定後語」と「夢の代」』，『富永仲基・山片蟠桃』（日本思想大系 43），岩波書店 1973 年版。

師岡佑行：『近世的合理論の展開—懐徳堂の思想をめぐって』，奈良本辰也編『近世日本思想史研究』，河出書房 1965 年版。

辻本雅史：『18 世紀後半期儒学の再検討—折衷学・正統派朱子学をめぐって—』，『思想』766，1988 年。

石浜純太郎：『山片蟠桃の遺書』，『典籍之研究』，典籍之研究社 1925 年版。

矢嶋道文：『山片蟠桃・海保青陵の商業思想—徳川後期の富藩論』，『短大論叢』70，1983 年。

水田紀久：『富永仲基と山片蟠桃—その懐徳堂との関係など—』，『富永仲基・山片蟠桃』（日本思想大系 43），岩波書店 1973 年版。

水田紀久：『懐徳堂の人々（十一）蟠桃東遊』，『懐徳』64，1996 年。

水田紀久・有坂隆道校注：『富永仲基・山片蟠桃（日本思想大系 43）』，岩波書店 1973 年版。

寺田元一：『山片蟠桃における「封建」，「大知」ならびに「社会」の創発』，『名古屋市立大学人文社会学部研究紀要』17，2004 年。

松本芳夫：『山片蟠桃の歴史観』，『斯道文庫論集』2，慶應義塾大学附属研究所斯道文庫，1963 年。

松村浩二：『蟠桃論再考―いわゆる蟠桃論の「矛盾・二重性」について』，『甲南国文』44，1997 年。

松浦玲：『文明の衝突と儒者の立場』，『文学』，1973 年。

松浦民平：『「夢之代」雜感』，『日本思想大系 57』，岩波書店 1973 年版。

松浦明平：『商人的合理主義の到達点―山片蟠桃の「夢の代」』，『文学』33，岩波書店 1965 年版。

藤井定義：『江戸時代における貨幣品位論―山片蟠桃と草間直方―』，『経済研究』22，1977 年。

筒井之隆：『なにわ町人学者伝第 5 回山片蟠桃』，『読売新聞』（朝刊），1982 年。

土屋喬雄：『山片蟠桃の二つの意見書に就いて』，『国家学会雑誌』，有斐閣，1926 年。

土屋元作：『新学の先駆』，大阪朝日新聞，1911 年。

武内義雄：『日本の儒教』，『易と中庸の研究』，岩波書店 1943 年版。

西川幸治：『近世都市論の展開・都市改造論』，『思想』546 号，1969 年。

西村天因：『加古川出身の先賢　竹山の高弟山片蟠桃事跡』，『加古郡志』，1914 年。

西海安寿代：『山片蟠桃の墓』，『郷土文化』34，1985 年。

小松左京：『山片蟠桃―「SF の先駆者」をにおわせる商人学者』，『わたしの大阪』，中央公論社 1993 年版。

小野菊夫：『近世日本地理学の性格と現代への意義―山片蟠桃・司馬江漢を中心にして-』，『史林』4，京都大学文学部内史学研究会，1961 年。

小沢栄一：『近代日本史学史の研究幕末編―十九世紀日本啓蒙史学の研究』，吉川弘文館 1966 年版。

幸田成友：『升屋小右衛門（上）』，『大阪朝日新聞』，1910 年 1 月 13 日。

幸田成友：『升屋小右衛門（下）』，『大阪朝日新聞』，1910 年 1 月 14 日。

須藤和夫：『山片蟠桃における「無鬼」の論理（上）』，『埼玉学園大学紀要』，2001 年。

須藤和夫：『山片蟠桃における「無鬼」の論理（中）』，『埼玉学園大学紀要』, 2002 年。

岩崎允胤：『山片蟠桃と唯物論』,『日本近世思想史序説』下，新日本出版社 1997 年版。

野村兼太郎：『徳川時代における合理主義の一例山片蟠桃の思想』,『経済学研究』3，紀元社 1949 版。

伊藤光子：『山片蟠桃の思想に関する一考察』,『お茶の水史学』10，お茶の水女子大学，1967 年。

有坂隆道：『いま見直される蟠桃「夢の代」』,『月刊せんば』148，1983 年。

有坂隆道：『地動説の伝来と新宇宙論の出現—とくに山片蟠桃の大宇宙論について—』,『木村武夫先生還暦記念日本史の研究』，ミネルヴァ書房 1970 年版。

有坂隆道：『合理主義の町人学者山片蟠桃（日本史発掘 2）』,『日本及日本人』，政教社 1969 年版。

有坂隆道：『山片蟠桃と「夢ノ代」』,『富永仲基・山片蟠桃』（日本思想大系 43），岩波書店 1973 年版。

有坂隆道：『山片蟠桃のことども—二、三の揚げ足取り—』,『大阪の歴史』44，1995 年。

有坂隆道：『山片蟠桃の大宇宙論について』,『日本洋学史の研究』6，創元社 1982 年版。

有坂隆道：『山片蟠桃の古代史観』,『文化史論叢』下，創元社 1987 年版。

有坂隆道：『山片蟠桃の古代史観—上—合理的古代史観のおどろくべき先駆者』,『鹿児』55，1980 年。

有坂隆道：『山片蟠桃の古代史観—下—合理的古代史観のおどろくべき先駆者』,『鹿児』56，1981 年。

有坂隆道：『中井竹山・履軒先生と山片蟠桃』,『懐徳』70，2002 年。

有坂隆道・末中哲夫：『山片蟠桃の研究（四）』,『ヒストリア』4，大阪歴史学会，1952 年。

有坂隆道・末中哲夫：『山片蟠桃の研究（二）』,『ヒストリア』2，大阪歴史学会，1951 年。

有坂隆道・末中哲夫：『山片蟠桃の研究（六）』，『ヒストリア』7，大阪歴史学会，1953 年。

有坂隆道・末中哲夫：『山片蟠桃の研究（三）』，『ヒストリア』3，大阪歴史学会，1952 年。

有坂隆道・末中哲夫：『山片蟠桃の研究（五）』，『ヒストリア』6，大阪歴史学会，1953 年。

有坂隆道・末中哲夫：『山片蟠桃の研究（一）』，『ヒストリア』1，大阪歴史学会，1951 年。

有坂隆道・末中哲夫：『山片蟠桃の研究（終）』，『ヒストリア』9，大阪歴史学会，1954 年。

有坂隆道・小山仁示：『山片蟠桃の人と思想』，『日本人物史大系』4，朝倉書店 1959 年版。

宇野田尚哉：『近世儒家の経世論―相克する「徳川日本」の諸表象』，『江戸の思想』3，1996 年。

源了円：『山片蟠桃における朱子学と科学の接合―徳川時代における合理的思惟の発展 8（完）』，『心』22，平凡社 1969 年版。

源了円：『近世前半期における朱子学の経験的合理主義への変容』，『日本女子大学紀要　文学部』18，1969 年。

源了円：『山片蟠桃における朱子学と科学の接合―徳川時代における合理的思惟の発展 7』，『心』22，平凡社 1969 年版。

源了円：『先駆的啓蒙思想家蟠桃と青陵』，『山片蟠桃・海保青陵』（日本の名著 23），中央公論社 1971 年版。

赵建民：《山片蟠桃：江户时代杰出的町人学者》，《世界历史》4，1998 年。

折原裕：『江戸期における商利肯定論の形成：石田梅岩と山片蟠桃』，『敬愛大学研究論集』42，1992 年。

中村一基：『蟠桃・篤胤の朱子「鬼神説」批判』，『岩手大学教育学部研究年報』52，1992 年。

中正夫：『町人学者山片蟠桃』，『伝記』，菁柿堂 1947 年版。

竹林庄太郎：『梅岩と蟠桃の商業論』，『関西大学商学論集』19，関西大学商学会，1974 年。

左方郁子：『近世自然観の展開』，奈良本辰也編『近世日本思想史研究』，河出書房 1965 年版。

左方郁子：『三浦梅園・山片蟠桃―独自な思想を展開した二人の先人』，『人物探訪　日本の歴史』，曉教育図書，1975 年。

作道洋太郎：『大阪が生んだ町人学者たち』，『月刊せんば』148，1983 年。

ドナルド・キーン：『山片蟠桃「鬼」にささげる辞』，『朝日新聞大阪版夕刊』，1983 年。

ねずまさし：『山片蟠桃の唯物論と歴史観』，『思想』，岩波書店 1954 年版。